趙紫陽
極秘回想録

天安門事件「大弾圧」の舞台裏！

趙紫陽

バオ・プー／ルネー・チアン／アディ・イグナシアス

河野純治＝訳

PRISONER OF THE STATE

THE SECRET JOURNAL OF PREMIER ZHAO ZIYANG

Translated and Edited by Bao Pu, Renee Chiang, and Adi Ignatius

with a foreword by Harvard University Professor Roderick MacFarquhar

光文社

『趙紫陽　極秘回想録』

中国共産党が内戦に勝利する直前の1948年の趙。すでに県の行政官として農地改革を成功させるという業績をあげていた。ほどなく沿海部の広東省に派遣され、最終的には同省の党書記になる。

趙のゴルフ好きは有名で、かつての毛沢東時代の共産党指導者とはまったく異なる印象を人々にあたえた。そんなところが、保守派の長老たちから「外国のことを学びすぎる」と思われる原因になったのだろう。

改革派の胡耀邦総書記と趙紫陽首相は、党の長老たちが幅を利かせる政治環境のなかで奮闘した。左から胡耀邦、鄧小平、李先念、趙紫陽、鄧穎超（故周恩来首相未亡人）、彭真。

第十三回党大会の前、鄧小平は趙に、西洋式の三権分立のようなものはいっさい取り入れてはならないと警告した。最終報告書に「ほんのちょっとでも」そのようなものが含まれてはならない、と鄧は言った。

ロナルド・レーガン大統領（右）にエスコートされる趙紫陽首相。1984年1月10日、ホワイトハウスでの会談後。

©AFP/Getty Images

中国とソ連の30年にもおよぶ不和の後、北京を公式訪問したミハイル・ゴルバチョフソ連共産党書記長を出迎えた趙紫陽総書記（1989年５月17日）。このとき、天安門広場で民主化を要求するデモ学生と対話すべきだと主張していた趙は、後にその地位を追われることになる。

©Jacques Langevin/CORBIS SYGMA

楊尚昆の息子で趙一家とも交流のある楊紹明が撮影した写真。天安門広場で学生たちが武力鎮圧された後の1989年夏に、鄧小平の自宅で開かれた会合の様子。武力鎮圧の決定が下された部屋が写っている唯一の写真である。

1989年５月19日の明け方、民主化を要求してハンストを決行中の学生にメガホンで呼びかける趙紫陽総書記。北京の天安門広場に学生の避難所として用意されたバスの中での模様。趙は学生デモに対する武力鎮圧に反対していたが、その意見は聞き入れられなかった。 ©STR/AFP/Getty Images

1993年夏。自宅軟禁下で大好きなゴルフをするには、庭のネットにボールを打ちこむしかなかった。幽閉中、一般のゴルフコースでプレーしようと幾度か試みたが、公の場で趙が目撃されることを恐れた当局に阻止された。

1992年2月7日、自宅にて。夕食前に妻の梁伯琪と将棋を指している。勝負がつくまで食べられない。横で見ているのは孫の王斗斗。

2004年、庭に集まった家族三世代。左から王斗斗（孫）、趙紫陽、趙五軍（息子）、李娟娟（嫁）、梁伯琪（妻、着席）、王雁南（娘）、趙頓頓（孫）、王志華（娘婿）、趙安妥（孫）、汪建莉（嫁）。

かつての総書記の警護官たちは、その後看守になった。この家族遠足で孫とくつろぐ趙の背景には、五人の「警護官」がいる。

書斎での趙。ここで誰にも知られることなく、自身の盛衰の記録をテープに残していた。これらのテープは趙の死後に発見された。ありふれた風景のなか、すなわち、孫たちのおもちゃのなかにまぎれこんでいたのである。

趙紫陽　極秘回想録

目次

第二部——自宅軟禁 107

第三部——中国経済急成長の要因 159

第六部——中国はどう変わるべきか　375

趙紫陽　極秘回想録

はじめに　アディ・イグナシアス

それは中国と世界にとって、胸躍る瞬間だった。一九八七年十月～十一月に開かれた党大会は活気に満ち、中国をさらなる進歩へと駆り立てるかのようだった。党大会の終わりに、新しい指導部が誕生した。その先頭に立っていたのは、不思議なほどに静かな男、趙紫陽《ちょうしよう》であった。

趙は無名の人物ではなかった。地方の行政官として、毛沢東《もうたくとう》の経済実験の失敗で致命的な損害を受けた中国を、回復の第一歩へと導いた。その実績を買われて、一九八〇年に北京に呼ばれ、ほどなく首相に就任して経済の舵取りを任された。

そして今度は、中国指導部の最高位である党総書記にまで登りつめた。そのとき趙は六十八歳。中国の指導者のなかでは、ほんの子供だった。そして、公式の肩書きはないが隠然たる権力をふるう党長老たちを相手にしなければならなかった。しかし、八十代の長老たちのなかの最高指導者、鄧小平《とうしょうへい》は、趙に中華人民共和国の鍵をあたえた。栄光の時が訪れた。

趙はそれ以前のどの指導者とも違っていた。一九八七年の党大会の終わりに、新指導部の中核である政治局常務委員会のメンバーが人民大会堂に勢揃いし、史上初めて外国記者団と対面した。このとき趙紫陽は、悠然として、自信に満ちた微笑を浮かべていた。中国は世界の仲間入りをする準備ができている。経済だけでなく、厳格な政治体制にも変革が起きつつある。趙はそんな合図を送っているように見えた。

記憶するかぎりでは、政治局常務委員の全員が西洋式の服装で登場するのは初めてのことだった。この写真撮影では、人民服姿はどこにもなかった。欧米先進国に対して、中国も違和感なく世界の舞台に立てることを示す狙いがあったのだろう。一人の記者が趙のピンストライプのダブルのスーツについて感嘆の言葉を述べると、趙はにこやかに笑い、おどけた調子で上着の前を開け、襟の裏のメイド・イン・チャイナの文字を見せた。新たな時代はすぐそこまで来ているように見えた。

だが、その後の二年間に、中国にとっても、趙にとっても、事態は思わぬ方向へ転がりはじめる。経済政策の度重なる失敗が激しいインフレを招き、その結果、国民は不安に陥り、より慎重な指導者たちが権限を握って、中央統制を復活させた。

一九八九年には天安門で抗議運動が勃発した。二か月足らず後に運動が鎮圧されたときには、趙は権力の座を追われ、北京の静かな路地裏の自宅に軟禁されていた。中国のもっとも有望な社会変革の指導者と目されていた人物はその名誉を失い、彼が唱えた政策も非難を浴びた。

趙は、二〇〇五年にひっそりと世を去るまで、十六年間の軟禁生活を送った。ときどき、その生活の詳しい様子が漏れ伝わることもあった。ゴルフに出かけたというニュース、年老いた容貌の写真、指導者にあてた手紙の内容など。だが、北京での波乱の歳月に、とくに一九八九年の天安門事件において、保守勢力に立ち向かい、敗れ去ったときに、いったい舞台裏ではどんなことが起きていたのかについて、趙紫陽がなんの言葉も残していないことを、中国研究者たちは嘆いた。

じつは、趙紫陽は極秘のうちに回想録を残していた。本書はそれを初めて公開するものである。趙は現代中国のもっとも重大な時期について、自分の考えと思い出を詳細に記録していたのである。天安門の弾圧、その舞台裏での強力な政敵との暗闘、政策決定の裏で頻繁に起きる小競り合いについて語り、長期的な安定を実現するために、中国がいかにして政治的に進化しなければならなかったかを述べている。

どうにかして監視の目をごまかして、六十分テープ約三十本に録音を残していた。内容から判断して、二〇〇〇年前後に録音されたようである。趙の家族は、録音を残す計画などまったく知らなかったという。これらの録音記録の大半は、家のあちこちにあった、子供向けの音楽や京劇が入った安物のテープに上書き録音されていた。うっすらと鉛筆書きで番号がつけられていたが、タイトルや説明書きはなかった。最初の数本では、天安門事件や、どうしても反論しておきたい事柄――前任者の胡耀邦《こようほう》が一九八七年に権力の座を追われたのは、趙紫陽の画策だという噂など――について、友人たちと議論しているようだ。テープには友人らの声も入っているが、本書では彼らとその家族の安全のため、割愛した。

趙が約二年かけて録音したテープは、信頼できる友人数名に、なんらかの方法で届けられた。それぞれのテープは録音全体のほんの一部だった。テープが紛失したり没収されたりした場合の保険だったのだろう。二〇〇五年に趙が亡くなったとき、録音テープのことを知る人々は、それらを一つにまとめて文書化し、出版しようと、ひそかにさまざまな努力を開始した。その後、おそらくオリジナルと思われるテープが数本、新たに発見された。趙の書斎にあった孫たちのおもちゃのなかに紛れこんでいたのだ。録音テープそのものは趙の家族に返却された。保存方法は彼らが決めるだろう。音声は本書の刊行と同時に公開されることになっている（ワシントン・ポスト紙のインターネットサイトで聞くことができる）。

本書は趙の録音記録のほぼすべてを公開するものだが、趙が録音した順番どおりにはなっていない。反復を避け、読みやすくするために、整理しなおしたり、割愛しているところもある。たとえば、われわれは本書を、一九八九年の天安門での抗議運動と弾圧、長年にわたる軟禁生活に関する部分から始めた。また、当時中国で何が起きていたのかよく知らない読者のために、各章の冒頭には編者による簡単な説明をつけた。さらに、問題を明快にするため随所に注釈を入れた。注釈はすべてわれわれの言葉であり、趙の言葉ではない。

趙紫陽はこの記録をいつ、どのようにして公開すべきか、あるいは利用すべきかについて、なんの指示も残していないが、自分の物語が無事に生き延びてくれることを望んでいたことは明らかだ。一九八九年六月四日に起きた天安門の大虐殺までの経緯について語った第一部の最初で、彼はこう述べている。「私は六・四事件［天安門事件］を取り巻く状況について、いくつかメモを書いておいた。細かいところの記憶が薄れはじめるかもしれないと心配になったからだが、ある種の歴史的記録として遺せるとも思ったのだ」

この記録にはどんな意義があるのだろうか。第一に、趙ほどの地位にあった中国の指導者が、権力者たちの実態を率直に語ったということである。世界でもっとも謎に包まれた政府の内部について詳細に述べている。中国に自由主義的な変化をもたらそうとし、全力を尽くして天安門の虐殺を阻止しようと試みた男の成功と失敗、誇りと不安を知ることができる。これは趙紫陽の目から見た歴史である。彼はおそらく、いつか自分の事例を再考し、党や国家の記憶における趙紫陽の名誉を回復すべきかどうかを判断するであろう未来の指導者たちのために、自分の主張を残しておきたかったのだろう。

趙が語る中国の権力機構は混沌としていて、ときとしてその無能ぶりをさらけだす。党内の派閥が最高指導者、鄧小平を味方につけようと争い、鄧の同意や拒絶は、あたかも神のお告げであるかのように、社会全体に影響をおよぼした。趙が語る鄧小平はじつに矛盾に満ちた人物だ。趙に対して経済改革を急げと叱咤《しった》するいっぽうで、共産党支配を脅かすものには一貫して反対していた。本書のなかで鄧小平は、あるときは権力者として、あるときは趙やその政敵たちに操られる人形として描かれている。どちらに操られるかは、どちらが先に鄧の賛同を得るかで決まる。趙はミハイル・ゴルバチョフと会談したときの自分の発言についてふりかえる。この発言が鄧を怒らせたのである。趙は権力の中枢にいた経験から判断して、鄧小平がその発言を聞いただけで、いきなりそんな反応を示すわけがないと考えた。「誰がどんなふうにして鄧を怒らせたのかは、いまもわからないままだ」

趙が描く中国は遠い昔に滅んだ王朝ではなく、今日の中国である。そこでは国家の指導者たちが経済的な自由を受け入れるいっぽうで、政治変革について公然と語る人々を威圧し、逮捕しつづけている。本書に登場する主要な人物たちはその大半が表舞台から姿を消したが、体制や習慣は依然として残っている。二〇〇八年末、三百人以上の中国人活動家が、世界人権宣言の六十周年を記念して、「〇八憲章」と題する文書に署名し、共産党に対して、政治体制改革の推進、表現の自由、司法の独立を求めた。だが政府の対応は旧態依然としたものだった。多数の署名者を尋問し、著名な反体制派知識人の劉《りゅう》暁《ぎょう》波《は》ら数名を逮捕したのである。

中国は、いまもって共産党の永続支配への執着が社会の動きを左右し、体制に反する愛国者の声が圧殺されている国である。その影響は政治の分野だけにとどまらない。二〇〇三年、中国でSARS〔重症急性呼吸器症候群。新型肺炎〕ウイルスが広まりはじめた当初、当局は例によって報道を統制して流行拡大の事実を隠蔽した。こうした不誠実な対応によって、さらに感染が拡大した可能性もある。

本書は広範囲にわたるものではない。語られているのは、趙紫陽の長く、実り多い政治生活ではなく、権力の座を追われるまでの波乱に満ちた三年間のことだけである。だが、彼の偉業と名声は記憶に値する。

趙の権力への道程は、地方の行政官として経済政策を成功させたことに始まる。生まれは河南省だが、政治的キャリアを積んだのは広東省で、一九六五年に四十六歳という若さで省の党委員会第一書記に就任した。他の無数の党幹部がそうであったように、彼もまた文化大革命中に失脚し、湖南省の湘中機械工場で組立工として働かされた。このとき四人の息子の一番下の趙五軍

（そのほかに娘が一人いる）もいっしょに働いていた。一家は工場近くの小さなアパートで暮らし、居間の中央にスーツケースをおいて食卓代わりにしていたという。

趙が失脚から復帰したときの経緯は、北京の指導者が彼を高く評価していたことを示している。趙は友人たちにこう語っている。一九七一年四月、趙一家は真夜中に扉をたたく音で突然眠りを破られた。訪問者は工場の党委員会書記で、まったくなんの説明もなく、いますぐ省都、長沙へ向かうよう趙に告げた。工場の唯一の移動手段である一台の三輪オートバイが、趙のためにただちに用意された。

趙は長沙の空港まで連れていかれ、そこで待機していた北京行きの飛行機に乗せられた。これからどうなるのか、まだわからないまま、機上の人となった。北京に到着すると、高級ホテルの北京飯店に連れていかれた。趙はその晩は一睡もできなかったという。野に下って長らく厳しい生活を強いられていた彼にとって、ホテルのマットレスはあまりにも柔らかすぎたのである。

朝になると、人民大会堂に連れていかれ、そこで周恩来《しゅうおんらい》首相と面会した。このとき趙は、前の晩に一睡もせずに準備した演説を始めた。「これまで労働者として歳月を過ごしながら、文化大革命について再考してきました――」と、そこで周恩来がさえぎった。「北京に来てもらったのは、党中央がきみを内モンゴル自治区の党書記に任命することを決めたからだ」

趙が後になって聞いた話では、趙の政治的追放を解いたのは毛沢東主席本人だったそうだ。あるとき毛は側近に、趙紫陽はどうしている、と尋ねた。そして、趙が労働者として地方に送られたと聞いて、自分が文化大革命で始めた粛清が、過度に行われていることに不満を述べたそうだ。

「一人残らず追放するというのか。私はそんなことは望んでいない……」。この一言で趙紫陽の復権が決まった。

いくつかの省で省長［知事］を務めた趙は、毛沢東時代の農業集団化で疲弊した経済を立て直して各方面から称賛された。一九七五年に四川省の党指導者になると、野心的な変革を行い、農業生産高と農家の収入を向上させた。彼の成功で、地方の人々のあいだでは「飯が食いたければ、趙を探せ」という言い回しが流行《はや》った。

他の多くの高級幹部とは違い、趙はその実際的なものの見方や、自分のことは自分でする姿勢で知られていた。自分のために他人に何かをさせるのが嫌だったのだ。一九八九年に失脚する前、なかなか眠れない夜があった。そこで党中央弁公庁秘書局から医師が派遣され、趙がよく眠れるようにマッサージを施した。何度か医師の訪問を受けた後、趙はそれをやめさせた。理由を問われた趙はこう答えた。「その医師は来るたびに床にひざまずいて、私の靴を脱がすのだ。そういうことに私は耐えられなかった」。趙は、中南海（北京の中心にある要塞化された党本部所在地）が世間から隔離されていることを好ましく思っていなかったようだ。外部の人に会うと、勢いこんで尋ねた。「外の世界の最新のニュースは何ですか」

趙は型破りな人だったが、同時に規律を重んじる人でもあった。前任の党総書記、胡耀邦には軽率なところがあった（香港のジャーナリストとのインタビューで不注意な発言をしたことが、最終的にその地位を追われる原因になったのかもしれない）。いっぽう趙紫陽は、自分の一挙一動による潜在的影響には慎重に配慮していた。その厳格さは私生活にまで及んだ。長年、地方の行政官として働いていたときに、友人たちから再三、喫煙をやめるように言われていた。ついに決意したのは首相就任を目前に控えた一九八〇年のことだ。「よし、やめよう」と趙は友人たちに言った。その後は二度とふたたびタバコを吸うことはなかった（しかし、酒はやめなかった。趙は酒豪として有名で、ある友人の話によれば、夕食のときに茅台酒《マオタイ》を軽く六杯は飲んだという）。

趙紫陽にとって、地方で省長を務めていた頃が、いちばん幸福だったにちがいない。北京では、鄧小平から改革を指揮するよう命じられた——最初は経済改革、次に政治改革だ。だが中国は急激な変化に適応できず、きわめて不安定な状態に陥ったため、鄧は安定を優先した。そして自由主義的な考えを持つ二人の補佐役を犠牲にした。最初に胡耀邦、次に趙紫陽である。中国の大きな政治的覚醒の夢は、先延ばしにされた。

趙の晩年についての記述は威厳に満ちているが、同時に悲しみも漂っている。自宅軟禁下で、さまざまな出来事について考えたり、時計の針を巻き戻して、党の自分に対する扱いについて法律上の問題点を考察したりする以外、ほとんど何もできなかった。外部から見れば、少なくとも、かつて暴力的な粛清を受けた党幹部たちに比べれば、寛大な処遇を受けていると言えるかもしれない。刑務所には入れられなかった。党は最終的に、趙を破滅させることに興味を失ってしまった。だが当局は、趙を世間の目から覆い隠して、無意味な存在にした。ありとあらゆる障壁を設けて、確固たる信念を持った訪問客以外は趙に面会できないようにした。趙は本書のなかでこう語っている。「わが家の玄関は人影もなく荒涼としている」

研究者は趙の回想を、同時代に関する他の記述と比較したいと考えるにちがいない。たとえば、学生デモ鎮圧のため軍を動員するという決定は政治局常務委員会の正式の投票によるものだと広く信じられていたが、趙紫陽はこれを真っ向から否定し、投票などなかった、と証言している。些末な話のようだが、趙にとってはきわめて重大なことだった。正式な投票があったということになれば、合法的な手続きを経ているように思われてしまう。趙は自分がこの決定に反対したことについて、はっきりと述べている。「このまま総書記として軍を動員し学生を武力鎮圧するなど絶対に願い下げだ」

武力鎮圧の決定が下され、自分の政治生命は終わったと悟った直後、なんと趙紫陽は、騒然とした天安門広場に足を運び、抗議運動に参加している学生たちに語りかけた（趙が広場に行くことを知った政敵、李鵬も同行したが、趙の話によれば、たいそう怯えていて、広場に着いたと思ったら、すぐに姿をくらましたという）。党中央弁公庁主任（後の首相）温家宝とともに学生らの前に立った趙紫陽は、ハンドマイクを使って、涙ながらに話しかけた。「来るのが遅くなって申し訳ない」と言い、悲惨な結果を回避するために広場を立ち去るよう求めた。だが学生たちは彼の言葉に注意を払わなかった。それから約二週間後、戦車が投入され、抗議運動に参加していた数百人が殺害された。

趙紫陽は、指導部内で抗議運動への穏便な対応を主張した中心人物だったが、いまではそのことはほとんど忘れられている。天安門事件後の三年間、中国は「虐殺」という抑圧の影に覆われ、停滞した。だが、やがて鄧小平は、自分の遺産を残すために、有名な「南巡」を行い、活気ある南部地域を視察して、経済を自由化し、国民を豊かにせよと号令をかけた。その結果、中国は抑圧的な政府と急成長する経済を合わせ持つ国になった。もし趙が政治的に生き延びていたら——天安門で強硬路線が主流になっていなかったら——中国の政治体制をより開放的で寛容な方向へと導くことができたかもしれない。趙紫陽の究極の目的は強い経済を実現することだったが、同時に彼は、この目標に到達するためには民主主義の発展が必要不可欠だと確信していた。

趙紫陽は、国民に対する党の統制を緩めるべきだ——もう少し国民社会に自由をあたえるべきだ——と主張しているが、注目すべきは、それがかつてその国民社会を支配していた人物から出た言葉だというところだ。彼が草葉の陰から語りかける声には、中国国民が姿勢を正して耳を傾けるに値する、確信に満ちた説得力がある。

序文　ロデリック・マクファーカー

私は趙紫陽と一度だけ顔を合わせている。一九七九年六月、彼が四川省代表団の団長としてロンドンを訪問中に、宿泊先のホテルのベッドルームに彼を訪ねた。部屋には彼の同僚たちが大勢集まっていて、私の突然の来訪に、みな困惑しているようだった。私は、当時、四川省党委員会第一書記だった趙紫陽が、農業改革の先駆者として華々しい名声を博し、この海外視察で新たな知識を得ようとしていることを知っていた。しかし、私の学問的関心はもっと歴史的なところにあった。もしも私が四川省を訪れる機会があったら、一九六〇年代に広東省の行政運営に携わった経験についてお話を聞かせていただけますか、と尋ねると、喜んでお話ししましょう、と答えた。私は彼の側近に名刺を渡して辞去した。

その束の間の面会で、見た目からではあるけれども、ひじょうに強い印象を受けた。この共産党の古参幹部は、開けっ広げで、気さくで、エネルギッシュな人物のようだった。しかし残念ながら、私はこれらの印象を直接確認することはできなかった。私が研究調査のため中国を訪れたとき、趙紫陽は首相になっており、北京の官僚の壁を乗り越えて趙との再会を果たすのは不可能だった。

本書に収められているのは、趙紫陽の首相、党総書記時代の経験、自宅での軟禁生活などについての彼の個人的な記述である。そこでは、鄧小平《とうしょうへい》の忠臣たち——党総書記の胡耀邦《こようほう》と首相の趙紫陽——が、彼の改革を推進するために立ち向かった北京の高次元政治の悪意に満ちた世界が詳細に語られている。これまでも欧米の研究者たちによって記録されているが、本書では、表面化した混乱の裏にあった内部の権力抗争の実態を知ることができる。[1]

本書を読めば明らかだが、首相時代の趙はその職務を存分に楽しんでいた。職務に必要な調査や考察、政策の失敗と失望、成長の加速に伴う喜びといった、あらゆる要素を経験した。保守派の長老のなかには、趙紫陽に反対する者がいた。その代表格が陳雲《ちんうん》と李先念《りせんねん》である。陳は一九五〇年代、毛沢東が常軌を逸した行動に走ったときも、経済に関して理性的な立場を貫き、毛主席の過ちがなければ、強力な中央統制による五か年計画はもっとうまくいっていたはずだと信じていた。なんといっても、ソ連を超大国に変えたのは中央計画経済なのだ。つまり、陳雲は中国をあるべき針路に向かわせることを求めていた。そして、計画経済は鳥籠《とりかご》であり、市場経済は籠の中の鳥である、とする「鳥籠経済理論」を提唱した。計画経済の管理体制のもとで、市場経済が制御不能に陥るのを防止する、というのである。趙は陳雲を尊敬していた——本書に登場する長老のなかで「同志」という敬称がもっとも多く使われている人物だ。新政策について、趙はいつも陳雲に意見を求め、あるいは説得しようとした。物別れに終わったとしても、鄧小平を通じて、関係は維持されていた。

李先念は陳とはまったく異なる性格の人物で、趙紫陽は早い時期から李をひどく嫌うようになっていたようだ。李は周恩来《しゅうおんらい》と並んで文化大革命時代に国に仕えた二人の文民幹部の一人だった。毛沢東の晩年、その後継者として華国鋒《かこくほう》が指導者の座に就くと、李は華国鋒の経済政策顧問に就任した。華がその後も指導者として君臨していたら、李も国の針路を左右する実力者になっていたことだろう。だが、そうはならなかった。そして、趙が自分の役目を引き継いだことに対する怒りも克服できなかった。李は、短かった華国鋒時代も現在の発展の基礎だということが認められるべきだと、事あるごとに不満を漏らしていた。「経済の成功はすべて改革の結果というわけではない。過去にも成功はなかったのか。いまの成功の基礎は過去に築かれたのではないのか」。だが、じっさいには、華国鋒時代の「対外大躍進」――外国から大量の機械設備を輸入する政策――は、中国経済にかなりの無理を強いた。しかし、李は党の長老であったため、そのことで李を批判する者はおらず、趙もそうだった。そんなわけで、趙が「外国のこと」に強い関心を寄せ、成功した〝アジアの虎〟諸国のみならず、欧米諸国からも学ぼうとしていることに、李は不満をあらわにした。その後、国家主席の座におさまった李は、改革反対派の急先鋒となる。趙によれば、李は「鄧小平の改革を実行する私を憎んでいた。公然と鄧小平に反対することは難しかったので、私を標的にしたのである」。

李先念との問題を除けば趙は幸運だった。鄧の二人の改革の旗手のうち、党長老や保守派から

1　この時期についての欧米側からの包括的な報告としては、リチャード・ボーム著『毛沢東を葬る：鄧小平時代の中国政治』（プリンストン大学出版　一九九四、本邦未訳）がある。

激しく非難されていたのは胡耀邦だったからだ。趙によれば、これは胡が総書記として政治と理論を担当していたためである。保守派は胡が自分たちの懸念をまったく無視していると考えた。趙は、胡について親愛の気持ちを込めて述べている。胡が非難されたのは、知識人に共感を寄せ、文化大革命時代のような迫害を加えようとしなかったということもあるだろう、と。また、聴く者にどのような印象をあたえるかを考慮せず、思いつきで物を言う傾向があった。じっさい、経済建設をめぐって胡と趙のあいだに大きな違いがあらわれていた。趙は遅くても着実な発展を望んでいたのに対して、胡は発展の加速を強く求めたのだ。二人とも市場経済の導入には熱心だったが、胡はまだ毛沢東方式の計画経済を追求しているようだった。一九八三年、鄧小平は二人を呼び、胡に対して、政府経済当局の方針を否定するようなことはしないようにと命じなければならなかった。趙が信ずるところによれば、一九八六年末の学生運動の勃発よりずっと以前に、鄧は胡に対して不信感を抱くようになっており、そのことが胡の総書記辞任につながった。概して言えば、そうした状況でも政治局委員にとどまることが許されたのは、胡にとっては幸運だった。

またそのいっぽうで、胡耀邦には趙紫陽が真似できない長所があった。胡は政治生活の大半を中央で送ってきた。つまり、多数の後援者や親しい関係者がいた。たとえば、趙が述べているように、胡は一九五〇年代から長らく第一書記を務めていた中国共産主義青年団の出身者を昇進させているとして、多くの敵対者から批判された。それとは対照的に、趙紫陽は全国のさまざまな地域の省党委で働いていたので、一九八〇年に北京に呼ばれたときには、親しい関係者はいなかった。彼はこう述べている。「情報ルートがほとんどなかったのである。裏で何が行われていたのか、いまでも私にはよくわからない」。それでも、一人だけ後援者がいた。鄧小平である。言うまでもなく、たった一人とはいえ最高の後援者であった。しかし、鄧小平もたびたび党の長老同志たちの強い反対に遭い、それをかわすのに苦労した。当然ながら趙紫陽は、鄧小平が引退の可能性を口にするたび、必死で引き止めようとした。鄧は一九八九年四月の時点で――趙の政治生命に終止符が打たれる一か月前――趙に対して、あと二期は引き続き党総書記を務めてもらう。陳雲、李先念の二人からも合意を得ている、と確約していた。それは一九八七年一月に胡耀邦が辞任に追いこまれたときに、任命された仕事であった。しかし、趙の政治生命の悲劇的な最終局面に目を向ける前に、彼が改革政策において果たした役割を考察しておくべきであろう。

通常、改革政策の設計者は鄧小平だと考えられている。たしかに、改革と対外開放に向けた鄧の強力な最初のひと押しがなければ、そのような政策の推進は不可能だった。鄧はその後も、長老たちのあいだで、改革開放の立役者として力をふるい、引退後も、あらゆる者から政策を守るべく奔走した。しかし、趙紫陽の経済運営に関する飾り気のない謙虚な記述を読むと、改革の設計者は鄧ではなく趙であったことがわかる。趙は、数えきれないほどの視察旅行を実施し、ついに集団農業への取り組みはもはや時代遅れだと悟った。その考えは、鄧小平が一九七八年十二月に権力の座に返り咲いたときにより確かなものとなった。趙は、農業を発展させ農家の収入を高める方法として、戸別請負制を奨励した。趙も認めているように、鄧の支持なしでは、そのような政策を進めることは不可能だっただろう。しかし、概念上の突破口を開いたのは鄧小平ではなく、趙紫陽だったのである。

大成功をおさめた沿海地域の開発戦略を考え出したのも趙だった。それは、改革初期に開始された経済特区政策とは違うものだ。沿海地域の各省を動員して輸出中心の経済を建設する、すなわち、大量の原料を輸入、加工し、大量の製品を輸出する経済体制を確立するという取り組みであった。趙はさまざまな反対を克服しなければならなかったが、鄧小平の説得に成功すると、順風満帆となった。趙が一九八七〜八八年に立案した政策は、趙の政治生命が終焉を迎えた後も命を長らえたが、その後、「沿海地域開発戦略」という表現は用いられなくなった。趙紫陽と結びつけて考えられるからである。そして、沿海地域開発の成功を趙紫陽の功績として称えることは禁じられた。

趙は失敗の責任も負わされた。一九八〇年代末の大問題の一つは価格制度改革だったが、趙は論争の末、経済状況の悪化もあって、改革の延期に同意した。これは趙が主要な政敵である李鵬《りほう》首相、姚依林《よういりん》副首相らと同じ側に立った数少ない例の一つである。だが李と姚は経済問題を利用して趙を脇に追いやろうとした。鄧小平は、趙紫陽には総書記就任後も経済全般を担当させる、と断言していたが、李と姚は次第に趙の意見を無視するようになった。中国の政治システムのなかで生き抜いてきた老練な政治家たちは、趙の権力が弱まりつつあることをすばやく察知していたのである。

趙の記録はまことに印象的だ。とくに印象的なのは、党総書記の地位にありながら、実質的に一人で仕事をこなしていたことである。趙の配下には忠実な幹部グループが存在し、側近だった鮑彤《ほうとう》は現在も自宅軟禁下にある。しかし、真っ先に長老たちを説得したり、彼らと一戦交えたりしなければならないのは趙自身だった。李鵬や姚依林といった怒れる「同僚たち」からの痛烈な批判を警戒しなければならないのは趙自身だった。国や省の官僚たちと議論を闘わせなければならないのは趙自身だった。官僚たちは文化大革命のはるか以前から、これといって新しい考えを持ち合わせているわけでもないのに、自分たちの縄張りを守り、自分たちのやり方を押し通すことには必死だった。だが趙紫陽は、一九八〇年代を通じて、解任されるまで、次のステップについて考え、疑問を投げかけ、調査し、議論し、主張しつづけた。鄧小平は、改革政策の設計者として趙紫陽を選んだことによって、そのずばぬけた判断力を示した。

　趙は党総書記への昇進を望んだことは一度もなかった。首相として経済運営の仕事を続けたかったし、総書記になって理論や政治をめぐる論争に巻きこまれるのはいやだった。もしも鄧小平が他の人物を党総書記に推していたら、趙は喜んで首相の職にとどまっていただろう。だが、保守派から他の候補者の名前が出たとき、趙は真に受けた。たんなるゆさぶりだとも知らずに。だが、鄧はわかっていた。そんなわけで、使命感の強い趙に、もはや選択肢はなかった。

　趙はほどなく、自分がいかに幸運であったかを知る。胡耀邦は厄介な問題をあらかじめ片づけておいてくれたのだ。だが、二人の強敵が残っていた。胡喬木《こきょうぼく》と鄧力群《とうりきぐん》（鄧小平とは無関係）である。胡喬木は言論界の大御所で、かつては毛沢東の秘書で、お気に入りのゴーストライターでもあった。鄧小平は数年間、胡喬木とのいかなる接触も拒否していた。鄧力群は保守派の長老たちと密接なつながりを持つ古参の左翼理論家だった。党中央書記局の研究室の責任者で、この研究室を利用して反改革の理論や論評を生み出していた。鄧小平は鄧力群について、「湖南省のラバのように、とても強情な男だ」と評している。いっぽう鄧力群を支持する者たちは間違いなく彼を、断固たる姿勢で真実を追究する人だと尊敬の目で見ていた。

趙は、胡耀邦が胡喬木や鄧力群とのあいだでくりひろげたようなイデオロギー闘争にはまったく関心を示さなかったので、中立の立場にあると見られていた。イデオロギー問題で経済建設が中断するようなことは避けたかったのである。しかし、胡耀邦が総書記の座を追われた後、これで反ブルジョア自由化運動を開始できると考えた保守派は、趙紫陽の抵抗に直面する。趙はただちに、胡耀邦もやらなかったことをやりとげる。党中央書記局研究室を廃止、「紅旗」をはじめとする左派系雑誌を廃刊に追いこんで、鄧力群の勢力基盤を解体したのである。

その代わりに趙は、鄧力群を次の党大会で政治局委員に据える提案をした。政治局委員になれば意見を発表することはできる。この提案は承認されたが、そのために必要な最初のステップで——政治局委員になるためには、まず党中央委員の選挙で当選しなければならない——鄧力群は落選した。鄧力群を政治局委員にするという事前の合意があったにもかかわらず、鄧小平は選挙結果をそのまま認めることにした。鄧力群を支持する長老たちは激怒し、趙紫陽を胡耀邦以上に激しく敵視するようになる。

しかし、趙はふたたび勝利する。改革期を通じて悩みの種となっていた問題をいっきに解決しようと決意した。その問題とは、中国が一九五〇年代に社会主義革命を完成させたのならば、なぜいま資本主義を導入しようとしているのか、ということだった。趙は、その当時、よく言われていた「社会主義の初期段階」という表現をとりあげ、それまで欠けていた理論的重要性を付与することにした。これによって、社会主義の偉大な功績を否定することなく、硬直した社会主義の教義から中国を解き放つことができるはずだった。さらに、一九七九年に鄧小平が打ち出した「四つの基本原則」の重要性を強調することによって、万人を満足させようとした。「四つの基本原則」とは、社会主義の道、プロレタリア独裁、マルクス・レーニン主義、毛沢東思想を支持する考え方である。趙は主張した。鄧小平が権力の座に返り咲いた一九七八年十二月の全人代全体会議の決議が示唆しているのは、「四つの基本原則」と改革開放政策を同等に扱うべきだということであり、これら二つを基本点にしつつ、経済建設を中心に考えていかなければならない、と。この主張は、鮑彤らによって、「一つの中心、二つの基本点」という口にしやすいフレーズにまとめられた。誰もが称賛したわけではなかったが、鄧小平は大いに気に入った。それが肝心だった。この主張は、一九八七年秋の第十三回党大会で趙紫陽が発表した政治報告の理論の要になった。

一九八九年、四月十五日に死去した胡耀邦への哀悼の意をあらわすため、学生たちが天安門広場に集結した四月～六月までの出来事に関しては、欧米の読者のほうが、当時の趙紫陽よりも多くの情報を得られるかもしれない。天安門事件についての中国共産党の機密文書[2]が海外で出版されているからである。趙紫陽が一度も目にしなかった文書もあるはずだ。とくに趙の解任と後任

2　張良《ちょうりょう》、アンドリュー・J・ネイサン、ペリー・リンク『天安門文書』（パブリック・アフェアーズ　二〇〇一〔日本版は同年に文藝春秋より刊行〕）

人事を決めた長老たちの会議の詳細な記録は見ていないだろう。だから、本書で趙が語っているのは、学生運動とその対応策に関する彼の分析である。

趙の学生運動に対する手ぬるい対応に、李鵬ら保守派の同僚たちは激怒した。趙は、デモの早期に説得を試みれば、学生たちは大学に戻るだろうと確信していた。李鵬が趙の方針に従うと約束したので、趙は長期の北朝鮮訪問に出発した。しかし、趙にとっては残念なことに、李鵬は約束を守らずにすむ方法を見つけてしまった。趙が出発した直後、李鵬は北京市党委員会の幹部に対して、最初に政治局常務委員会に、次に鄧小平に報告するよう促した。その報告は恐怖をあおる言葉に満ちており、ただちに統制を取り戻さなければ、全国に混乱が広がる恐れがあると予測していた。鄧小平には文化大革命の記憶——息子が障害を負った——があったので、当然ながらその報告に衝撃を受け、学生運動を「反共産党的、反社会主義的動乱である」とみなした。北朝鮮にいた趙紫陽も連絡を受けたが、詳しい情報が得られない状況では、鄧小平の判断に同意せざるをえなかった。李鵬は、この鄧の見解を四月二十六日付の人民日報の社説で発表させることにした。ところが李鵬の期待に反して、社説は学生たちを威嚇しておとなしくさせるどころか、かえって怒りに火をつけることになった。自分たちの愛国的な行動が完全に誤って伝えられていたからである。二十七日、学生たちは非常線を突破して、ふたたび天安門広場に集結した。李鵬は、鄧の権威を利用したために、かえって学生運動を激化させてしまったのである。

趙は帰国してすぐに理解した。いくら融和的な演説をくりかえしても、社説の批判的な主張を撤回しなければ、学生運動を沈静化させることはできない、と。だが調査の結果、それ以上のことはわからなかった。鄧小平は社説を撤回させるつもりなどなかったのだ。李鵬の最大の勝利は、ついに鄧と趙の関係に亀裂をもたらす問題を見つけたことだった。趙はなんとかして学生たちの怒りをなだめようとしたが、五月の半ばには選択の余地がなくなり、政治の舞台から消えていくことになる。戒厳令を敷くことには強く反対したが無駄だった。こうして趙紫陽の時代は終わりを告げ、残る仕事は党中央委員会の会議に出席し、解任を受け入れることだけだった。[3]

趙は、二〇〇五年に亡くなるまで、改革に取り組んだ時間よりも多くの時間を、自宅軟禁下で過ごすことになる。この時期、厳密に指定された地域への旅行、時折のゴルフは許され、厳しい審査を通過した訪問者にも会うことができた。[4] しかし、趙は自分の時間の多くを、幽閉中のこまごまとした制限に対する抗議に費やした。つねに実直な党幹部であった趙は、憲法や党規を引用して、看守役に訴えた。自分は何一つ違法なことはしていないのだから、その事実の重みに、いつかは政敵たちも折れるだろう。趙は愚直にも、最後まで、心からそう信じていたようだ。言うまでもなく、彼らは折れなかった。彼らが趙の問題を処理するにあたっては、合法性などまった

3　趙の弁明の演説については、楊継縄《ようけいじょう》の「中国共産党第十三期中央委員会第四回全体会議における趙紫陽の弁明演説」Chinese Law and Government 38, no. 3 (May-June 2005), pp. 51-68 を参照のこと。

4　訪問者の一人、宗鳳鳴《そうほうめい》は、訪問から帰宅するたびに、大急ぎで趙の発言を書きとめた（趙紫陽の家ではメモをとることが認められなかった）。この聞き書きをまとめたのが『趙紫陽軟禁中的談話』（香港開放出版社　二〇〇七［日本版は『趙紫陽―中国共産党への遺言と「軟禁」15年余』ビジネス社　二〇〇八］）である。アンドリュー・J・ネイサンの書評（China Perspectives, no. 3 (2008), pp. 136-142）を参照のこと。

く重要ではなかった。重要なのは権力と安定の維持、それだけである。趙はあたかも片田舎から北京に出てきたばかりで、中国の政治では法律などなんの役目も果たしていないことを知らなかったかのようである。しかし、ひょっとすると趙は、もしも自分が街中《まちなか》で目撃されたら、大混乱が起きるだろうから、党指導部はそれを心底恐れているのだ、と考えて、そこにわずかな慰めを見いだしていたのかもしれない。

趙は幽閉生活のなかで、鄧小平や胡耀邦、そして自分自身が政治体制改革について、どのような構想を持っていたかを考察した。そして、次のように結論した。鄧小平は真の政治体制改革は望んでいなかった。望んでいたのは行政の規律強化だけだった。胡耀邦はあまり大した考えは持っていなかったが、政治運動における寛容さや、以前の運動で不当に逮捕された政治犯を全員釈放すべきだという主張から考えて、もしも胡が生き延びていたら、「中国の政治体制改革を民主化の方向へ推し進めていたに違いない」。趙はそう述懐している。

趙は、自分は一九八〇年代中頃の時点では、経済改革推進派であると同時に、政治制度改革については保守派だったと認めている。だが次第に、政治改革なしでは経済改革は危機に陥るとわかりはじめた。たとえば、このままでは腐敗の蔓延はなくならないと確信した。一九八九年には、中国訪問中のソ連指導者ミハイル・ゴルバチョフにこう語るだけの覚悟はできていた。中国共産党の立場は変わらないが、統治手法は変えなければならない、つまり人による統治から法による統治へと変えなければならない、と。彼は透明性を高め、さまざまな社会勢力とのあいだに複数の対話ルートを確立しようとした。さらに、社会勢力は自らを組織することを認められるべきであり、党および国家の指揮下にある組織への服従を強制されるべきではないと考えた。そして、一定の制限付きで、国政選挙において選択の可能性が広がることを望んだ。

その後、趙はその考えをさらに発展させた。「じっさいのところ、西側の議会制民主主義体制ほど強力なものはない。現在、実施可能な最高の体制である」。この近代化には市場経済と民主政治体制の両方が含まれていた。だが中国では、かなり長期にわたる移行期間が必要で、共産党は二つの大改革を実行しなければならない。すなわち、複数政党制と報道の自由を認めることと、党内の民主化を進めることである。そのためには、法制度の改革と司法の独立がなにより重要だ。だが趙は、そのような改革を導入するのがどれほど困難であるか、経験に基づいて、簡潔な論考で結論づけている。

趙の幽閉の物語は読む者に二つのことを考えさせる。愛国心ある党の指導者が、何年ものあいだ、思索にふける以外することがないような状態におかれて初めて、中国には民主主義が必要だと結論を下した。だとすれば、現在の多忙な指導者が、在任中にそのようなことを考えつく時間、あるいは身の安全を確保できるであろうか。もしもそのような結論に達したとして、社会のあらゆるレベルにおける党の猛烈な反発のなかで、それをどうやって実現するのだろうか。中国は、スターリン主義経済モデルから脱するために、文化大革命という大きな不幸を経験した。第二の文化大革命など必要ない。だが、指導者たちが趙紫陽の遺言の最後のメッセージに従おうと考えるなら、党の土台を揺るがすような大変革が必要だ。

今日の中国では、趙は存在しなかった人である。だが将来、被害妄想的な時代が終わりを告げたとき、国のために力を尽くしたにもかかわらず、支配権力と衝突した歴史上の人物の一人として、その栄誉を称えられるであろう。彼らの名前は、腐敗した政敵たちの名前が忘れ去られた後も、いつまでも人々を鼓舞しつづけるのだ。

第一部　天安門の虐殺

第一章　学生の抗議活動が始まる

一九八九年の学生運動は、趙紫陽《ちょうしよう》の人生を決めた出来事の一つである。四月十五日、民主改革派の指導者で、二年前に共産党総書記の座を追われた胡耀邦《こようほう》の死去が報じられると、北京では大学生らによる大規模な追悼集会が始まった。それは、胡耀邦を辞任に追いこんだ当時の最高指導者、鄧小平《とうしょうへい》をはじめとする党の長老たちへの抗議を示す行動であった。

当時、改革途上の経済が生み出した物価高や腐敗の蔓延に国民も不満を募らせていた。そのため抗議行動には一般民衆も加わって、最終的には数十万人規模に膨れあがった。

党指導部は対応をめぐって分裂した。胡耀邦の追い落としを主導した保守派は弾圧を主張。いっぽう胡の後任として党総書記を務めていた趙紫陽は、厳格な対応によって生じる政治的影響を懸念し、民衆の反発が激化して経済改革が頓挫することを恐れた。抗議運動が長引くにつれて、権力闘争も熾烈さを増した。

抗議運動が始まった直後、趙紫陽は北朝鮮を公式訪問することになっていたため、党の対応の決定に影響力を行使するには限界があった。そして、北朝鮮訪問中の四月二十六日、中国政府は抗議運動について、党機関紙「人民日報」の社説を通じて公式見解を発表した。だが、その批判的な論調は状況を悪化させ、趙が事態を収拾するのを困難にしただけだった。

本章で趙紫陽は、この抗議運動の源流について初めて詳細に語っている。そして、この運動は政府にとって直接的な脅威にはならないと感じた理由を説明し、もっと適切に対応していれば、六月四日の武力弾圧よりもずっと早期に解決できたはずだと述べている。


七年前（一九九二年）、私は六・四事件［天安門事件］を取り巻く状況について、いくつかメモを書いておいた。細かいところの記憶が薄れはじめるかもしれないと心配になったからだが、ある種の歴史的記録として遺せるとも思ったのだ。

そのメモをもとに事件について話そうと思う。十三期四中全会［中国共産党第十三期中央委員会第四回全体会議］の演説で述べたことと重複する部分もあるが（同会議は一九八九年六月二十三、二十四の両日に開催された。このとき趙は、党内で自分に対する批判が高まるなかで、六・四事件に至るまでに自分の果たした役割について弁明を試みたが、けっきょく解任された）、そのとき述べなかった事柄もたくさんあるので、ここで洗いざらい語ろうと思う。

まず、学生の抗議行動のそもそものきっかけは何だったのか。学生らの初期の抗議行動はすべて、胡耀邦を追悼する集会に端を発していた。

胡耀邦は一九八九年四月十五日に亡くなった。訃報が伝えられた直後に一部の大学生が追悼集会を開いた。その後、街頭にくりだして抗議デモを開始すると、参加者の数はどんどん増えていった。すでにこの時点で、怒りのあまり過激な声明を発表する学生もいたが、行動そのものはかなり整然としており、極端に走ることはなかった。

四月十八日と十九日の夜、新華門（共産党本部）の前に数百人が集まった。そのときの様子を公安省が撮影していたので、私はビデオを取り寄せて観た。いわゆる「学生による新華門包囲事件」では、じっさいには、先頭に立っていた何人かの学生が「秩序を守れ！　勝手なことはするな！」と、くりかえし叫んでいた。彼らの後ろには大勢の野次馬がいた。学生たちの要求は、指導部の特定の人物の名をあげて会見を求めるなど、あくまで言葉だけによるものだった。やがて、後ろにいた群衆が前進しようとして、少し混乱しはじめた。そこで学生たちはいくつかのチームに分かれて、まるで警備員のように野次馬の群れを押し戻そうとした。

四月二十二日。胡耀邦の公式の追悼大会が行われているとき、天安門広場には何万人もの学生が集まっていた。こうして集まることを当局は認めていた。広場のあちこちにスピーカーが設置され、人民大会堂で開かれている追悼大会の模様が音声で伝えられていたので、誰でも聞くことができた。

四月二十六日の「人民日報」の社説で党の公式見解が報じられる前は、そういう状況だったのだ。

胡耀邦の死を悼む学生たちは、なぜあれほど強い反応を示したのだろうか。理由は複雑だった。

第一に、国民は胡耀邦に対して、ひじょうによいイメージを持っていた。胡は毛沢東《もうたくとう》時代から行われてきた数々の不当な迫害を終わらせた指導者であり、つねに改革の先頭に立ち、なにより権力の座にありながら腐敗とは無縁だった。当時は、権力の腐敗に対する不満が広がっていたので、胡耀邦の追悼集会は民衆がその不満をぶちまける機会になった。

第二に、一九八七年に胡耀邦が失脚させられたことについて、多くの人々が反発を覚え、激怒さえしていた。（一九八七年に始まった）反ブルジョア自由化運動に反感を抱き、反対しつづけている者も多かった。さらに、このときのような指導者の交代の仕方を人々は容認できなかった。一般民衆は胡耀邦に対する仕打ちに怒りを感じていたのだ。

第三に、一九八八年秋に提出された政府の機構再編計画において、改革プログラムはすべての面で縮小された。政治改革に向けての動きはいっさいなく、経済改革は停止、あるいは撤回された。このような全体的な状況に不満を抱いていた学生たちは、胡耀邦追悼集会を通じて改革の推進を望む気持ちを表明した。

街頭にくりだしたデモ参加者には三種類の人間がいた。大半はいま述べたような部類に属する人々だが、一部には、これまでのわれわれの政策に不満を持ち、この機会に一騒ぎしてやろうと考える者や、さらに少数ながら、共産党や社会主義に反対し、事態を悪化させようともくろむ者もいた。

私は政治局常務委員会［中国共産党の最高意思決定機関］の席で（日時は不明）、次のように主張した。党中央主催で追悼大会が行われているときに、学生たちが独自に追悼集会を開いたからといって、それを禁じるべきではない。胡を追悼する権利を学生には認めず、われわれが独占するというのは筋が通らない、と。

ただし、暴行、破壊、略奪、放火、侵入の五つの行為を働いた者についてのみ、法に従って処罰すべきだと私は提案した。そして、それ以外の正常な状況においては、緊張を緩和するよう努力すべきだと主張した。

胡耀邦の公式追悼大会の後、私はこれからとるべき対応について、次の三点を提案した。

一、追悼大会が終了したいま、社会活動を正常に戻すべきである。街頭デモを中止して、学業に復帰するよう、学生らを説得する必要がある。

（そのとき私は、動機はともあれ、学生たちの行動は胡耀邦を追悼する以上のものではないと思っていた。追悼大会が終わり、彼らも独自に集会を開いて追悼の意をあらわす機会が得られたのだから、もはやデモを続ける理由はない。もう授業に戻るべきだと）

二、緊張を緩和するという主たる目的に従って、さまざまなレベルでの対話を行うべきである。いくつもの経路や形式を通じて相互理解を確立し、多種多様な意見に耳を傾ける必要がある。どのような意見であっても、学生、教師、知識人が自由に述べられるようにしなくてはならない。

三、たとえ何があろうとも、流血の事態は避けなくてはならない。ただし暴行、破壊、略奪、放火、侵入の五つの行為を働いた者については、法に従って処罰すべきである。

私の提案は、李鵬《りほう》（首相）をはじめとする常務委員会の全会一致で承認され、公式に記録された。

こうして承認された状況評価と対応原則は、さまざまな経路を通じて地方政府に伝えられた。これらの三点は、私が北朝鮮を訪問する前に提示してあったものだ。党中央の主要幹部にも、追悼大会終了後に、下りエレベーターの中で伝え、その後、公式に発表している。

四月二十三日の午後、北京の鉄道駅から北朝鮮に向けて出発しようとしていたとき、李鵬が見送りに来て、ほかに付け加えることはないかと尋ねた。私の立場はあの三点に要約されていると私は答えた。後で聞いたところでは、李鵬はその三点を鄧小平に伝え、それに対して鄧も同意したとのことだった。

政治局常務委員会のメンバーには、反対する者は、少なくとも表立っては一人もいなかった。一つだけ、こんなことがあった。四月十九日の晩に、突然、李鵬が電話をかけてきて、責めるような口調で「学生たちが新華門から突入しようとしているぞ！　どうして何も対抗策がとられていないのだ」と言った。直接の責任者は喬石《きょうせき》（治安担当の党中央政法委員会書記）だから、緊急対応が必要な非常事態になれば、彼が対処するはずだと私は答えた。

その後私は李鵬から電話があったことを喬石に伝えた。じっさいのところ、二十日の朝までには、学生の大半は新華門からいなくなっており、残っていた者もほどなく警察に排除され、バスに乗せられて学校に戻っていったのだ。

以上が北朝鮮訪問前の状況であり、政治局常務委員会の方針だった。

第二章　社説が事態を悪化させる

共産党の首脳部は、学生運動の高まりにどう対応すべきか答えを出せずにいた。趙紫陽が北朝鮮を訪問中、趙の改革に反対の立場をとる強硬派は、彼の不在に乗じて最高指導者の鄧小平を味方に引きいれ、抗議活動を厳しく非難するように仕向ける。

四月二十六日、共産党が「人民日報」社説において抗議運動に対する公式見解を発表し、鄧小平の厳しい言葉を報じると、沈静化への望みは完全に絶たれる。鄧小平は自分の言葉が公表されたことを知ってショックを受けるが、発言を撤回すれば、中国の最高指導者が間違いを犯したことを示すことになり、党としてはそのような危険を冒すつもりはない。いまや共産党とデモ隊との衝突は避けられぬ情勢となる。趙は平壌に発つ前に、その危機を察知できなかった。

ではどうして学生の抗議デモがあんな騒乱に発展したのだろうか？

最大の原因は四月二十六日の社説だった。学生たちは現状に不満を感じており、なんとかしてそれを表明しようとしていた。だから、もしそのときデモを行わなかったとしても、いつかはデモを展開していただろう。彼らはそれだけ強い不満を抱いていたのだ！

だが、デモが拡大し、あのような騒乱へと発展した原因は、すべて四月二十六日の社説にある。社説が発表される以前と以後で、状況は激変した。適切な手段で事態を処理していれば、あんな悲惨な結果にはならなかっただろう。

四月十九日、私は北朝鮮訪問について説明するため鄧小平を訪ねたとき、学生デモのことも話題になり、どう対応すべきか、持論を述べた。そのとき鄧は、私の意見を支持してくれた。ところが、後になって、事態はおかしな方向へ進んでいった。

私が北京を発ったその日の晩、北京市共産党委員会の李錫銘《りしゃくめい》（書記）と陳希同《ちんきどう》（北京市長）が、報告したいことがあるので政治局常務委員会を招集するよう、（当時の全国人民代表大会常務委員会委員長）万里《ばんり》に要請した。万里は彼らの策略にひっかかった。（万里と私は、学生の抗議運動について、まったく同じ見方をしていた。）万里はこの要請を李鵬に伝えた。李鵬は外国訪問中の私に代わって、（政治局）常務委員会の運営を一時的に任されていたのだ。李鵬は早くも翌日の晩に、常務委員会を招集した。

李鵬が議長を務めた。李錫銘と陳希同は学生の抗議デモについて、きわめて深刻な状況だと激しい口調で報告した。彼らはすでにデモが沈静化しつつある事実を無視した。じっさい、学生たちの主張は、ばらばらになりはじめていたのだ。

学業を再開すべきだと考える学生も多く、すでにそうしている者もいたが、そのいっぽうで、少数ながら授業に戻ろうとしない学生もいた。いくつかの学校では、こうした内部対立が表面化していた。授業に戻ろうとする学生がいるいっぽうで、過激な学生たちは教室の入り口にバリケードを築いて、入室できないようにした。つまり、一部の学生は、それまでの抗議運動だけでは、怒りがおさまらなかったということだ。緊張を緩和し、彼らの主張に耳を傾け、正当な要求を提出する機会をあたえるための手段を講じるとすれば、このときがそのチャンスだった。

ところが、李錫銘と陳希同は、こともあろうに「高校生や労働者も巻きこんだ大規模な抗議運動が全国各地で組織され扇動されつつある」と報告したのだ。さらに、「北京の大学生が各地に使者を送りこんだり、運動拡大のため街頭で募金活動までしている」とつけくわえた。また、一部の学生の過激な意見、とくに鄧小平に対する発言を非難し、抗議行動は共産党に反対し、鄧小平個人を標的とするものだと断じた。

改革が始まってから、学生たち、とくに大学生はさまざまな欧米文化に触れるようになった。政治指導者への批判が気軽に口にされ、それが重大視されることもなくなった。文化大革命[1]時代やそれ以前にあった、(恐怖からくる)緊迫した雰囲気はもはやなくなっていた。私自身も、学生たちからよく批判された。私の子供らが公的資金を利用して商売をしているとか、列車に満載された大量の肥料が私の故郷に送られたとかいったような批判だ。

運動に何十万もの人々が参加していれば、当然ながら、極端な主張や偏った発言も出てくる。

1　一九六六～七六年、中国に大変動をもたらした政治闘争。急進的な経済政策を推し進めようとする毛沢東主席は、官僚組織の消極的抵抗に不満を募らせ、ついに極左的運動を展開、その結果何百万という人々が迫害を受け、何十万人もの共産党幹部が追放された。

参加者全員の発言から、いちばん極端なものを十個選んで報告すれば、事態はきわめて深刻に見えるだろう。李錫銘と陳希同があのような行動に出た背景には何があったのか、私にはよくわからない。昔ながらの階級意識が働いたか、それ以外の秘められた動機があったかのどちらかだろう。

学生デモは「組織的かつ入念に計画された政治闘争」と見なされ、議事録にもそのように記録された。そうなったそもそもの責任は、李鵬、李錫銘、陳希同の三人にある。

四月二十五日、李鵬と楊尚昆《ようしょうこん》国家主席は、政治局常務委員会の議事内容を鄧小平に報告した。鄧小平は、学生デモに対処するときは、強硬策をとる傾向が強かった。デモは社会の安定を揺るがすものだと信じていたからだ。二人の報告を聞いた鄧は、学生デモを「反共産党的、反社会主義的動乱である」とみなすことに同意し、「快刀乱麻を断つ」が如き迅速な事態の収束を図るよう提案した。

四月十九日に私が訪問したときには、鄧小平は私の立場を支持していた。ところが二十五日に李鵬と楊尚昆の報告を聞いたとたん、心変わりをして、彼らの判断に同意した。やはり、鄧小平の考えは彼らのほうにずっと近かったのだ。

四月二十五日の鄧と李鵬らのやりとりは本来、表には出ないはずだった。ところが李鵬は、まさにその晩に、鄧の発言内容をすべての党幹部に伝えることに決め、議論の内容を敷衍《ふえん》した形で、四月二十六日付の人民日報の社説で発表させた。それは、学生デモを「反共産党的、反社会主義的な動機から計画され組織された動乱である」と公式に断定するものだった。

私が北朝鮮訪問に出発する前には、李鵬も他の北京の幹部も、誰一人として私にそのような意見を述べた者はいなかった。彼らは私が北京を離れたとたん、政治局常務委員会を招集して、鄧小平からの支持を獲得した。このような展開は、常務委員会のそれまでの姿勢や原則から逸脱していた。

鄧は、李鵬が自分の発言を公表したことを快く思っていなかった。鄧の子供たちも、父が民衆と直接対峙させられたことに憤慨した。私が五・四運動記念日[2]の演説の準備をしていたとき、(鄧の娘)毛毛《もうもう》から、演説の草稿を書いていた鮑彤《ほうとう》(趙紫陽の政治秘書)に電話があり、演説の内容に、鄧は若者たちを心から愛する庇護者であることをつけくわえるよう提案してきた。

その後、五月十七日に鄧小平の自宅で会合が開かれ、戒厳令を敷くことが決まったとき、鄧は李鵬にこう求めた。「この前のようなことをくりかえさぬようにせよ。戒厳令を決めたのが私だということを明らかにしてはならない!」。李鵬は「そんなことはしません!」と何度も答えた。

一部の学生の過激な発言を利用して状況を悪化させ、政府に直接的な行動をとらせようとする者がいることは明らかだった。改革は実行されており、学生らが指導者を非難するほどの大きな問題はなかったはずだ。学生の抗議運動は、たんなる不満の表れであって、政治体制そのものに異議を唱えるものではなかった。

2　中国にとって不当なものとみなされたヴェルサイユ条約をきっかけとして、一九一九年に全国的な規模で展開された抗議運動。現代中国の思想運動が西洋自由主義からロシア革命の理想へと方向転換する画期的事件となった。中国共産党はこの五・四運動を党の思想的淵源とみなしている。

ところが鄧老人は、この一派が都合のいいように集めた個人批判を聞かされて、自分への甚だしい侮辱だと受けとった。この者たちは、ごく一部の学生から散発的に聞こえてくる過激な意見を選んで、それをあたかも運動の主流意見であるかのように提示し、鄧小平個人に対する非難であると主張したのだ。鄧の思考法は、階級闘争が主たる目的であった時代に育まれたもので、李鵬の報告を聞いたときも、すぐさまその思考法に従って反応したのだ。おそらく、そうした思考法が、鄧の決断の主な理由の一つであろう。

北朝鮮訪問中の私に、大使館を通じて、四月二十四日の常務委員会の議事と鄧小平の発言の内容が伝えられた。私は電報で、「現在の騒乱に対する方針について、鄧小平同志の決定に全面的に賛成する」と返答した。

文書が届いたとき、とにかく返答する必要があったのだが、私は異議を唱える立場にはなかった。私は外国にいて、本国の状況を直接知ることができなかったからだ。返事は出したが、政治局常務委員会の議事内容については意見を述べなかった。鄧小平の発言を読んですぐに、学生らに対していますぐ行動に出ることはないだろうと思ったのだ。真っ先に考えたのは、ふたたび反ブルジョア自由化運動が、ひょっとすると以前よりもずっと大きな規模で始まるかもしれない、ということだった(学生運動はかならず沈静化すると私は思っていた。さほど重大な問題だとは考えていなかったのだ)。第十三回党大会(一九八七年十~十一月開催)以降、推し進められてきた改革、とくに政治改革の勢いが、(新たな反ブルジョア自由化運動によって)損なわれる恐れがあった。というのは、鄧小平は、学生デモを反ブルジョア自由化運動の長期にわたる不徹底の結果だと信じていたからだ。

ところが、四月二十六日に問題の社説が発表されると、状況は一変し、対立が激化した。学生たちは社説のなかの表現や自分たちに対する政治的な非難に怒りを覚えた。「反共産党」、「反社会主義」、「計画的陰謀」などといった、長年、耳にしていなかった表現が学生たちに激しい興奮を引き起こした。それまで穏健な姿勢を保っていた者たちも、この社説をきっかけに、急進派を支持するようになった。

北朝鮮から帰国後、大学関係者を何人か招いて討議してもらった。全員が口々にこの状況について語った。四月二十六日の社説については、多くの者が憤慨しており、政府のさまざまな部署からも同様の声があがっていた。「どうしてあんな社説が出たのか?」と非難する者が多かった。

四月二十七日には街頭デモは一万人規模にまで膨れあがっていた。社説の厳しい論調から、学生らはこの抗議行動がもとで弾圧を受けるかもしれないと感じていた。街頭にくりだす前に遺言や家族への別れの手紙を書き残しておく者もいた。

四月二十六日の社説は、学生らを刺激しただけでなく、政府のさまざまな部署、機関、民主諸党派など各方面からも不評を買った。彼らはそのような社説が出たことを理解できず、不満を感じ、怒りさえ覚えた。学生たちの行動は、国の政治や改革の行方を心から憂慮してのことであり、いくつかの重大な社会問題について意見を表明したのは、すべて善意と愛国精神に基づく行動だと、多くの人々は考えていた。政府は学生らに対して支持を表明したり、今後の指針をあたえることもせず、それどころか、厳しい論調の社説を発表して彼らを非難する姿勢を示し、「反共産党的」「反社会主義的」という政治的なレッテルを張った。これについては、とくに知識層からの批判が強かった。

こうした政府の対応によって、一般大衆のあいだでも、学生に同情し、彼らを応援しようという気運が高まった。当時のビデオ映像を観ると、学生たちが行くところでは、群衆が道の両側に陣取って声援を送り、歓迎の意をあらわしていた。なかにはデモに加わる者もいた。道路を封鎖するために並んでいた警官たちでさえ、うわべだけ制止を試みるだけで、やがてデモ隊全員を通過させていた。学生たちが到着したとたん、バリケードを開けてしまうこともあった。最初から制止する気などなかったかのように。

多くの古参幹部は学生デモに不安を募らせていた。鄧小平の発言が公表されてからというもの、対立が激化して流血の事態に発展するのではないかという懸念が広がっていたのだ。幹部らは党中央に対して再三にわたって自制を促し、武力行使を回避するよう忠告した。（影響力のある党長老）彭真《ほうしん》は、党中央弁公庁〔党中央委員会の直属機関。党中枢の重要事務を担当する〕に直接何度も電話をかけ、いかなる事情があろうとも武力を行使しないよう伝えた。彼は党中央が緊張を激化させないよう望んでいたのである。

だが（党長老で中国人民政治協商会議主席だった）李《り》先念《せんねん》は違った。李は鄧の発言を聞いた後、鄧に電話をかけて、「早く決断を下して、数十万人を逮捕する準備を進めなければならない！」と言ったそうだ。もっとも、この情報がどの程度正確か、私には証明できないが。（党の長老で、国家副主席の）王震《おうしん》はもっとたくさん逮捕しろと提案していた。

数万人規模のデモ参加者と、古参幹部たちからの忠告に直面して、北京市共産党委員会や李鵬をはじめ、デモ鎮圧を決めていた者たちは、どう対処すべきか途方に暮れた。これは明るい兆候だった。弾圧を予想していた学生たちは、それがないと知ると、自分たちの勝利を祝福しつつ学校に戻った。みんな、これまでにないほど勇気と自信に満ちていた。

鄧小平の発言が学校当局に伝わり、問題の社説が公表されたとき、党組織、大学学長、教師など、多数の人々が、学生たちの抗議行動への参加を阻止しようと必死の努力を重ね、説得を試みていたのだが、学生たちが無事に戻ってきたのを目にした彼らは、面目を失ったように感じた。騙されたような気がして、腹が立った。あの苦労はなんだったのか、というわけだ。

（北京市長の）陳希同をはじめとする多数の者たちが同じ気持ちだった。五月一日に開かれた政治局常務委員会の会合では、陳希同は怒りに満ちた口調で、北京市共産党委員会からの報告を発表し、学校関係者は誰もが「裏切られた」と感じている、と主張した。私は陳のこの発言を非難し、「誰が誰に裏切られたというのか？」と問いただした。

四月二十七日の大規模なデモで、いくつかのことが明白になった。

第一に、四月二十六日の社説で「反共産党的、反社会主義的」という表現が用いられた当初の目的は、学生らを思いとどまらせることだった。ところが結果は裏目に出て、デモは拡大した。このことで、政治的なレッテル張りという従来のやり方にはもはや効果がないことがわかった。

第二に、鄧小平が四月二十五日に内輪で述べた見解が世間に広まって以降、学生たちは鄧小平が社説を支持していることを知っていたが、それでも抗議運動を開始して、最高指導者の言葉でさえその効力を失っていることを証明した。

第三に、北京市政府は、デモに対する厳しい規制と対応策を定めた新たな規定を発表したばかりだったが、これも無視され、紙くず同然になった。警察の道路封鎖でさえ効果がなかった。

北京に戻って状況を把握した私は、このまま緊迫した事態が続けば、武力による鎮圧しかなくなるということに気づいた。状況は四月二十七日以前とはまったく違っていた。学生たちは怖いものなしになっていたのだ。政府は使える手段をすべて使い尽くしたが、どれも効果がなく、残る手段は軍の動員しかないだろうと学生たちも考えてはいたが、まさか政府がデモ鎮圧のために本当に軍を動員するとは思ってもいなかった。

北朝鮮からの帰途、(中国北部の都市)瀋陽《しんよう》市に立ち寄ったとき、鄧小平発言に対する市幹部の反応を知らされた。彼らはみな「このようなやり方がまだ通用するのだろうか?」と疑問を感じ、鄧の発言を批判的に受けとめている者も多いとのことだった。

そんなわけで、北朝鮮から戻ってみると、かなり危険な状態になっており、大規模な流血の事態に発展する可能性がきわめて高かったのである。

第三章　権力闘争

　抗議運動が拡大するにつれて、政治抗争も激しさを増す。北京に戻った趙《ちょう》は事態の沈静化に努める。ソ連指導者ミハイル・ゴルバチョフの訪中を直前に控え、デモ参加者たちは余裕の表情だった。ゴルバチョフの来訪を前にして共産党が武力鎮圧に踏みきることはまずないだろうと思われたからだ。強硬派の李鵬《りほう》首相は、寛大な対応を図ろうとする趙紫陽に反発、両者は最高指導者、鄧小平《とうしょうへい》の支持を獲得しようと競いあう。情勢が緊迫の度を増すなか、上海市当局は、勇気ある新聞が抗議運動について度を超した報道をしたとして発行停止処分にする。

　私が北朝鮮を訪問しているあいだに、すでに決めてあった学生デモへの対応指針を李鵬らが変えてしまった経緯を先に述べたが、今度は、北朝鮮から帰国後に起きた、学生デモへの対応策をめぐる激しい対立について語ろうと思う。
　鄧小平の四月二十五、二十六日の発言を北京から地方政府レベルにまで伝えることにした李鵬の決定は、鄧に多くの批判が集まるという結果を招いた。これに鄧とその家族はひどく動揺した。

一般には「いい人」というイメージで通っている鄧を、いきなり批判の矢面に立たせたとして、家族は李鵬を非難した。

このような状況を考え、また、社説が四月二十七日の大規模なデモの発生と各方面からの批判を招いたことに脅威を感じた李鵬は、鮑彤《ほうとう》（趙紫陽の政治秘書、党中央政治体制改革研究室主任）に四月二十九日の社説の草稿を依頼し、袁木《えんぼく》（国務院報道官）と何東昌《かとうしょう》（国家教育委員会副主任）に学生との対話の機会を設けるよう要請した。

そうして開かれた対話集会では、袁木と何東昌は学生からの訴えの多くに対して前向きな回答を示し、諸君の目標の大部分は共産党および政府のそれと同じであると認め、社説は学生を非難するものではないと説明した。さらに、学生の九九・九パーセントは善良な者たちであり、反共産党的、反社会主義的なのは、ごく一部の者だけであると明言した。そうやって学生らの興奮を静めようとしたのである。

同時に、李鵬らは四月二十六日の社説が撤回されることをひどく恐れ、わけても、帰国した私が彼らの行動を支持しないのではないかと心配していた。閻明復《えんめいふく》（党中央統一戦線工作部長で党中央書記局書記）からの報告によると、李鵬は彼に、もしも私が四月二十六日の社説を支持しなければ、自分は辞任するしかないと言ったそうだ。李鵬と姚依林《よういりん》（政治局常務委員）は結託し、なんとかして私に支持を表明させようと画策した。そして五・四運動記念日に行う演説の準備をしていた私に、「動乱に反対する」とか「ブルジョア自由化に反対する」といった文言を入れるようにくりかえし求めてきた。意見を求めるために演説の草稿を送ると、李と姚はブルジョア自由化を非難する言葉を追加するよう要求した。

くわえて、鄧小平は、自身の強硬発言が知れわたり、若者たちの自分に対するイメージが傷ついたと思っていた。そのため鄧榕《とうよう》（鄧小平の三女で、通称は毛毛）が鮑彤を通じて、鄧は若者たちを愛する庇護者であるという言葉を演説のなかにかならず入れるよう求めてきた。それで私は当然ながら、鄧がいかに若者を愛し、庇護しているかを語る一節をつけくわえることにした。

北朝鮮から帰国早々の四月三十日の朝、李鵬があわててやってくると、私に早く会合を開いて北京市党委員会の報告を聞くようにと求めた。圧力をかけて、自分らがとった行動に支持を表明させようというわけだ。

五月一日に政治局常務委員会が開かれたとき、私はすでに四月二十六日の社説が強い反発を引き起こしていることを知っていたが、現実の状況についてはほとんど何もわかっていなかったし、方針をいきなり百八十度転換するわけにもいかなかったので、李鵬の仕事にある程度の賛意を表明するしかなかった。ただし、やや漠然とした形で。

同時に、主流派の支持を得ることが大切だ、ということも強調した。大多数を反対する側に押しやってしまわないように、少数派と主流派を区別する必要があった。つまり、民衆の大多数が政府は自分たちを抑圧しようとしていると感じるような状況を作ってはならない、ということだ。理由はともあれ、四月二十六日の社説で表明された意見は、民衆の大多数、とくに学生、知識人、民主諸党派の考えから著しくかけ離れたものであるという事実を、われわれは冷静に受けとめなくてはならない。幅広い対話を図る必要がある、と私は指摘した。学生だけでなく、教師や労働者とも直接会って意見を聞くべきだと。
今回の出来事の性格づけについては、四月二十六日の社説で用いられた表現を活かして、ごく一部の反共産党的、反社会主義的な者たちが混乱を助長しようとしていると示唆することによって、新たな説明を加えることができる、と私は強調した。それにより四月二十六日の社説の影響が和らぐことを期待したのだ。さらに、学生らに教室に戻るよう勧めるべきだとも述べた。学生の親や教師、社会の大部分も賛成するはずだからだ。授業が再開すれば、状況が安定して学生たちの興奮もおさまる可能性がある。そうすれば、他のさまざまな問題も、最終的にはすべて解決するかもしれないと思われた。

北朝鮮から帰国直後に、私はあらゆる方面から情報を得ようとした。最初に、四月二十七日のデモの録画映像を集めた。五月二日、民主諸党派の指導者——費孝通《ひこうつう》、孫起孟《そんきもう》、雷潔瓊《らいけつけい》——からの求めに応じ、学生デモに関する討論会を開いた。五月五日の朝、北京大学学長の丁石孫《ていせきそん》と北京師範大学副学長の許嘉璐《きょかろ》と会合を持ち、学校の状況の概要と、それに対する意見を求めた。午後には中国民主同盟中央委員会が同組織内の大学関係者のために開いた討論会に参加した。

情報を収集し状況を分析評価した結果、学生デモが社会のあらゆる方面から幅広い共感を得ていること、四月二十六日の社説および党中央のデモに対する方針は国民の意向に反していることを、私はより強く確信した。もしも、四月二十六日の社説が引き起こした緊張を緩和する手段を講じなければ、学生らは報復を恐れ、緊迫した状況が続くだろうと思われた。

また、民主主義の原則と法律に沿った解決、つまり対話と緊張緩和という手段によって解決が図られれば、中国の改革は進むだろうとも思われた。政治改革を含めてである。だが、もしもデモを武力鎮圧するようなことがあれば、ふたたび反ブルジョア自由化運動が始まり、以前よりも大きく拡大するのは間違いなかった。保守派が勢いを盛りかえし、改革計画は行き詰まるか、撤回されることも考えられる。そうなれば中国の歴史はふたたび混迷の時代を迎えることになる。どちらの対応をとるかで、まったく異なる結果になるのは明らかだった。

問題は鄧小平だった。私はこのとき、鄧が多少なりとも緊張を緩和する方向に動いてくれることを望んだ。たとえば、「四月二十五日に李鵬から報告を受けたとき、われわれは過剰に反応してしまった。いまのところ学生デモはさほど深刻な問題ではないようだ」というような談話を発表してくれれば、鄧になんの責任も負わせることなく、事態を好転させることは可能だった。政治局常務委員会と私が責任をとればよい。

けれども、鄧が態度を和らげようとしないかぎり、私が李鵬と姚依林の二人の強硬派の態度を変えさせるのは不可能だった。彼らが考えを変えなければ、常務委員会が緊張を緩和し、対話の道を開くという方針を実行することは難しい。この種の問題に対して、鄧はいつも強硬な姿勢で臨んでおり、私もそのことはよく承知していた。そのうえ、李鵬の報告で先入観を植えつけられていたので、私が鄧の態度を変えさせることはきわめて困難だったのだ。

私はなんとしても鄧と話して支持を得ようと思った。そこで（鄧の秘書）王瑞林《おうずいりん》に電話をかけて、鄧との面会を求めたが、鄧は最近、体調が悪く、本人も、近く訪中するゴルバチョフと会見できないかもしれないと心配しているという。それは大問題である。そして、いまは何も報告しないようにと言われた。いまでも王の言葉は真実だったと思う。鄧はそのとき、たしかに体調が思わしくなかった。

五月二日、私は閻明復に自分の考えを説明したうえで、楊尚昆《ようしょうこん》ら鄧に近い人物を通じて鄧と連絡をとってくれるように頼んだ。

五月三日、私は楊尚昆を自宅に訪ねた。楊は、すでに王瑞林や鄧の子供たちと話し合った結果、四月二十六日の社説で表明した態度を転換することは難しいという結論に達していると述べたが、同時に、これから先、社説については二度と口にせず、徐々に注目をそらしていくことで、あまり重きをおかぬようにすることも可能だとの考えを示した。また、もし鄧小平と会見したとしても、鄧は自分の態度を改めて主張するだけであり、そうなれば、将来、事態を好転させることはいよいよ難しくなるだろうと言われた。

楊尚昆は「事態を好転に向かわせることができるのは、第一線にいるあなたがたでしょう」と言い、さらに、常務委員会の他のメンバーに働きかけてみてもいい、とほのめかした。同じ日、自宅に来訪した閻明復から、学生運動に対しては党中央の責任者が状況に応じて最適と思われる方法で対処すればよいとする王瑞林と鄧の子供らの意見を知らされた。このとき鄧小平と直接話し合っていたとしても、ただ反対されただけで、そうなれば事態はさらに悪化していたにちがいない。

その後は、この重きをおかぬようにして徐々に状況を変えていくという考えに沿って物事は進んでいった。五月四日の私の演説も、こうした考えに基づくものだった。四月二十六日の社説とは明らかに異なる調子になったが、それでも社説を真っ向から否定するような表現は使わなかった。

五月四日の演説の後、楊尚昆から政治局常務委員会の他のメンバーとの議論の結果を聞いた。胡啓立《こけいりつ》と喬石《きょうせき》は新たな対応方針に同意し、李鵬と姚依林は反対したとのことだった。万里《ばんり》同志は私と直接話し合った結果、全面的に賛成してくれた。つまり、常務委員会の委員および会合の出席者の過半数が私を支持したわけである。

楊は（影響力のある党長老）彭真《ほうしん》とも話したところ、彼もまた全面的に私の姿勢を支持するとのことだった。彭は楊に対して、万が一、後になって鄧が誰かに責めを負わせようとしたときには、「趙だけに責任を負わせてはならない」と述べ、自分と楊も責任を共有するべきだと言ったそうだ。彭はその言葉によって、私を支持する決意を示してくれたのだ。

私が北朝鮮から帰国する前、北京市党委員会が戒厳令の発動を提案したとき、楊尚昆はこれを厳しく非難していた。「首都に戒厳令を敷いて、国際社会にどうやって弁明するのか」と。鄧が戒厳令の発動を決める前の段階では、楊尚昆は学生デモについて穏健な見方をしていたのだと思う。

五月四日、私はアジア開発銀行の総会で演説を行い、学生デモについて語った。演説原稿は私の見解に沿って鮑彤が書いた。

この演説で私は、民主主義と法の原則に基づいた冷静かつ合理的かつ節度ある秩序正しい方法で問題の解決を図る必要があると示唆した。さらに、学生のデモ参加者は党や政府について、よいところは承認し、そうでないところには不満を表明しているだけで、政治体制そのものに異議を唱えているわけではないことを指摘した。彼らはただ体制の欠陥を修正するよう求めているだけだと。くわえて、デモがこれだけ大規模になると、なかには陰で糸を引いて自己の利益を図ろうとする者がいるかもしれないが、それによって中国に大動乱が起きるようなことはないだろうと述べた。

演説の後、国の内外のさまざまな方面から、肯定的な反応があった。

五月五日以降の数日間に、北京の多くの大学が授業を再開した。新華社通信香港支社の支社長で、当時北京に滞在中だった許家屯《きょかとん》が私に手書きのメモを送ってきた。そこには、五月四日に楊尚昆と会見した際、楊が私の演説に全面的に同意すると述べたと記されていた。

こうして私に幅広い支持が集まった五月四日の夜に、李鵬がわが家まで来て、しぶしぶ私の演説を称賛した。彼は、アジア開発銀行の代表団に会ったときに、私が演説で述べた問題のいくつかについて説明するつもりだと言った。だが、私が四月二十六日の社説には問題があると指摘したところ、それには同意しなかった。

鄧小平とは面会できなかったので、学生運動について、先に述べた他の同志たちと話し合ったうえで、状況を徐々に好転させようと試みた。じっさい、状況は徐々に好転しつつあった。この方法によって、事態は沈静化し、学生の大半が教室に戻った。だが、学生たちは次に何が起きるかを見守っていたのである。つまり、五月四日の演説で私が約束したことがどのように実現されるかを。

ある程度落ちついたこの時期を利用して、積極的な策を講じるのがいちばんいいと私は考えた。学生や他のあらゆる社会集団と対話する機会を設け、学生たちがもっとも憂慮している問題と向き合い、彼らの主張のなかに合理的なアイデアがあれば、いくつか採用するのだ。実現すれば、対話への道を開き、緊張を緩和するための着実な一歩になるはずだった。

私や政治局常務委員会の他のメンバーおよび会合出席者が事態を好転させようと積極的に努力していたが、これに対して李鵬一派はその努力を邪魔し、遅らせ、完全に潰そうとさえした。五月四日の演説で私が提案した対話や緊張緩和策を実行できないようにするためである。

学生たちが訴えている問題――腐敗の一掃、政府の透明性の実現、民主と法治の確立、国民による政府の監視――は国民の最大関心事であり、これに対しては積極的な策を講じる必要があった。私は次のようなことを提案した。全国人民代表大会（全人代）のなかに「腐敗防止委員会」のような権威ある組織を設立して、党幹部の家族による違法行為について独自に情報収集や調査を行うようにすること。国民が政府を監視する能力を強化すること。政府の透明性を向上させること。報道や抗議運動に関する法の制定を急ぐこと。国民の民主的権利を保護する世界共通の手法を導入するために具体的な法律を制定すること。

さらに私は、腐敗が横行しているとされる大手企業数社の会計状況について、全人代常務委員会による公聴会を開くことを提案した。事前の手配から、その後の詳細な調査まで、すべて全人代が管理する。なぜなら、一般に党や政府よりも全人代のほうが透明な組織だと考えられているからだ。

私が提唱した全体的な取り組みを実施すれば、国民が関心を寄せる領域の改革を実現できるし、民衆と学生の不満を軽減し、学生デモを沈静化もしくは終息させ、同時に政治改革を促進する好機をつかむこともできる。個々の具体的な問題に取り組むことによって、全人代は国の最高機関として適切な役割を果たすとともに、学生の関心を政治改革の促進に向けさせることができる。

五月十三日、楊尚昆と私は鄧小平を自宅に訪ねた。目前に迫ったゴルバチョフ訪中に備えて打ち合わせをするためだったが、このとき私は学生デモの最近の状況についても鄧に伝えた。そして、率直な対話、腐敗の一掃、透明性の実現などについて持論を述べた。鄧は大筋で同意し、「この機会にあらゆる努力をして腐敗を一掃すべきだ」と語った。さらに透明性の向上を図る必要もあると言った。

党幹部の息子や娘たちが政府の公的資源を利用して商売をしているという噂が広まっていた。私の息子と娘を非難する噂もたくさんあった。そのため五月一日の午後、私は政治局常務委員会の会合において、政治局の命により中央規律検査委員会と監察部が私の家族の調査を開始するよう自ら提案した。その後、政治局に公式書簡を送り、私の提案を支持するよう求めた。

学生たちのもう一つの関心の的は報道の自由の問題だった。五月六日、胡啓立（政治局常務委員）と芮杏文《ぜいきょうぶん》（党中央委員会書記局書記）の同志二人と報道政策の改革について議論したとき、新たな報道法を起草するときは、ニュース報道、社説、論評記事に対する規制を緩和するような方向にもっていくべきだと私は提案した。

五月三日、私は万里（全人代常務委員会委員長）を自宅に訪ね、学生デモについて話し合った。

指導部の一部が学生デモに過剰な反応を示したが、これは階級闘争という時代遅れの考え方を引きずっているせいだ、と私は論評した。時代は変わった。民主と法治という新しい時代の流れに合わせて考え方を変えていく必要がある、と。万里もまったく同じ意見で、天津や北京の幹部から、党中央は学生デモに対して甘すぎるという抗議が寄せられているのも、同じように古い考えを引きずっているもう一つの証拠だと語った。そして、なんとかしなければならない、とも言った。

五月八日の政治局常務委員会の会合だったか、五月十日の政治局会議だったか（どちらかは思い出せないが）、万里は、国際的な民主化の流れに合わせ、学生らがデモで訴えている問題に本格的に取り組むべきだという、すばらしい提案をした。全人代常務委員会会議を開いたときには、私の政治局への提案に対して全面的な支持を表明した。くわえて、次の会議を早期に開催するよう日時を決め、これらの問題を議題にとりあげることにした。

五月九日、万里が私の家を訪ねてきた。これからカナダとアメリカへの公式訪問に出発するとのことだった。出発前に鄧小平に会って例の問題について話そうと思ったが、けっきょく時間がとれなかったという。万里はカナダとアメリカを訪問中、学生運動を愛国的かつ民主的な行動だとして何度も褒めたたえた。

万里が学生デモについてこのような態度を示したのは偶然ではない。彼は民主化を推進すべきだと信じており、政治改革にはいつも前向きだった。一九八七年の反自由化運動には反対していたし、演説では「意思決定の民主化」を何度も訴えていた。万里は党中央の幹部のなかでも、ひときわ熱心な改革支持派だったのだ。

李鵬と姚依林、北京市（党委員会書記）の李錫銘《りしゃくめい》らは、私の提案の実現を阻止または遅らせようとして猛烈な抵抗を試みた。五月四日の演説に対して、最初の数日間は表立って反対を表明することはなく、称賛の意さえあらわしていたのだが、じつはその裏で私の演説の内容をなんとかして歪曲しようとしていたのだ。

彼らは私の演説について、おおむね四月二十六日の社説に沿っているが、わずかに視点が異なる、と主張した。そして何東昌（国家教育委員会副主任）に対して、趙の演説の内容はあくまで個人的な見解であり、党中央を代表した意見ではないことを、大学の党委員会書記らが出席する国務院主催の会議において周知させるよう求めた。この情報は学生のあいだにも瞬く間に広まった。

李鵬一派は学生たちとのいかなる対話も阻止しようと執拗な妨害を試みた。そもそも「対話」という発想は、デモ学生と直接会って話をするということだったのだが、李鵬らは、デモの期間中に新たに結成された学生組織の参加を拒否したばかりか、代表者を立てて出席させることさえ禁じ、政府公認の学生組織の学生だけを参加させるよう主張した。つまり、デモ学生を代表して意見を述べる者は誰もいないのだ。これでは対話を完全に拒否しているのと同じではないか。さらに、そういう形でじっさいに対話が行われたときも、率直に議論したり、多様な意見を探ったりという誠実な姿勢はいっさい見られなかった。それどころか、いつも記者会見で外国人記者を相手にしているときのように、口先だけの理解を示すという態度だった。そうやって政治的に都合のいいイメージを作りあげようとしていたのである。これに対して学生たちは、政府が対話への道を開くと言ったのは、まったくの偽りだったという印象を抱いた。

私はこうした姿勢をくりかえし批判したが黙殺された。腐敗を一掃し、透明性を高める努力については、それ以上に怠慢だった。李鵬はこれらの問題を全人代常務委員会の議題にとりあげることに反対した。反対するためにわざわざ私に電話をかけてきたほどである。

そんなわけで、学生たちは、教室に戻って何日も経過しているのに、政府は何一つ具体的な行動を起こしていない、と思っていた。じっさいに行われた対話は、彼らに拒絶を示すためのものとしか見えず、むろん改革に向けた具体的な措置もまったくとられていない。そのため、私の五月四日の演説に対する疑念がまさに広がりつつあり、より緊迫した対立が避けられぬ状況になっていたのだ。

ここで「学生運動はなぜあれほど長引いたのか？」という疑問にわれわれは答えなくてはならない。

私の五月四日の演説によって党中央内部の亀裂が表面化し、意見が真っ二つに分かれたからだと言われているが、それは違う！　本当の理由は、私が北朝鮮から帰国した後に提示された指針——緊張を緩和し、対話の道を開き、民主と法治という手段で問題を解決し、政治改革を推進することによって火急の問題に取り組むための指針——が、李鵬一派の抵抗と妨害で潰されたからだ。

ゴルバチョフ訪中を目前に控えたある日、李鵬は私に言った。「このまま学生デモに寛大な対応を続けるつもりではないでしょうな？　これだけ長い時間が経過している以上、もはやそのやり方に効果がないことが証明されたのではありませんか？」

この言葉で李鵬の隠された悪意が完全に明らかになった。李鵬が抵抗と妨害という手段を用いたのは、民主主義と法の原則に基づいて学生デモを沈静化させようとする努力が失敗するように仕向けるためであり、デモを武力で鎮圧する口実を作る意図があったのだ。

私が北朝鮮訪問中には、上海の経済紙「世界経済導報」の事件も起きている。そもそもの発端は胡耀邦の追悼記事を掲載したことだった。上海市党委員会は記事の内容が不適切だとして記事を削除するよう命じたが、新聞側はこれを拒否した。そのため党委員会は、組織再編のため同紙の発行停止を決定し、編集長の欽本立《きんほんりつ》を職務停止処分にした。

私が聞いた話では、（上海市党委員会書記だった）江沢民《こうたくみん》は、この問題にどう対処すべきか指示を仰ぐため鄧小平のオフィスに電話をかけたそうだ。学生も民衆もきわめて感情的になっていた。上海市党委員会が「世界経済導報」に下した処分は、同紙スタッフを激怒させただけでなく、北京や上海をはじめ、全国各地の報道関係者の幅広い反発を招いた。多数の報道関係者が街頭にくりだして同紙への支持を表明し、上海市党委員会に処分を撤回するよう要求した。彼らの抗議行動は学生デモに同調して行われ、これら二つの集団は協力し合い、勢いを増した。

帰国したときに感じたのは、上海市党委員会の対処の仕方が厳格かつ短絡的すぎたうえに、タイミングがまずかったということだ。しかし、すでに起きてしまったことだから、私は論評を控えた。私が上海市党委員会に口出しして、新聞側を擁護するのは適切ではないと思われたからだ。

だから党中央としてはこの問題には介入せず、上海市党委員会に任せることにした。

五月二日、他の諸党派メンバーとの会談の席上、閻明復が上海市統一戦線工作部の代表から聞いた話として、上海市党委員会がこれまでの主張を撤回したがっていると報告した。彼らは中央統一戦線工作部からの支援を望んでいたのだ。私は、「上海市党委員会からそのような要請が出ているなら、解決策を見つける手助けをしてやるべきだ」と答えた。

五月十日、江沢民が北京に来て、緊張緩和策について私に相談した。私は彼に、党中央に介入を求めず、上海だけで解決すべきだと答えた。上海市政府が党中央からの圧力に屈服したという疑いが生じないようにするためだ。江沢民はこれに不満だった。そして、このことが六月四日以降、私の罪名の一つに数えられることになる。

第四章　武力鎮圧

政府の対応を軟化させようとしていた趙紫陽の最後の試みは失敗に終わる。鄧小平《とうしょうへい》が李《り》鵬《ほう》首相の強硬姿勢を支持する側に回ったのだ。ここで趙はそのときの模様をかなり詳しく述べている。鄧の自宅で会合が開かれ、その張りつめた雰囲気のなかで、最高指導者は戒厳令の発動を許可する。この方針に反対する趙は、実行を拒否する姿勢を示し、ほどなく意思決定の場から外される。趙は天安門広場に足を運び、学生らに大学へ戻るよう説得を試みるが、時すでに遅かった。六月四日、自宅にいた趙は、とどろく射撃音を耳にして、武力鎮圧が始まったことを知る。

政府主導の対話にすっかり幻滅した学生たちは、ゴルバチョフ訪中の機会を利用して大規模な街頭デモとハンガー・ストライキを実行することにした。これは政府に圧力をかける絶好の機会であり、政府としてはゴルバチョフの訪問期間中には寛容な態度を示さざるをえないだろう、と学生たちは考えていた。だが、それは思い違いだった。学生側が運動を激化させればさせるほど、李鵬一派にとっては武力鎮圧の口実が増えることになる。

この噂を耳にした頃、私は五月十三日に開かれた労働者の集会で演説することになっていたので、その機会を利用した。そこで私は、自分たちの要求が通らないからといって、学生らが国賓の来訪を妨げ、中ソ首脳会談の価値を損なうのは不合理なことだと述べた。それに、そんなことをしても、多数の支持は得られないだろうとも言った。私は、学生たちに状況の全体像を把握してもらいたかったのだ。味方に損害をあたえ、敵を喜ばせるようなことがないように。

私の訴えはすべての主要な新聞に掲載された。だが、学生はその訴えにまったく応えてくれなかった。構わず前に突き進んでしまった。五月十三日の午後、二十を超える大学から集まった二百人以上の学生が、警護役を務める千人以上の学生に守られながら、天安門広場に入って座りこみとハンガー・ストライキを開始した。この日以降、六月四日の流血事件まで、広場は学生たちに占拠されることになる。

学生のハンストは幅広い共感と支持を集めた。政府省庁やその他の機関の職員から一般市民まで、何万人もの人々が学生を支持するデモを決行した。参加者の数は日ごとに増えていった。ハンスト参加者も増え、いちばん多いときで二千〜三千人に達した。こうした状況に学生たちはみんな夢中になっていて、退去するよう説得するのはいよいよ難しくなっていった。

そのときの学生たちの行動はまだほとんどが自然発生的なものだった。指令本部が設けられていたが、一人のリーダーが冷静に決定を下すということはなかった。何か決定が下される場合でも、それは誰の命令でもなかった。本部のリーダーは頻繁に入れかわっていたので、そのときもっとも大きな声で熱弁をふるった者の考えに従って物事は進行した。われわれは大学の学長や教授を動員して学生のリーダーたちに説得を試みたが、彼らは耳を貸さなかった。また、緊張を緩和し、対話と説得を試みるという対応指針は、李鵬一派の画策によってまったく実行されていなかった。

ハンストが始まって四日目に、何人か失神する学生が出はじめた。このまま続ければ死者も出るかもしれないと、私はたいへん心配になった。そんなことになれば、われわれは国民への弁明に苦労することになる。

五月十六日の夜、ゴルバチョフとの会談の後、私は政治局常務委員会を招集し、委員五人の連名で、学生らにハンストの中止を求める声明を発表することを検討した。声明の草案には「学生諸君の熱烈なる愛国精神は称賛に値し、党中央委員会と中国国務院は彼らの行動を評価する」という一節があった。

李鵬はこれに反対した。「『称賛に値する』という言葉だけでじゅうぶんだ。そのうえ『評価する』とつけくわえる必要があるのか？」

楊尚昆《ようしょうこん》が答えた。「学生たちは腐敗を取り締まるよう提案している。それについては評価すると言ってもいいだろう」

私は李鵬の姿勢に強い反発を覚え、こう言った。「『評価する』という言葉を入れなければ、何も言わないのと同じだ。だとしたら、いったい何のために声明を発表するのか？　いま重要なのは、声明を出して学生たちの興奮を静めることだ。文言についてとやかく言っている場合ではない」

委員の過半数がこの一文を入れることに賛成し、草案はかろうじて承認された。だが、このとき私は、もはや声明だけでハンストを中止させられるような状況ではないと判断していた。学生たちがもっとも強く要求していたのは、四月二十六日付社説がデモについて下した判断を撤回することだったからだ。これはもはや避けて通れぬ問題だと私は思った。もしもこの重要な問題を解決しなければ、ハンストを中止させて対話を進めることなどできはしない。このままハンストが続けば、予測できない、きわめて深刻な結果になるだろう。

そこで私は初めて、四月二十六日付社説の判断に修正を加えるよう正式に提案した。李鵬は直ちに反対した。

李鵬は、四月二十六日付社説で示された判断は、鄧小平自身の発言を忠実に伝えるものであるから、変更はできない、と言った。私は反論した。社説は四月二十四日に開かれた政治局常務委員会の議事録を基に書かれたものであり、鄧は委員会の結論に対して支持を表明しただけだと。楊尚昆は、四月二十六日付社説の修正は鄧小平のイメージを損なうと警告した。私は、しかるべく取りはからって、政治局常務委員会が連帯責任を負うことにすれば、鄧の評判を傷つけずにすむ、と答えた。さらに、自分も北朝鮮訪問中に電報を打ち、鄧の決定に同意する旨を伝えているので、四月二十六日付社説については自分にも責任がある。必要なら、私が承認したことにしてもよい、と述べた。

李鵬が突然、「それは政治家として正しい態度ではない！」と言った。

その結果、四月二十六日付社説の修正の話はそれ以上進められなくなった。

こうなると、鄧小平と一対一で話し合い、自分の意見を直接ぶつけるしかなかった。十七日に電話をかけ、鄧小平との会見を求めた。その後、鄧の側近の一人が、午後に鄧小平の自宅に来るようにと伝えてきた。

行ってみると、すでに政治局常務委員会のメンバー全員と楊尚昆が顔をそろえていた。通常ならそこにいるはずの万里《ばんり》は、まだ帰国していなかった。一対一の会談を求めていたのに、鄧小平は自宅に政治局常務委員会を招集してしまったわけで、すでに自分にとって不利な状況になっていることに私は気づいた。

最初に、ざっと次のように自分の意見を述べた。

学生の抗議運動は激化しており、事態はきわめて深刻だ。学生、教師、ジャーナリスト、学者のほか、一部の政府職員までが街頭デモに参加している。その規模は現在およそ三十万～四十万人だ。くわえて、ひじょうに多くの労働者や農民がこの運動に共感を示している。これらの異なる社会集団が求めているのは、腐敗の一掃、政府の透明性の向上だけではない。学生らが抗議のハンストを決行しているのに、党と政府はどうしてこれほど冷淡な姿勢を示し、彼らを救おうともしないのか、その説明を求めているのだ。学生との対話を阻んでいる最大の要因は、四月二十六日付社説が下した判断だ。あの社説が大きな誤解をあたえたのは、どこかに不明確あるいは不適切な表現があったからにちがいない。どんな形にせよ問題を解決するには、社説が下した判断を多少なりとも寛大なものに修正するしかない。そこがいちばん肝心なところであり、そのように修正すれば、幅広い社会的支持が得られるだろう。学生運動に対する当初の決めつけを撤回すれば、われわれはふたたび事態を掌握できるはずだ。もしもこのままハンストが続き、死者が出たら、火に油を注ぐことになる。民衆に対して強硬な姿勢を示せば、事態は悪化し、完全に統制することはできなくなるだろう。

私が意見を述べているあいだ、鄧小平はとてもいらいらして不愉快そうだった。話が終わるとすぐに李鵬と姚依林《ようい りん》が立ちあがり、私を非難しはじめた。

デモが拡大したのは五月四日のアジア開発銀行総会での私の演説のせいだというのだ。その演説に対する批判を聞いたのは初めてだった。本当は私の意見に反対だったのに、それまで一度も表立って表明しなかったのである。非難の激しさに私は面食らった。あまりにも遠慮会釈もない批判だったので、私は彼らがすでに鄧小平の暗黙の了解を得ていることを悟った。

胡啓立《こけいりつ》は、社説を修正すべきだという意見を述べた。喬石《きょうせき》は言葉を濁した。楊尚昆は社説の修正に反対し、これにより状況はきわめて不利になった。楊は言った。「廖漢生《りょうかんせい》は戒厳令を敷くべきだと考えているので、戒厳令の発動を考慮に入れるべきではないかと……」それ以前、楊尚昆は戒厳令にはいつも反対していたのに、このときは（かつての軍指導者）廖漢生の言葉を引用し、実質的にその立場を変えていた。

そしてついに、鄧小平が最終的な決断を下した。「事態の進展を見ればわかるように、四月二十六日付社説の判断は正しかった。学生デモがいまだ沈静化しない原因は党内にある。すなわち、趙が五月四日にアジア開発銀行の総会で行った演説が原因なのだ。いまここで後退する姿勢を示せば、事態は急激に悪化し、統制は完全に失われる。よって、北京市内に軍を展開し、戒厳令を敷くこととする」

鄧小平はさらに、李鵬、楊尚昆、喬石の三名を戒厳令発動の責任者に任命した。

鄧が発言を終えたとき、私は言った。決定を下さないよりは下したほうがよいけれども、今回の決定が招くであろう深刻な事態をたいへん憂慮している、と。総書記として、この決定内容を推進し、効果的に実行することは私には難しい。鄧は言った。「この決定が間違っていたとわかったときには、われわれ全員が責任をとるのだ」

さらに李鵬はこの会合のなかで、政治局常務委員会の議事内容が世間に漏れていたと主張し、内部によからぬ分子がおり、（趙の政治秘書）鮑彤《ほうとう》もその一人だと言った。私は、「無責任な発言をするな！　どんな証拠があるというのか？」と反論した。李は「もちろん証拠はある。後で見せる」と答えた。

いったん休会ということになり、私はすぐに立ち去った。だから、もしも鄧が他の者に残るよう言ったか、他の問題について話し合ったとしても、知るよしもない。

そのとき私は、はらわたが煮えくり返る思いだった。このまま総書記として軍を動員し学生を武力鎮圧するなど絶対に願い下げだ。そう思った。ひどく興奮した状態で、私は帰宅するなり、鮑彤に、政治局常務委員会に辞表を送るから文案を考えてくれ、と頼んだ。

その晩、常務委員会の状況報告会の席で、私は戒厳令発動の担当者会議では議長を務めるつもりはない、と伝えた。「歴史における私の使命はもう終わったようだ」と私は言った。楊尚昆が答えた。「いまここでそういう話を持ち出してはいけない。指導部に変更があってはならない」。私の総書記としての地位に変更があってはならないということだ。

私の辞表が党中央弁公庁秘書局に届くと、すぐにそれを聞きつけた楊尚昆が私に電話してきて、くりかえし懇願するように辞意の撤回を求めた。楊は言った。「このことが世間に知れたら、状況はますます悪化する。火に油を注ぐべきではない」

私は彼の主張を受けいれ、五月十八日、辞表の常務委員会への配達を止めるよう秘書局に通知した。その後、秘書（李樹橋《りじゅきょう》）が辞表を回収した。

ここで、鄧小平によって招集され、戒厳令の発動と学生の武力鎮圧が決定された会合についてはっきりさせておきたいことがある。政治局常務委員会における投票の結果、三対二で決まったという風説が流れているが、じっさいには「三対二」ではなかったのだ。出席者はほんの数人で、常務委員会の意見は二対二で分かれていた。胡啓立と私は社説の修正を主張し、姚依林と李鵬は強く反対した。喬石は明確な見解を述べず、中立の立場を示した。

投票の結果「三対二」で決まった、というようなことはなかった。もちろん、常務委員会のメンバーではない鄧と楊の意見を勘定に入れて考えれば、出席者のあいだでは強硬意見が多数を占めていたことになる。だが、じっさいには、常務委員会による正式な投票は一切なかったのだ。

その数日間に、多くの著名人や党の長老たちから、私や党中央に電話や手紙が殺到した。学生らを適切に処遇し、彼らの行動が愛国精神によるものであることを評価し、彼らに対する誤った態度を改めるよう求めていた。そのなかには、鄧小平が敬慕してやまぬ党長老、李《り》一《いち》氓《ぼう》同志もいた。

五月十八日、私はそうした手紙を何通か選んで鄧小平に転送し、再度、自分の立場を訴える手紙を書いた。鄧が考えを改めてくれることを期待してのことだ。ほとんど望みがないことはわかっていたが、最後にもう一度だけ試みずにはいられなかった。以下がその手紙の原文である。

小平同志

有力な党長老同志から届いた意見の手紙を何通か転送いたしますので、ご一読願います。現在、状況はきわめて深刻です。なかでも、もっとも急を要する問題は、学生のハンストであり（多くの人の同情を集めています）、一刻も早く中止させ、死者が出ないようにしなければなりません。ハンストを中止させるには、学生らの最大の要求に応える必要があります。すなわち、四月二十六日付社説における学生運動についての判断および決めつけを撤回し、彼らの行動を愛国精神によるものであると認めるのです。

このことを深く熟考して思うのは、どれほどつらくとも、この譲歩を決断しなければならないということです。主だった指導者が自ら群衆のなかに出ていき、学生らの行動を認めれば、激しい興奮は目に見えて静まり、その他の問題も解決できるでしょう。秩序を維持するため、最終的に断固たる手段をとらねばならないとしても、その前に、まずこの手順を踏む必要があります。この手順を踏まず、多くの人々の強い反対を押し切って強硬な手段に踏みきれば、党と国家の運命を脅かす深刻な影響が生じる恐れがあります。
ここに事態を深く憂慮するとともに、提案をぜひ考慮していただきますよう再度お願いもうしあげます。

趙紫陽

五月十八日

これは、鄧小平の自宅における会合で戒厳令の発動が決まった五月十七日以降、私が鄧に送った最初の手紙だ。予想どおり、返事はなかった。

五月十七日の晩、党中央弁公庁のお膳立てで、ハンスト中に倒れて入院している学生を党中央の幹部が見舞いに訪れることになった。当初、李鵬は行かないと言っていたのだが、私たちがワゴン車に乗って出発する直前になってあらわれた。私が行くという話を聞きつけて、気が変わったのだ。

五月十九日の早朝に私が天安門広場の学生を訪ねたときにも、同じようなことがあった。李鵬は私が広場へ行くことに反対し、中央弁公庁に私を止めるよう迫った。ひじょうにたくさんの学生が七日間もハンストを続けているのに、党中央の幹部が誰一人訪れていないというのは、どう考えても弁解のしようがなかった。私は、絶対に行く、ほかに誰も行かないなら、私一人で行く、と言い張った。私の意志が固く、思いとどまらせることができないとわかると、李鵬は気が変わった。だが、彼はたいそう怯えていて、広場に着いたと思ったら、すぐに姿をくらました。

私は学生に声をかけ、その場で即席のスピーチをやった。その内容は北京の主要新聞すべてに掲載された。そのスピーチで私はハンストを中止するよう説得しようとしただけだ。諸君はまだ若いのだから命を粗末にしてはいけないと。彼らの行動は内外で幅広い共感を呼んでいたが、強硬派の党長老たちには痛くもかゆくもないということが、私にはじゅうぶんわかっていた。ハンストが続こうが、死者が出ようが、どうでもいいことで、（強硬派の長老は）そんなことで心を動かされたりはしない。だから私は、若い学生たちがこのような形で命を落とすのは犬死にだと感じていた。

しかし学生たちは私の言わんとすることを理解してくれなかった。これから自分たちがどんな目に遭うか、想像することさえできなかった。当然ながら、このスピーチが原因で、その後私は厳しい批判と非難の的になる。

五月十七日の鄧小平の邸での会合以来、李鵬一派はいろいろと異常な行動をとるようになった。私が病院や広場に学生を訪ねようとしたとき、李は何度も阻止しようとした。現場に着いてワゴン車から降りると、李がさっと私の前に出た。ふつうはこんなことはしないものだ。ある人から後で聞いた話では、李は、写真に趙紫陽の姿が入らないようカメラマンたちにそれとなく伝えておけ、という指示を出していたそうだ。いずれ指導者が交代したときに、「都合が悪い」からだ。

五月十七日の晩から十九日まで、戒厳令についての情報はいっさい私には伝わってこなかった。唯一伝わってきたのは、十九日に李鵬が学生と対話したというニュースで、私はそれをテレビで知った。

十九日の午後に突然、会議招集の通知が届いた。戒厳令を宣言するための会議である。李鵬の演説草稿が同封され、私に会議の議長を務め、演説を行うよう要請していた。ところが、会議の進行、開催場所、出席者、その他の議題については何も記されていなかった。

李鵬の演説には「学生デモは五月四日を境に拡大した」という一節があった。しかし、これでは五月四日の演説が原因だと露骨に非難しているようにみえると思ったのか、その後、新聞に掲載されたときには「学生デモは五月初旬に拡大した」と変わっていた。いずれにせよ、五月四日の私の演説がデモの拡大を招いた、という含みがあることは明らかだった。李鵬は国務院の閣僚たちにも、私が大きな間違いを犯したと語っていた。戒厳令を宣言する本会議に先だって、彼らは非公開の会議を開いた。

そんなわけで、私は自分が意思決定の場から外されたことを理解した。それがいつ決まったことなのか、いまもって私にはわからない。十七日に、鄧の自宅で戒厳令の発動が決まったとき、李鵬、楊尚昆、喬石の三名が戒厳令施行の責任者に任命されたが、鄧は「趙はそのまま総書記だ」とも言っていた。しかし、それから数日後には、実質的に私は完全に蚊帳の外におかれていた。

十九日に、三日間の休暇を政治局に申請した。私は李鵬が政治局常務委員会の議長を務めるよう提案し、戒厳令の布告を発表する会議への出席を辞退した。

そのとき、天安門広場でのハンストを支持するデモ参加者の数は、かなり少なくなっていた。ハンストは中止され、座り込みに変わっていた。北京大学の学生の多くはすでに大学に戻っていた。広場に残っていたのは大半が他の都市から来た学生たちだった。

五月十九日(じっさいは二十日)の戒厳令の布告は、ふたたび民衆を刺激し、抗議行動を激化させた。座り込みの参加者は増え、学生以外の支持者たちも群れをなして街頭にくりだした。北京市民は、戒厳令施行のため市内に軍隊を展開させるという決定にとくに激怒した。命令を受けた部隊は、あちらこちらで行く手を阻まれた。老婦人と子供の集団が路上に横たわって抗議した。部隊は北京郊外で足止めされ、市内に入れなかった。膠着状態は十日以上続いた。

五月二十一日、喬石が自宅に訪ねてきて、状況を説明した。「多くの人々が『引くに引けない危険な状況になった』と感じています。さらに多くの部隊を北京市内に入れよと鄧小平同志が督促したり、進駐を決定したりしなければ、大きな悲劇は避けられるでしょう。しかし、現時点では部隊は足止めされて市内に入れず、戒厳令は実施できていません。何百万という学生、市民、労働者、政府機関の幹部職員たちが街頭にくりだし、あるいは天安門広場に集まっています。このまま行くと、首都が麻痺状態に陥る危険があります」

そのとき私は、いま予定を前倒しして全人代常務委員会を開催すれば、全人代という権威ある機関を通じて、民主主義と法の原則に沿った方法で、事態を好転させることができるかもしれない、と考えた。五月二十一日に、(党中央書記局書記)閻明復《えんめいふく》にこのアイデアを伝え、実現可能かどうか楊尚昆に相談してみてくれと頼んだ。

これより前、彭沖《ほうちゅう》(全人代常務副委員長)が話しに来ていた。万里が外国訪問中なので、自分が全人代の幹部を集めて会合を開いたという。全員が全人代常務委員会を開催すべきだと考えていた。彭沖はさらに（北京の西に位置する）玉泉山《ぎょくせんざん》にも足を運び、（影響力のある党長老）彭真《ほうしん》を訪ねた。彭真も委員会開催に賛意を示した。彭沖らはすでに党中央に報告書を提出し、万里を予定より早く帰国させるよう求めていた。

二十一日の午後、胡啓立（政治局常務委員）が私の家まで来て、万里を早期に帰国させる要請に誰からも返事がないと報告した。そのまま放置されていたのだ。私は胡啓立に、「では彭沖に、全人代の党組織の名で万里に直接電報を打って帰国させるように言ってくれ」と頼んだ。私の同意を得ていることを伝えてもよいか、と胡啓立に問われ、私は「いいとも」と答えた。

その後、私は呉学謙《ごがくけん》（副首相）にも電話をかけ、なんとかして電報を打ってくれるように頼んだ。後で聞いた話では、李鵬も万里に電報を打ち、帰国しないようにと伝えていたそうだ。このことについて、おそらく李は事前に鄧から承認を得ていたのだろう。だから万里はなかなか帰ってこられなかったのだ。

六月三日の晩、家族といっしょに庭で過ごしていると、激しい銃撃の音が聞こえた。世界に衝撃をあたえる悲劇を未然に防ぐことはできなかった。ついに起きてしまったのだ。

ここまでの内容は、六月四日の悲劇から三年後に私が書きとめておいたものだ。悲劇からすでに長い歳月が過ぎた。この出来事にかかわった活動家たちは、国外へ逃亡した者は別として、その大半が逮捕され、刑罰を受け、何度も尋問された。真実はすでに明らかになっているはずだ。とすれば、次の三つの疑問への答えも出ているにちがいない。

第一に、当時、この学生運動は反共産党、反社会主義を唱える集団による「計画的な陰謀」で、指導者が存在するとされた。ならば、こう問わざるをえない。指導者は誰だったのか。どのような計画だったのか。どのような陰謀だったのか。そのことを裏づける証拠は存在するのか。共産党内部で数人の「黒幕」が暗躍しているとも言われていたが、それは誰だったのか。

第二に、この抗議運動は中華人民共和国および共産党の打倒を狙ったものだと言われていた。その証拠はどこにあるのか。当時私は、デモ参加者の大部分はわれわれの欠陥を修正するよう求めているだけであり、政治制度そのものを打倒しようなどとは考えていない、と述べた。

あれからずいぶん長い歳月が過ぎたが、尋問を通してどんな証拠が得られたのだろうか。私の言っていたことと、当局が言っていたことの、どちらが正しかったのだろうか。

亡命した民主活動家の多くは、六月四日以前には、党が姿勢を改め、状況が改善するかもしれないと思っていた、と語っている。だが、六月四日以降には、もはや党は絶望的な状態だと見た。彼らはそのとき初めて党に反対する姿勢を示したのだ。抗議運動では、学生たちはさまざまなスローガンや要求を掲げたが、インフレ問題だけが明らかに抜け落ちていた。インフレは民衆の共感を呼び、社会全体を燃え立たせるには最適の話題の的だったはずなのに。当時学生たちが本気で党に反対していたのなら、なぜこの微妙な問題を利用しなかったのだろうか。民衆を動員するつもりなら、こういう問題をとりあげたほうが、楽に事が運んだのではないか。いまにして思えば、学生たちがインフレ問題をとりあげなかったのは、それが改革のプロセスと関係していたからにほかならない。この問題をあからさまにとりあげ、民衆を動員していたならば、抗議運動は改革のプロセスを阻害する結果になっていたかもしれない。

第三に、六月四日の動きは「反革命的な動乱」と言われたが、それを証明できるのか。学生たちの行動は秩序正しかった。多くの報告によると、人民解放軍が民衆の非難にさらされたとき、学生たちは軍を擁護する場合が多かったという。軍が北京に入るのを妨害したのは多数の北京市民だった。それはなぜか。彼らは中華人民共和国の転覆を意図していたのか。

言うまでもなく、大勢の人間が参加していれば、群衆のなかにはかならず、ごく少数の不心得者がいて、人民解放軍を攻撃しようとするかもしれない。状況は混乱していた。一部のゴロツキが混乱に乗じて問題を起こすのは、じゅうぶんにありうることである。それをどうして市民や学生全体のせいにすることができるのか。この疑問に対する答えは、すでに明らかになっているはずである。

第五章　飛び交う非難

党の長老たちが結束して趙紫陽に反対する立場をとったため、趙は指導者としての立場を追われる。彼らのやり方は党規約に違反している、と趙は主張するが、もはや反撃する力はない。しかし、北京に軍隊を出動させる決定を認めようとせず、党から「自己批判」するよう求められたときには、これを拒否した。事の真相についての公式見解を一本化しようとする党にとって、「自己批判」は重要な手段なのだ。本章で趙は、自分がミハイル・ゴルバチョフに語った言葉が、鄧小平《とうしょうへい》を暗に批判しているかのような誤解を生じさせたのではないかと述べている。

ここで別の問題をとりあげたい。すなわち、北京の政治的騒乱が原因で私が受けた不当な処遇のことだ。

戒厳令の施行を発表した五月十九日の会議に、私は出席を辞退した。このことに鄧をはじめとする長老たちは激怒した。二十日、鄧小平は陳雲《ちんうん》、李先念《りせんねん》、王震《おうしん》、彭真《ほうしん》、楊尚昆《ようしょうこん》、李鵬《りほう》、喬石《きょうせき》、姚依林《ようイりん》を自宅に呼んで会合を開いた。もちろん、私は知らされていなかった。胡啓立《こけいりつ》にも通知されなかったので、彼も出席していない。

聞いたところでは、会合で王震は私を反革命的だと手ひどく罵倒したそうだ。李先念は私が「第二の司令部」［党内の最高指導者に対抗する勢力のこと。文化大革命のとき、毛沢東が劉少奇《りゅうしょうき》国家主席を攻撃するさいに用いた表現］を作ったと非難した。鄧は最終的に私を総書記の座から降ろす決定を下したが、必要な手続きが済むまでは公表しないように、とつけくわえた。こうして私は、いともあっさりと、お払い箱になった。

これは政治局常務委員会の会合ではなかった。委員五人のうち三人しか出席していなかったのだ。胡啓立も私も、会合が始まる前には委員を解任されていなかったのだから、まだ委員会の一員だった。私の考えでは、二人の委員に通知さえされなかった会合で、このような決定を下しても、法的に有効だとみなすことはできない。

私は十九日から二十一日までの三日間、休暇をとっていた。そのあいだ誰からも私が解任されたという話は聞いていない。もちろん職務に関する事柄で私に連絡してくる者は誰もいなかった。主要な伝達ルートが遮断され、私は隔離されていたのだ。別のルートを通じて聞いた話では、李鵬、楊尚昆、姚依林、宋平《そうへい》（党人事を所管する党中央組織部部長）らがそれぞれ、あちこちの部署で会合を開き、私の「罪」を発表したそうだ。さらに作業部会を組織して、来たる党中央委員会の会議に備えて文書を作成した。私の一件を公表するためである。並行して、全国の省や特別市党委の書記や副書記を集めて状況を説明した。

これらの重要な準備を進めるにあたって、政治局は一度も会議を開かなかった。政治局常務委員会もいっさい決定を下していない。常務委員会には五人の委員がいたが、委員である胡啓立と私は締め出されていたので、委員会の正式な会議とは認められない。これらの準備はすべて、なんら法的な権限もなく進められていたのである。

共産党規約には次のような規定がある。「党中央委員会が閉会中には、政治局が同委員会に代わって権限を行使する……政治局会議では総書記が議長を務める」。先のような準備が政治局会議を経ずに進められていたことは明らかで、当然ながら、どの会合でも私は議長を務めていない。したがって、いかなる組織が会合を開こうが、誰が議長を務めようが、すべて共産党規約に違反していたことになる。

このように、私が解任されたことを誰も発表していないのに、私は権限を行使できなくなっていた。そんな状況にあって、いずれ役目を放棄したと非難されるのではないかと私は心配した。そこで、温家宝《おんかほう》（党中央弁公庁主任）に、政治局会議の開催を提案した。温家宝は、じつは弁公庁も蚊帳の外におかれているのだと答えた。準備はすべて李鵬と楊尚昆が弁公庁を無視して進めていたのである。温家宝は言った。どうしても政治局会議を招集したいというのなら、弁公庁が通知を出すけれども、自分としてはいい結果にはならないと思うので、よくよく考えなおしてもらいたい、と。

けっきょく会議を招集することができなかったので、私は秘書に、楊尚昆に電話して、話があるので来てほしいと伝えるように言った。すでに自分が解任されているのかどうか、はっきり確認したかったのである。そして、なぜ私が鄧小平の共産党内における立場についてゴルバチョフに語ったのか、その理由を説明するつもりだった。（これについては七章で説明する）。

六月二日に王任重《おうにんじゅう》（中国人民政治協商会議副主席）と丁関根《ていかんこん》（国家計画委員会副主任）が私の家まで来た。楊尚昆と話したいという私の要請に対して、党中央から派遣され、話し合いを任されたとのことだった。党中央はまもなく政治局会議と中央委員会の会議を開き、私の問題を審議することになっているので、いまのうちに自己批判の準備をしておいたほうがよい、と二人は言った。

私はまず、ゴルバチョフとの会談で私が述べたことについて説明した。次に、政治局常務委員五人のうち二人が締め出されているのに、どうして党中央の各組織が機能できるのか、という疑問をぶつけた。それぞれの会合には誰が参加しているのか。王任重の話では、常務委員の改選は行われていないし、最近は会合も開かれていないとのことだった。

三日間も病気休暇をとったので、職務を再開することが認められなくても、それは理解できる、と私は言った。口を出すなと言われるのはかまわない。しかし、後になって職務を怠ったとか、役目を放棄したと非難されるのは困る。そのことを楊尚昆に伝えたかったのだ。自己批判について、自分は何も知らされていない、と私は答えた。誰も私に事実を確認しようともせず、あちこちで私を批判している。批判文書が至るところに出回っているようだが、一つも見せられたことがない。これでは自己批判など書きようがない。私が間違いだったと認める事柄については、今後、話す機会があれば、自己批判しよう。そう伝えた。

二時間を超える長い話し合いになった。ほとんど私が話していた。現在の情勢と四月二十六日付社説について、五月三日の青年代表団を前にした演説、五月四日のアジア開発銀行総会での演説について、そして戒厳令を発表した五月十九日の会議への出席を辞退した件について話した。

最後に、鮑彤《ほうとう》が身柄を拘束されたことに対して強く抗議した。鮑彤は事情聴取のため五月二十八日に党中央組織部に呼ばれて、そのまま帰ってこなかったのだ。その間、彼のオフィスは家宅捜索を受けた。私は秘書に、ただちに宋平（党中央組織部部長）に電話をかけ、私の抗議を伝えるように言ったのだった。私は王任重と丁関根に言った。「鮑彤が何か悪いことをしたと言うなら、しかるべき党組織が調査を行うべきだが、調査は党規約と法律に沿って進めなければならない。党組織に彼の自由を奪う権限はなく、当然ながら中央組織部にもない。いまは一九八〇年代だ。過去の政治闘争で使われたような、こういう古い手段を用いるのは間違っている」。私のこのメッセージを党中央に伝えるよう求めた。

この会談の内容が吟味された結果、私の態度はまったくもって許しがたいということになった。六月十七日に王任重と丁関根がふたたび自宅にやってきた。党中央は私の一件を処理するため、六月十九日に政治局会議を開くという。二人は私に、会議の席では控え目な態度で自制を示し、長老の一部から厳しい言葉を浴びせられても平静を保つよう求めた。答えてもよいし、黙っていてもよいが、激しく反論することは許されない、と。

私は言った。「私の一件を処理するための会議なら、自由に話せる機会をあたえるのが筋ではないか」

丁関根は私に、自分の過ちを真剣に反省し、会議にはしかるべき態度で臨んでもらいたい、と言った。王任重が明らかにしたところでは、私の党中央委員、胡啓立の政治局委員の地位はそのままとすることが内々に決まっているという。[1]また王によれば、鮑彤の「隔離と取り調べ」に対する私の意見はすでに党中央に伝えられたとのことだった。鮑彤はこのとき「監視付きの自宅軟禁」の状態にあり、これは（二人が言うには）適切な法的手続きに従った措置だという。

彼らの訪問の目的はおそらく次のようなものだ。第一に、私に会議の開催を知らせること。第二に、私が会議の席で異議を唱えたりしないように、もしくは反論を最小限にとどめるように説得すること。私の一件を処理するための会議が予定されていることを知らせに、王任重と丁関根が六月二日に初めて来訪したときに聞いた話では、鄧小平は、胡耀邦《こようほう》の件を処理したときには、結果として国の内外から批判を浴びたので、今回の趙の件については、しかるべき手順を踏まなければならない、と言ったそうだ。鄧は正式な文書の作成を命じた。それらの文書が準備でき次第、会議を開くことになっていた。

なんとも皮肉な話だ。じっさい、このときすでに私はなんの正当な理由もなく、合法的な手続きもないままに、身柄を拘束され隔離されていた。彼らは最初に私を違法な形で総書記の座から引きずりおろしておきながら、後になって、適切な手順を踏んでいたと主張したのである。このことからわかるように、彼らは恐れていた。外からの批判を恐れていたのだ。

会議はもっと早期に開かれることになっていたが、六月四日の事件で延期されていた。

1　胡啓立も、学生デモへの対応について趙に同調して穏健な姿勢をとったことから、エリートである政治局常務委員の地位を失い党指導部から放逐された。

第六章　反趙紫陽キャンペーン

天安門広場の平和的なデモ参加者に対する軍事的な「勝利」は、けっして政治的な勝利感をもたらすことはなかった。世界中から非難を浴びた党指導部は、趙紫陽を処罰するため、すばやく行動を開始する。政治局拡大会議を招集し、六月末に趙を告発する。二年前に胡耀《こよう》邦《ほう》を辞任に追いこんだときには、その処遇の仕方が非難の的になったため、党指導部は、今回は適切な手順を踏んでいるかのように見せようとする。だが趙は、さまざまな点で党が定める手続きに反することが行われたことを指摘し、自分は文化大革命時代と同じ戦術の犠牲者だと語る。さらに、同僚たちの反対に遭いながらも自分の信念を曲げなかったのは、危険を承知の賭けだったとふりかえる。

政治局は六月十九〜二十一日に拡大会議を開いた。最初に、四人の常務委員を代表して李《り》鵬《ほう》が演壇に立ち、「党を分裂させ」「動乱を支持する」という重大な過ちを犯したと私を非難する報告を発表し、会議の方向を決めた。そして総書記、政治局委員、政治局常務委員の職を解任すべきだと提案した。さらに、私に対してさらなる審査が行われるだろうと述べた。

その後、出席者が順番に演説を行い、口々に批判を表明した。なかでも李先念《りせんねん》の演説は、もっとも敵意と中傷に満ちた個人攻撃だった。この批判会議が始まった当初は、鄧小平《とうしょうへい》はいなかった。陳雲《ちんうん》も姿を見せなかったが、二行からなる声明文が届いていた。趙は党の期待を裏切った、ゆえに、趙を処罰する党の決定を支持する、と書かれていた。王震《おうしん》の発言の中心は、鄧小平の胡耀邦に対する処罰は寛大すぎた、というものだった。政治局委員としての職は解かず、死去に際しては国葬をもって送ったことが、ブルジョア自由主義を助長する原因になったというのだ。

批判演説会最終日の後半、姚依林《よういりん》が議長役を務めた。彼らは私に話をさせるつもりはないようだった。

王任重《おうにんじゅう》と丁関根《ていかんこん》は、最初に私の家に来たとき、自己批判を用意しておくようにと言った。二度目の訪問で、私が自己批判を書くつもりがないことを知って、ならば沈黙を保つよう説得しようとした。だが会議の終わり近くになって、私は発言の機会を求めた。

姚依林は腕時計を見て、「もう時間がありません。話したいのなら十分以内でお願いします」と言った。

私はひじょうに腹が立ったので、こう言った。「これは私の一件を処理するための会議だというのに、まる二日も私への批判に費やしておきながら、たったそれだけしか反論する時間を認めないというのは、いったいどういうことか?!」

私は許可を待たずに、準備していた演説草稿を読みあげはじめた。後で腕時計を見たら、二十分が経過していた。私は演説のなかで、真実と、議論の真の背景を述べ、この会議で私に向けられた非難に反論を試みた。出席者はみな驚いていた。なかには怒りの表情を浮かべる者もいて、私が話しているあいだ、いらいらして落ち着かない様子だった。

私が演説を終えると、すぐに姚依林が休会を告げた。私はただちにその場を立ち去った。他の出席者は誰も身動きしなかった。私の演説や態度にそろって不満をあらわすよう事前に指示されていたのは明らかだった。

翌日、会議は再開され、処分を決めるための投票が行われた。そして声明が発表され、あらゆる公的地位を剝奪する決定が下された。李鵬の当初の報告書や他の人々の演説では、総書記を解任し、政治局委員および同常務委員の職も解くが、党中央委員は留任させる、ということになっていた。ところがこの声明では、党中央委員からも外されていたのだ。

前日、私が演説を終えた後、他の者はみな残って話し合い、趙の態度はけしからん、もっと厳しい処罰が望ましい、ということになったにちがいない。会議を欠席していた鄧小平と陳雲は、後で報告を受けたはずだ。

じつのところ、党中央委員会に残ろうが残るまいが、私はどうでもよかった。どちらにしても違いはなかったからだ。しかし、党規約に明確に定められているように、誰であれ処分を受けいれられない者には不服申し立ての権利がある。「党内政治生活における若干の準則」と題する文書にも、党の処分について、党員は意見を陳述し、不服を申し立て、抗議を表明し、弁明する権利を有する、とはっきり書かれている。抗議あるいは弁明する者に対して告発者が報復することは禁じられている。ところが、私は弁明したために追加的な処分を受けたのである。これは党規党則に間違いなく違反している。李鵬の当初の報告と他の者たちの演説では、党中央委員については留任させることになっていたのに、後になって解任に変わった。どうしてそうなったのか、まったくなんの示唆も説明もなかった。これはきわめて異例のことだ。

投票が始まる前、私はもうちょっとでこう述べるところだった。「私が堂々と弁明したために処分を厳しくするというのは、党規約に著しく違反した行為であり、悪しき先例となるものだ。これは（一九五〇年の）七期三中全会［中国共産党第七期中央委員会第三回全体会議］以来、初めてのことだ」。だが、私は考えなおした。鄧小平や聶栄臻《じょうえいしん》元帥ら長老が全員出席している場で発言すれば、ますます長老たちの怒りを買うだけだ。私は口まで出かかった言葉を飲みこんだ。

しかし、採決が行われたとき、私は賛成票を投じることを拒否しただけでなく、手を挙げて反対票を投じ、同時にこう宣言した。「解任については反論しないが、二つの告発については同意することも、受けいれることもできない！」。私がこう言った後、誰一人、鄧小平や議長役の李鵬でさえ、声をあげなかった。おそらく、予想どおりの発言だったのだろう。

私に対する処分を採決した政治局会議は、先に述べた点以外でも、党規党則に違反していた。第一に、この拡大会議を開くにあたって、どのような手順が踏まれたのか。この問題をめぐっては、それ以前には一度も政治局会議は開かれていなかった。政治局常務委員会の会議から胡啓立《こけいりつ》と私を締め出したのも違法だった。王任重は私の家に来たとき、政治局会議は一度も開かれていないと言った。とするならば、この拡大会議の開催はどのようにして決まったのか、誰が決めたのか――疑わしいところばかりなのだ。

党規約には、政治局会議では総書記が議長を務めること、と明記されている。ところが、総書記を正式に解任される前から、すでに私は政治局会議の議長を務める権限を奪われ、代わりに李鵬が議長を務めた。これも違法なことだった。

奇妙なことに、投票が始まったとき、鄧小平はこう言った。「政治局委員も、そうでない者も、出席者は全員、表決に参加する権利がある」。政治局の拡大会議では、政治局委員でなくても話を聞いたり、発言したりすることが認められている。だが、表決への参加がどうして認められるのか。おそらく、より多くの支持票を集めたかったのだろう。李先念の説明では、議長を務める李鵬が認めたことだという。力ずくで抑えこもうというわけだ！　党規約のどの条文がそんなことを認めているというのか?!　むろん長老たちは、「法も天も恐れない」という党の習慣に長年慣れっこになっているので、まったく気にもしなかった。

私がいまここで話したことが、党の歴史にどう記録されるかはわからない。

政治局拡大会議で提出された私に対する政治的、組織的処分に関する決議案を可決するため、党中央委員会の全体会議が六月二十三、二十四の両日に開かれた。私は通知を受け、指定された華北グループに参加した。同志数人の批判に耳を傾け、発言は簡潔に済ませた。

私は言った。「諸君の助言に感謝する。声明文を書面にしてある。政治局拡大会議のために用意した文に手を加えたものだ。原稿はすでに事務局に提出してあるので、出席者全員にコピーが配付されることと思う」

同じグループに参加していた王忍之《おうにんし》（党中央宣伝部部長）が、参加者全員に声明文のコピーを配付することに党中央は同意している、と言った。ところがじっさいには、コピーが配付されたのは会議が終了する間際で、しかもすぐに回収されてしまったのである。陳希同《ちんきどう》（北京市長）と李鉄映《りてつえい》（国家教育委員会主任で政治局委員）の私の声明に対する反論は、それより前に配付されていた。だから、奇妙なことに、出席者たちは私の声明文を見もしないうちに、それに対する反論を読んでいたのだ。しかも、最後にやっと配付された私の声明文は、あっというまに回収されてしまった。そんなわけで、出席者の大半は、私の声明文に大急ぎで目を通すか、まったく読めないかのどちらか、ということになった。

この会議では、六月四日の事件に関する、いわゆる「背景的情報」も党中央弁公庁の名で配付された。国の内外から寄せられた大量の資料を集めた文書で、私が中国共産党と鄧小平の打倒を狙う国内・国外の反革命勢力の先頭に立つ陰謀者だとほのめかしていた。私の部下が学生に協力し、情報を流し、戒厳令施行の計画にかかわる軍事機密を漏らしたという虚偽の告発が記された資料もあった。そのような「背景資料」を文書化し配付したのは、明らかに、私が極悪犯罪に手を染めた許しがたい悪人であるかのような印象を広めるためであった。

彼らは、政治上でも道徳上でも私の立場をつぶそうとした。その会議で行われた演説のなかには、文化大革命時代とまったく同じ様式のものがいくつもあった。黒を白と言いくるめ、大げさな個人攻撃や文脈を無視した引用を行い、中傷と嘘を並べたてる――どれもこれも文化大革命で使われた手法だ。そのとき私は思った。この会議の記録は「中国共産党第十三期中央委員会第四回全体会議」と明記しておかないと、きっと文化大革命時代の記録だと思われてしまうだろうと。

党規約によれば、党中央委員会委員を解任するには、出席者の三分の二以上の賛成票が必要だ。最高指導部にそれだけの票を獲得する自信がなかったのは明らかだ。無記名投票を行えば、必要な三分の二の票が得られない可能性があった。だから無記名投票ではなく、挙手による投票を求めたのだ。当然ながら、そのような雰囲気、そのような圧力のなかで、大っぴらに手を挙げなければならないので、多くの者が本心に従って投票することはできないと感じていた。みんなが見ているし、カメラも回っているから、本心は反対なのに、賛成のほうに手を挙げるしかなかった者もいたのだ。そんなわけで、議案は満場一致で可決された。

ここで指摘しておかなければならないのは、総書記であれ、政治局委員、政治局常務委員であれ、その任免にかかわる決定は、それまですべて無記名投票によって行われていたということだ。挙手による投票を求めるというのは、きわめて異常な事態だった。そのような雰囲気、そのような圧力のなかで、しかも私に関係する出来事や人物に対して調査が進められている状況で、わざわざ手を挙げて自分の正直な意見を表明しようとする者がいるだろうか。

学生デモについて自分の意見を押しとおし、武力鎮圧の決定に断固反対の立場をとりつづけた私は、それがどのような結果を招き、自分がどんな処遇を受けるかわかっていた。じゅうぶん覚悟はできていたのだ。自分の意見を頑固に主張しつづければ、いつかは辞任を強いられることになるだろう。そのことはすでに考慮していたのだ。いまの立場を維持するか、なんとか面子を保てるような形で職を退くつもりなら、自分の主張を捨て、大勢《たいせい》に従うほかない。主張を堅持するなら、辞職を覚悟しなければならなかった。

私は熟慮に熟慮を重ねた結果、大勢の意見に従うくらいなら辞職を選ぼうと決意した。わが家で妻や子供たちに自分の考えを打ちあけ、覚悟してほしいと伝えた。

さらに私は、政治局拡大会議での私の演説がどんな結果を招くかについても、覚悟はできていた。もしかすると党から追放されるかもしれないと考えた。なぜなら、過ちを犯した者は頭《こうべ》を垂れて罪を認める、というのが礼儀にかなった態度だとみなされているからだ。同時に、たぶん刑務所に入れられることはないだろうとも思った。何も悪いことはしていないのだし、私のように内外にある程度の影響力を持つ者を、完全な秘密裁判にかけることはできないはずだ。そんなわけで、辞任は確実だが、処分としては最悪でも党籍剝奪だけで、投獄はないだろう、と判断した。

わが国のような政治制度の下では、党に残っても追放されても、大した違いはない。私のような状況にある者は、党にとどまっていても、もはや通常の党員と同じ権利はない。それに、たとえ党から追放されたとしても、私の信念と理想は変わらなかっただろう。

この十三期四中全会以降、とうの昔に非難され放棄された文化大革命方式の戦術が私に対して使われるようになった。その戦術とは、たとえば、私を敵であるかのように書きたてる批判記事を多数の新聞に掲載し、私の個人的自由についてはあっさり無視する、というものだ。文化大革命の苦い経験から、文革終結後、党は第十二回党大会（一九八二年）において、新たな党規約を採択した。それが「党内政治生活における若干の準則」である。この新たな規約には、二度と文化大革命が起きないようにする、という狙いがあった。

ところが六月四日以降、党指導部は私の処遇を決めるにあたって、新規約をことごとく無視したうえに、公然と規則を破って文革時代の極左的戦術を再開したのである。これは予想外のことだった。

第七章　ゴルバチョフとの会談

天安門の虐殺までの経緯をめぐる謎の一つは、鄧小平が正確にはいつ改革の同志である趙紫陽との決別を決めたのか、ということだ。趙はゴルバチョフとの会談で、鄧には公式の肩書きはないけれども、最高指導者であることに変わりはないと強調した。ゴルバチョフが鄧と会談することの重要性を際立たせるつもりだったと趙紫陽は述べているが、趙を中傷する者たちは、政治的混乱の責任を鄧にうまく押しつけようとしていると非難した。趙が本当にこの発言のせいで鄧の信頼を失ったのかどうか、じつのところはよくわからない。しかし、もしそうだとしたら、武力鎮圧で何百人もの命が失われたのは、けっきょくは鄧小平という一人の人物が、危機において妄想にとらわれ、良識を失ったことが原因だったということになる。ここで趙紫陽はかなり克明な説明を試みているが、それでも謎は明らかになっていない。しかし、誤解を招いたことに対する深い後悔の念と、鄧との関係に対する変わらぬ感謝の気持ちはあらわれている。

ここで、五月十六日のゴルバチョフとの会談をめぐる問題について、一言述べておきたい。

鄧は五月四日のアジア開発銀行総会における私の演説にかなりの不快感を示していた。それにくわえて、私がゴルバチョフとの会談で述べたことが、鄧を怒らせただけでなく、深く傷つけてしまったのだと思う。六月四日の事件の後、鄧は李政道《りせいどう》（ノーベル賞を受賞した中国系アメリカ人物理学者）に、私の発言によって、学生騒乱のさなかに自分は最前線に押し出された、と語っている。つまりは、私のせいで、民衆の前に、たった独りで放り出された、と言いたかったのである。同様の意見は、民衆のあいだにも広まった。

ゴルバチョフとの会談で、私は鄧小平のわが国および共産党における地位について語った。鄧の威信を守りたい一心で述べた言葉だったのだが、それが大きな誤解を生む結果となった。人々は、この危機的な状況で、私が責任を回避し、鄧を前面に押し出し、（無理やり）民衆と対決させようとしていると思ったのだ。そんなふうに解釈されるとは、まったく予想もしていなかった。

第十三回党大会（一九八七年）以来、私は外国の指導者、とくに共産党の指導者と会談するときにはいつも、鄧小平はもはや政治局常務委員会には属していないが、いまも主要な意思決定者であることに変わりはない、と説明していた。これはほとんど慣例になっていた。四月には、北朝鮮の金日成にも同じことを伝えている。ゴルバチョフとの会談が他の場合と違っていたのは、その同じ説明が、テレビや新聞の報道で大きくとりあげられたことだった。

なぜそのような説明をしたのか。

鄧の強硬な発言を、四月二十五日に李鵬《りほう》一派が発表したことが、民衆の抗議のきっかけになった。なかでも学生を含む若者たちは、とくに鄧に反発を抱いた。鄧の発言に不満を募らせた若者たちは、鄧が特別な地位にあることを集中的に非難した。「政治局常務委員会は、なぜ委員でもない鄧小平にいちいちお伺いを立てなければならないのか。こんなことは党組織の原則に反している！」という批判をよく耳にした。「垂簾聴政《すいれんちょうせい》」「清《しん》の西太后《せいたいこう》など、かつての中国で幼少の皇帝に代わって母である皇太后《こうたいごう》が政務を執った摂政《せっしょう》政治のこと。皇太后が皇帝の玉座《ぎょくざ》の後ろに御簾《みす》を垂らし、その奥に座っていたことから」という言葉が広まりつつあった。そんななか、私は明確な説明をしておく必要があると考えたのである。

ゴルバチョフが到着する二日前の五月十三日、私は労働者の代表や労働組合の幹部たちと対話集会を開いた。ある労働者が先の問題について質問した。私は、それは第十三期中央委員会第一回全体会議での決議によるものだと説明した。この全体会議で、重要な事柄についてはすべて鄧小平に助言を求めなければならない、ということが決定された。党全体の利益を図るための決定だった。なぜなら、鄧小平は政治局常務委員の誰よりも豊かな政治的知恵と経験を持っていたからだ。労働者はこの回答にじゅうぶん納得したようで、それ以上突っこんだ質問は出なかった。それゆえ私は、これと同じ説明を報道を通じて世の中に広めれば、鄧小平に対する世間のイメージは向上するだろうと思った。少なくとも、鄧が自らの意志で権力を奪取したわけではなく、党中央委員会第一回全体会議、つまり党全体としての決定であることを明確化できるはずだ。

したがって、ゴルバチョフとの会談で私は次のように説明した。「第十三期中央委員会第一回全体会議において、主要な問題については、今後も舵取り役として鄧小平が必要であると正式に決定した。一九八七年の第十三回党大会以来、主要な問題について、われわれはつねに鄧に報告し意見を求めてきたし、鄧はいつも、われわれの努力と全体としての決定を全面的に支持してくれている」。じつのところ、八七年の決議によれば、鄧は主要な問題に関してつねに報告を受け、意見を求められるだけでなく、会議を招集し、最終的な決定を下す権限もあった。だが私は民衆がどこまで納得するかを考慮して、最後の部分にはあえて触れなかった。私がこのように国民に向けて説明したのは、鄧のためを思ってのことだった。少なくとも鄧の地位が違法ではなく、本当は合法的なものだということを、明確にすることができると思ったのだ。

私がこのような発言をしたのには、もう一つ別の理由があった。ゴルバチョフが中国を訪問したのは、中ソ首脳会談に臨むためだった。じっさいにどの人物がゴルバチョフと会って話をするかが、この首脳会談の意義を象徴的に示す重要な事柄だった。むろん、「中ソ首脳会談」といえば、鄧小平とゴルバチョフの会談だと、内外の誰もが承知していた。しかし、ゴルバチョフはソビエト連邦の国家元首で、共産党の書記長であるのに対して、鄧は国家主席でもなければ党総書記でもなく、党中央軍事委員会主席でしかない。私の本意は、ゴルバチョフと、他の誰でもない鄧小平とのあいだで行われる会談こそが最高首脳会談だと、大々的に宣言することにあったのだ。

当初、外交部［外務省に相当］はそのことについて、まったく触れないわけでもなく、正式に発表するわけでもないといった程度にして、あまり強調しないようにするつもりだった。宣言や公式会談のなかでは触れないはずだったのだ。外交部は私に、ゴルバチョフに対して「この会談はソ連共産党書記長と中国共産党総書記との会談であり、当然ながら、両党の関係修復を象徴するものだ」と告げるよう要請した。ところが五月十三日、つまりゴルバチョフに会う二日前、打ち合わせをするため鄧小平を自宅に訪ねたところ、鄧は両党の関係が修復されるのは自分がゴルバチョフと会談した後だ、と言った。この発言は外交部の当初の方針と食い違っていたが、私は鄧の発言に特別の注意を払った。

こうしたもろもろの事情を考慮して、鄧・ゴルバチョフ会談の後に行われた私とゴルバチョフとの会談で、私は冒頭に、鄧小平との会談によって関係修復がなされたこと、鄧との会談こそが今回の訪中のクライマックスであることを述べた。その後、自然な流れとして、鄧小平の地位および第十三期中央委員会第一回全体会議における決定について説明したわけである。

私の発言は、二つの問題を同時に説明しようとしたものだった。鄧・ゴルバチョフ会談が最高首脳会談である理由と、鄧が引き続き中国共産党の最高指導者の地位にあるのは党中央委員会の決定によるもので、したがって合法的であるという事実、この二つである。そのとき私は自分の発言はきわめて適切であり、これで問題を自然な形で解決に導くことができると思っていた。

会談後、最初のうちは肯定的な反応が多かった。ところが後になって、鄧と家族が私の発言に不快感を示しているどころか、激怒していることを知った。これは予想外のことであった。一体全体なぜ鄧は、私がわざと彼を前面に押し出して民衆と対決させ、責任を逃れようとしているなどと考えたのであろうか。誰がどんなふうにして鄧を怒らせたのかは、いまもわからないままだ。

よかれと思って言ったことだった。鄧の威信を維持し、守りつつ、自分の責任はきちんと果たすつもりだった。ところが、思いがけず大きな誤解が生まれ、鄧は私に故意に傷つけられたと感じた。私はこのことに深く慨嘆した。何もしなければよかった。じっさい余計なお世話だったのだ。私は本当に心から後悔している。

私がこのことをとくに気にかけてきたのはなぜか。それは、その他の問題はどれも考えや意見の相違から生まれたものだからだ。私はあくまでも自分の立場を貫こうとしたのだから、解任されたのは理解できる。すべてはよかれと思ってしたことだ。六月四日の問題について、私と鄧小平のあいだにいかなる意見の相違があろうとも、それは政治的見解の相違だった。

六月四日の事件が起きる前、私は自分が総じて鄧から厚遇され、大いに信頼されていると感じていた。人と人との関係において、人徳と信義を重んじるのが中国の伝統である。もしも私の発言が、危機のさなかにあって責任を押しつけられたという印象を鄧にあたえたとすれば、それは完全に誤った印象である。と同時に、その印象は鄧にとても不愉快な思いをさせ、さらには深く心を傷つけたであろう。老い先短い一人の老人が、そのような印象に心を痛めているというのは、私にとっては考えるだけでもじつに耐えがたいことであった。

それで、私は五月二十八日に鄧に手紙を書き、とくに私がゴルバチョフに語ったことについて説明を試みた。ただし、手紙では私の見解を一つだけ記しておいた。前述のごとく、自分は鄧とゴルバチョフの会談こそが公式の最高首脳会談だと考えており、それゆえ、自然な流れとして、鄧はいまでも主たる意思決定者だと述べたのだ、と。しかし、もう一つの見解、すなわち、「鄧は権力欲が強いから、退任した後になっても政治局常務委員会を牛耳っているという俗説を否定したかった。このような世論の批判に対しては、なんらかの説明が必要だった」という説明は記さなかった。そうして手紙を送ったが、返事は来なかった。

いまでも私は、鄧がこの世を去る前に（これは七年前［一九九二年］に書いたものだ）、ゴルバチョフとの会談における私の発言の真意を理解してくれることを願っている。真意を知れば、鄧が私の一件に関係する事柄について態度を軟化させるだろうから、ということではない。そんなことはまったく望んでいない。真意を知ったところで、鄧が態度を軟化させることはないだろう。私はただ鄧に知っておいてもらいたいのだ。鄧から長きにわたる信頼と強力な支持を受けてきた自分は、学生デモの武力鎮圧の決定には反対したが、けっして危機のさなかにあって、自分の身を守るために他者を犠牲にするような人間ではないということを。

そのことを理解すれば、きっと鄧の気持ちも楽になるだろうと思う。私は鄧がこんな誤解を抱えたままこの世を去るのを見送りたくはない、心底そう思っている。だが、理解してもらえる可能性は万に一つもないだろう。

鄧小平は一九九七年二月に死去した。趙紫陽は一九八九年以降、二度とふたたび鄧と会うことはなかった。

第二部　自宅軟禁

第一章　囚われの身となる

六月四日の虐殺事件から幾日も過ぎないうちに、趙紫陽は自宅軟禁の状態におかれ、中庭付きの邸宅の高い塀の内に幽閉される。そして人生最後の十六年間の大半をここで過ごすことになる。ゴルフに出かけるなど、ごくふつうのことをしようとするだけでも、趙を世間の目に触れさせたくない当局とのあいだに、悲喜劇的な衝突が生まれる。

趙に対する公式の審査にかかった時間――三年以上――は、指導部、とくに鄧《とう》にとって趙の運命を決めることがいかに困難であったかをあらわしている。その後のソ連および東欧共産圏の崩壊で、北京指導部はますます頑迷な姿勢を見せ、権力の座を固守することこそ、共産党が生き残るためのカギになると結論する。そして、天安門における暴力的な対応は最初から最後まで正しかった、と主張することになる。

だが、趙に対する審査は正式な結論を出すことなく終了する。党指導部は、どのような裁定を下すにせよ、それを公表すれば、天安門の虐殺そのものについて、さらなる議論が巻き起こるのは必至だと判断した。趙に対する告発のリスト（本章で詳しく語られる）をつぶさに調べてみると、一見したところ、いくつもの罪状が挙げられているようにみえるが、なか

——には趙の行動に対するほとんど称賛とも読める部分もあり、犯罪を裏づける証拠は何一つ挙げられていないことがわかる。だがこの文書が公表されることはなかった。

十三期四中全会［中国共産党第十三期中央委員会第四回全体会議］（一九八九年六月）は、私からあらゆる地位を剝奪し、審査の続行を決めた。このこと自体、前代未聞だった。すでに厳しい処分が決定していたのだから、それ以上審査を続ける必要はないはずだ。もしも問題が明らかになっていないために、さらなる審査が必要だったとすれば、なんの理由もなく政治的・組織的処分が下されたことになる。おそらく私の場合に限った「特殊な待遇」だったのだろう。

審査は一九八九年六月から一九九二年十月までの三年四か月も続いた。その間、私は移動の自由を認められなかった。審査はあくまで党内的なものだと聞いていたが、当局は国の法律を無視して、私を自宅に軟禁したのである。「党内政治生活における若干の準則」にも明記されているように、たとえ過ちを犯した党員に対してであっても、どのような形であれ法に反した対応をとってはならない。党の規約と国の法律を露骨に無視し、犯したことについて、彼らが将来どう説明するつもりでいるのか、私は知らない。

一九八九年九月三日、王任重《おうにんじゅう》（中国人民政治協商会議副主席）と丁関根《ていかんこん》（国家計画委員会副主任）に呼ばれて、中南海（党中枢の所在地）の懐仁堂《かいじんどう》で面談した。そこで、特別審査チームを組織し、私に対する審査を行う、とする十三期四中全会の決定を正式に告げられた。リーダーは王任重で、ほかに陳野苹《ちんやへい》（党中央組織部部長）と李正亭《りせいてい》（党中央規律検査委員会副書記）が参加するとのことだった。

九月二十九日には警衛局の会議室に呼ばれ、王と陳と李の三名と対面した。それが特別審査チームとの初めての対話だったのだが、陳野苹、李正亭とはその後は一度も会っていない。聞いたところでは、チームは再編成され、もはや陳と李はかかわっていないそうだが、なぜそうなったのかはわからない。

王任重とはその後三回、一対一で話している。一九八九年の十二月八日、一九九〇年の二月十四日と三月二日だ。さらに王は三度手紙をよこした。一九八九年の七月六日、八月八日、十一月十四日だ。私も三回手紙を書いた。一九八九年七月二十五日、九月一日、十月七日だ。これらの対話と手紙を通じて、彼らは私にたくさんの質問をぶつけてきた。それに対して私は釈明と説明を試みた。

審査では、動乱の陰で私が直接あるいは間接に糸を引いていたのではないか、内部情報を外部に漏らしたのではないか、という問題のほかに、私がなぜ鄧小平と異なる立場、異なる方針をとったのか、その動機は何か、ということに焦点をあてていた。審査チームは私に過ちを認めるよう迫った。さらに、私が総書記在任中に起きた問題、すなわち、私がある事柄について寛容すぎたこと、ブルジョア自由主義者と見られる人々を重用したことなどについても結論を出そうとした。

彼らは、私の「言い知れぬ動機」と「個人的な野心」に対してひじょうな関心を示した。海外の刊行物から無関係な記事を多数引用し、それらに独自の憶測を加えて、次のように結論した。

一九八八年以来、国の内外で「鄧を打倒し、趙を支持しようとする」動きが見られるが、これは鄧を退任させ、私に権力を継承させるのが狙いだというのである。噂によれば、私は内外の反革命勢力を指揮して資本主義を復活させる理想的な指導者候補であり、「多くの期待が集まっていた」そうだ。

審査チームはまた、私をいわゆる「新権威主義的」[1]だとして非難し、ブルジョア自由主義者たちが私を「新権威」だとみなしており、テレビ・ドキュメンタリー・シリーズ「河殤《かしょう》」[2]は私を賛美するために作られたと主張した。私が鄧小平に同意することを断固拒否したのは、偶然の出来事ではなく、最初からずっと反革命勢力と通じており、協力関係にあったからだと彼らは信じていた。さらに、国が経済的・政治的に困難な状況にあって、自分の立場が危ういと感じた私が、自己保身のために責任を回避しようとしたうえに、学生デモを政争の具にしようとした、とも考えていた。

十三期四中全会で配布されたいわゆる「背景資料」や、陳希同《ちんきどう》（北京市長）が国務院を代表して全国人民代表大会で行った「六月四日報告」、（党有力長老の）李先念《りせんねん》らによる演説、王任重が私によこした書簡、これらすべてを通じて同じ質問、同じ非難があからさまにくりかえされた。

王任重との対話および書簡のやりとりで、私はこれらの非難に強く反論し、釈明した。

第一に、一九八八年以来、「鄧を打倒して、趙を支持しよう」という動きがあったというが、そんなものは存在しなかった。なんらかの目的で誰かがでっちあげたデマである。たしかに当時はさまざまな噂が流れていた。しかし、どれも「鄧を打倒する」のではなく、「趙を打倒しよう」

とする動きについての噂だった。私の立場が不安定であること、すなわち私の権限が縮小され、保守派が鄧に圧力をかけて指導部の交代を求めている、といったようなことが内外で議論の的になっていたのだ。私は手紙で、内外の世論を見ればわかるように、私の運命と政治家としての将来はつねに鄧と結びつけて考えられている、と述べた。「鄧を打倒すること」と「趙を支持すること」は両立しえない。「鄧を打倒」するなら、「趙を支持」することはできないし、「趙を支持」するなら、「鄧を打倒」することはできないのだ。

第二に、「趙の立場は不安定だ」「権限が縮小された」「経済政策を直接指揮できない」といった噂が広まっていたとき、鄧は幾度となく私への支持を表明してくれた。さらに指導部を交代させるつもりはないし、あと二期は引き続き総書記を務めてもらいたい、とまで明言したのだ。

一九八九年の元旦の直後、鄧は李鵬《りほう》に対して、このメッセージを政治局常務委員会の他のメンバーに伝えるよう指示した。これは、政治局常務委員会の会議において、李鵬と姚依林《よういりん》が経済問題をめぐって私を非難したのを受けてのことだった。李鵬がこの件について鄧小平に説明したと

1　中国の経済・政治システムの近代化を推進するには強力な指導者、すなわち「開明的な独裁者」が必要だと考える進歩的知識人らが提唱した説。この説の提唱者は趙を権威的存在として支持している、という誤った認識が広まった。

2　一九八八年に初放送されて大きな反響を呼んだ連続ドキュメンタリー。中国の従来の孤立的体制を批判し、西洋の開放的体制を肯定する内容となっている。共産党は後にこの番組を糾弾し、一九八九年のデモを引き起こす一因となったと非難した。

きに、鄧は自身の考えを明らかにし、私を擁護した。同じく常務委員会に対しても、私を支えるよう指示したのである。

一九八九年一月末、鄧は春節〔旧正月〕の休暇で上海へ発つ直前に、私と面談して、中央軍事委員会主席の職を辞して私に譲るべきかどうか近頃思案している、と率直に語った。鄧は言った。「そのほうが、きみもいい仕事ができるだろう」

鄧は辞意と私への信頼をあらわした。また、自分が引退しなければ、他の長老たちも引退しない、それでは仕事がやりにくかろう、とも言った。自分が引退すれば、他の長老にも引退を促しやすくなるだろう、というのだ。この会話のなかで私は、何があろうともいまは辞めるべきではない、と正直な思いを伝えた。「あなたがとどまっていてくれたほうが、私は助かります」。いまは物価不安定という困難に直面しており、そのような問題を持ち出せるような時期ではない。長老たちがいてくれたほうが、私の仕事には有利だ。それが一九八九年一月末の鄧との会話の内容である。

一九八九年四月に、私が北朝鮮へ出発する前に鄧を自宅に訪ねたときも、鄧は私の帰国後に会議を招集して、私があと二期連続で総書記を務めることを話すつもりだと言っていた。指導部の交代はなく、私が引き続き総書記を務めることになっていたのである。鄧はこのことを（党長老の）陳雲《ちんうん》と李先念にも話し、二人とも同意していた。

私が王任重に手紙を書いたとき、鄧はまだ存命だったから、王はこの事実を確認できた。そういうわけで、自分の立場が危ういなどと私が感じるわけがなかったのである。

第三に、私は経済状況がそれほど悪くなっているとは思わなかった。十年にわたる改革が、いくつもの大きな成果をもたらしたことは、広く認められているはずだ。国の経済力は大幅に拡大し、生活水準も著しく向上した。一九八八年にはインフレが起きたが、状況はそれほど深刻ではないし、解決が困難というレベルではないと私は思っていた。経済政策の失敗でイメージが傷ついたために、学生運動を政争の具に利用して、イメージの向上を図らざるをえなかった、という意見はまったくのでたらめだった。（その年、たしかにわが国はさまざまな経済問題を抱えていた。しかし、それらの問題はさほど深刻なものではなかった。いまでも私はそう思っている。その証拠に、ほんものの景気後退が起きたのは一九九〇年の春になってからだ。このことについては後で述べる）

第四に、王任重への手紙のなかでも書いたが、いまや私の党生活は数十年におよぶ。その私が党内における高度な政治力学を理解していないはずがない。自己の目的を達成するために学生運動を利用しただと？　私はそこまで無知ではないし、幼稚でもない！

第五に、前に説明したように、鄧の学生デモに対する方針を私が受けいれようとしなかったのは、デモの性質と武力鎮圧がもたらす影響について見解の相違があったからだ。私は、歴史に責任を負わなければならないと思った。学生を武力で鎮圧した総書記になるつもりはなかった。

一九八九年十一月八日に、王任重からもっとも厳しい非難の手紙が届き、続いて十二月八日に面談した。それ以後は、追及が緩んだように思われた。半年にわたって審査を進めてきた結果、当初の分析や評価が事実によって裏づけられないことがわかったのだろう。

二月十四日（一九九〇年）に、王任重が来て、ソ連と東欧で起きた激変について意見を述べるよう私に求めた。この面談の前に、それらの激変について党中央の研究機関がまとめた資料が届いていた。王は私を説得して穏当な自己批判を書かせるために、私の党追放を提案した者が何人かいたことを明らかにした。私の自己批判を持ちかえれば、その人々に再考を促しやすくなるというわけだ。

私は王に言った。長い審査が早く終わることを望む。すでに私自身が過ちと認めている事柄については、四中全会の演説のなかですべて話した。もう一度自己批判を書くとしても、それとまったく同じものになるだろう、と。

ついでに、審査では事実関係の調査と確認にもっと集中すべきであり、私のいわゆる「態度問題」にこだわるべきではない、と示唆した。政治局拡大会議は、演説における私の態度が気に入らず、その結果として、予定よりも厳しい処分をすでに下している。私の態度に対して、それ以上どんな対応をとるというのか。

王任重が最後に面談を申しいれてきたのは、三月二日（一九九〇年）だった。それより前の二月二十日に私は鄧に三通目の手紙を書いた。最初の手紙では、他の長老たちから届いた、学生デモへの対応を考えなおすよう鄧に嘆願する手紙を転送した。二通目では、私がゴルバチョフとの会談で述べたことについて釈明した。そしてこの三通目の手紙では、私に対する審査をできるだけ早く終わらせてくれるよう求めた。

王は最後の面談で、私が鄧に書いた手紙については知っていると認めた。十三期六中全会［中国共産党第十三期中央委員会第六回全体会議］（一九九〇年三月九〜十二日開催）が開かれる予定だが、私の問題はこの全体会議では解決できない、と王は言った。全体会議で解決する必要はないかもしれない、とも言った。それがどういう意味だったのか、私にはわからない。いずれにせよ、まだ決着はつかないということを伝えるつもりだったのだろう。ひじょうに穏やかな雰囲気のうちに面談は進んだ。

六月二十一日に、王任重から「趙紫陽同志および一九八九年の政治動乱に関する諸問題」と題する審査報告書が送られてきた。王はこの報告書に対する意見を私に求めていた。内容は三十項目におよんだ。

文脈を無視して言葉が引用され、発言の真意がねじ曲げられ、あきらかに事実と矛盾したことが書かれている部分があまりにも多かった。しかし、そのような部分が一つもなかったとしても、つまり三十項目にわたる報告がすべて正しかったとしても、私が「動乱を支持し」、「党を分裂させた」とする結論を裏づけるのには不十分だった。

六月二十七日、私は王に返事を書き、前述の報告書を修正するよう提案した。そのなかで、三十のうち十二の項目に反論を加えた。しかし、その後王からはなんの連絡もなく、私に関するどの報告についても、誰一人確認しにくる者はいなかった。それどころか、結論も出ぬまま審査はうやむやのうちに打ち切られたのである。

後で聞いた話では、特別審査チームから報告書の提出を受け、党中央指導部は、一九九〇年のアジア大会（アジア諸国が参加する総合スポーツ競技会。この年は北京で開催された）が終わってから審査の終了を宣言しようと考えていた。しかし後になって、審査結果に対する国内的、国際的な反応が予想され、心配になりはじめたのだ。さらに私が自由に動きまわり、いろいろな活動に参加することも懸念した。くわえて何人かの長老が猛反対していた。そこで指導部は、結論を出さぬまま、問題を先送りすることにした。つまり、期間を延長して宙ぶらりんのまま放置し、審査の名目で私をいつまでも自宅に軟禁するということだ。

私は三通の手紙を書いた――一九九〇年八月二十八日、十二月七日、一九九一年五月九日――それぞれ江沢民《こうたくみん》(上海から呼び寄せられ、趙紫陽の後任として総書記に就任していた)、李鵬、そして政治局常務委員会にあてたものだ。手紙の要点は、できるだけ早く審査を終わらせ、自宅軟禁を解き、私の個人的自由を回復してほしい、ということだった。

さらにそれらの手紙のなかで私は次のように述べた。十三期四中全会が私の審査を開始してからかなり長い時間が経過しているのだから、もはや明らかにすべきことは何も残っていないはずだ。いったい何が原因で審査がこんなに長引いているのか、さっぱりわからない。一九九〇年六月以降、審査にかかわる問題を伝えに来る者や、関係資料について確認に来る者は一人もいない。不明確な点があるなら、なぜ質問しに来ないのか。私はいくらでも協力するつもりだ。結論を出さずに先送りにし、審査継続中とは名ばかりで、ずっと宙ぶらりんのままにしておくというのは、私にとっても党にとっても有益なやり方ではない。

手紙では次のことも指摘した。四中全会以降、党中央指導部は国内外の報道陣に対して、私が自由の身であり、軟禁状態でも半軟禁状態でもない、と発表している。ところが現実はどうか。四中全会以来、私はずっと自宅に軟禁されているのだ。

かつては、党の上級幹部が反対意見を唱えたり、過ちを犯したりしたために個人的自由を奪われるというのは、とくに文化大革命の時代にはよくあることであった。しかし、十一期三中全会［第十一期中央委員会第三回全体会議］で過去の教訓が総括され、以来十年以上にわたって改革が進められ、その結果として法治の確立が重視されるようになったいま、われわれはそのような行いをくりかえしてはならない。

ゆえに私は、審査が終わっても終わらなくても、とにかく早急に自宅軟禁を解除し、個人的自由を回復するよう求めた。

これらの手紙はすべて、海に落ちた石ころのように、跡形もなく消えてしまった。とにかく相手にしないこと、それが彼らの方針だった。

実質的には、早くも一九八九年六月から移動の自由は制限されていたのだが、正式に外出を禁じる通知は受けていなかったし、それを記した文書もなかった。これらの制限が現実に存在することを証明するため、そして、軟禁状態が長引いて憂鬱な気分だったので、私は一九九〇年十月、アジア大会の直前に、ゴルフに出かけることを決意した。

党中央弁公庁警衛局は、私がゴルフに行く計画があると知り、わが家に派遣されていた秘書に連絡して、ゴルフに行かないよう説得させようとした。警衛局によれば「外出の許可は出ていない」とのことだった。私は、これまで誰からも外出を禁じるとは言われていない、と答えた。もしそのような規則があるなら、それを記した文書を私に見せるべきだ。だが警衛局は規則を記した文書も見せず、外出も許可しなかった。

警衛局は運転手に、ゴルフに出かける日になっても車を運転してはならないと命じた。私は、もし運転手が運転を拒否するなら、バスに乗って出かける、と通告した。むろん警衛局は、私がバスに乗ったりすれば、一般市民が騒ぎだすだろうと心配した。

当時、江沢民も李鵬も北京にいなかった。警衛局は喬石《きょうせき》（政治局常務委員・治安担当）に指示を仰いだが、喬石もどう対処すべきか決めかね、警衛局に対して、適切に対処するよう求めただけだった。

警衛局は最終的には運転手に運転を許可し、警護のためパトカーを一台派遣した。私がプレーしたのは、中日合弁の昌平《しょうへい》ゴルフ場だった。プレー終了後、日本人スタッフが日本大使館にこのニュースを報告したため、ほどなく日本をはじめとする外国報道陣に伝わった。ニュースはその日のうちに報じられ、主要な国際通信社、香港や台湾の新聞にとりあげられた。香港のテレビ局は、このニュースを伝えるとき、ご丁寧にも私がゴルフをしている昔のビデオ映像を流した。

江沢民と李鵬の二人は大いに不安を覚えた。彼らはこの決定を非難し、ゴルフに出かけることを誰が許可したのかを追及するため調査を開始した。騒ぎが一段落すると、党中央から口頭で、審査継続中は外出を禁じる、と告げられた。これによってついに、私の自由を制限し、自宅に軟禁した事実は、正式のものとして記録されたのである。

ところが彼らは、国内外の報道陣の前では、私が自由に活動していると主張しつづけた。一般の人々に真実を知らせたくなかったのは明らかだ。自分たちが間違ったことをしていると、わかっていたからである。

一九九二年十月八日、（政治局常務委員の）喬石と宋平《そうへい》に呼ばれ、中南海の懐仁堂で面談した。丁関根と李鉄映《りてつえい》も同席した。喬石は党中央を代表して、党中央は審査の終了を決定するとともに、十三期四中全会が発表した私に対する政治的、組織的結論を支持する、と宣言した。この宣言は、閉会する中央委員会全体会議の公式声明にも盛りこまれることになっていた。彼らはそれを前日になって私に知らせたのである。

これを聞いた後、私は三つの点を指摘した。

第一に、「動乱を支持し」「党を分裂させた」という、四中全会の私に対する結論について、私は同意しなかったし、個人的な意見は保留すると述べた。いまも考えは変わっていないし、意見も保留のままだ。

第二に、今回の決定について、党中央は党内のしかるべきレベルの人々に向けて正式文書の形で発表するべきである。また、私に下された当初の結論に支持を表明するなら、同時に、その結論の根拠となった事実を提示しなければならない。当初の結論を裏づける事実とは何か。報告書の三十項目か。もしそうなら、全項目を正式文書に盛りこむべきである。

第三に、審査は終了するのだから、ただちに私の個人的自由を回復しなければならない。活動上の注意事項については、党中央の指示を尊重するが、私の自由を制限する不合理かつ高圧的な規則は断じて受けいれない。

喬石らは、私の言い分は党中央に伝えておく、結果は後日報告する、と言った。

私が二点目——結論の根拠を正式に発表せよ——を述べたとき、喬石は「安定を揺るがすようなことは避けるべきだ」と口を挟んだ。三点目で自由の回復を求めたとき、彼らは言った。第十四回党大会（一九九二年十月）には多数の外国報道陣が集まる。「あなたの一件はきわめて微妙な問題なので、声明が発表された後、たくさんの外国人記者が取材のために自宅周辺をうろつくようになるかもしれない」。だから党の規律を守り、大局に配慮してもらいたい、とのことだった。

そこで私は、では第十四回党大会の期間中は外出を差し控えよう、と答えた。これを聞いて、彼らは態度を和らげたようだった。宋平によれば、党大会後は、外出の機会が少しずつ増えていくだろう、ということだった。長い時間をかけてゆっくりと問題を矮小化するためである。こうして面談は終わった。

後で聞いた話では、彼らは私に対する審査を終了し、当初の結論を支持すると発表しただけで、それ以上のことは何も語らず、政治局会議でも同様だったという。審査チームが作成した報告書も配付されなかった。つまり、審査に三年以上もかけておきながら、どのようなことが判明し、いかなる事実が私の二つの罪状の根拠となったのかについては明確にせぬまま、ただ審査の終了を宣言しただけだったのだ。言うまでもなく、反対意見は出なかった。全体会議の声明には、「審査を終了し、当初の結論を支持する」という一文があるだけだった。その他の資料はいっさいなかった。そもそも審査開始を決定したのは党中央委員会全体会議なのだから、審査の終了を宣言したときに最終報告を提示すべきであった。だが、そうはしなかった。それどころか、この問題は各分科会で軽く触れる程度でじゅうぶんなので、それ以上の議論は不要、と告げたのである。

このような対応から察するに、私の一件をどう扱うかについて、党中央はひどく神経質になっていたようである。いろいろと懸念材料があるらしく、言葉遣いはきわめて慎重だった。

喬石は、政治局の決定を私に告げるとき、一枚の文書を読みあげた。最初、読みあげる内容を書きとめようと思ったのだが、あまりにも早口で、これでは全部を書きとめられないと思ったので、喬石にその文書のコピーをくれるよう求めた。喬石は「わかりました」と言い、同席の記録係に向かって「紫陽同志に通知書のコピーを用意しておくように」と指示した。ところが後になって私の秘書が電話をかけ、通知書のコピーを送るよう求めたところ、拒否されてしまった。まったくなんの説明もなかった。彼らが何を恐れていたのか、私にはわからない。

状況を考えると、喬石らは私が述べた三点について党中央にきちんと伝えないかもしれない、と私は考えた。前述のように、三点とも、聞かされる側にとっては気分のいいものではなかったからだ。そこで、会合から帰ってから、これら三点を覚書の形にして送付した。当然ながら、例によって返答はなかった。

ともかく、政治局にも、党中央委員会全体会議にも、なんの報告書も提出されぬまま、審査は終了した。審査に三年の歳月を費やし、やっと終了したというのに、判明した事実を公表しないのはなぜなのか。じつのところ、彼らはただ恐れていたのである。

三年にわたる審査で、じっさいどのような問題が判明したのであろうか。前にも述べたように、一九九〇年六月二十一日、三十項目からなる審査報告書の草案が王任重から送られてきた。同意できない点があれば、そこに意見を書きこんで返送するように、との手紙が添えられていた。

審査報告書

草案は「趙紫陽同志および一九八九年の政治動乱に関する諸問題」と題され、次の三十項目からなっていた。

1．四月十五日の夜、胡啓立《こけいりつ》ならびに芮杏文《ぜいきょうぶん》（党中央委員会書記局書記）同志は、胡耀邦《こようほう》同志の死去によって生じた状況について、趙紫陽同志に、街頭デモや抗議集会に発展する恐れがあり、この状況に乗じて騒ぎを引き起こそうとする者もあらわれるかもしれない、と報告した。くわえて、党中央から各地方政府に対して警戒を呼びかける通達を出すべきであると提案した。趙紫陽は、動乱に発展する恐れありとの警告を真剣には受けとめず、通達を出す必要もないと考えた。四月十六日、公安省は事態が深刻化する可能性があると判断し、省内各部署に警告を発した。

2．胡耀邦同志の服喪期間中、動乱の兆候が日に日に明らかになっていった。党中央や北京市政府の多数の同志が、事態の性質はすでに変化していると考えた。党中央は事態の悪化を阻止するために明確な行動戦略・行動計画を打ち出す必要があると、再三にわたって趙紫陽に訴えた。しかし、そのつど趙は事態の性質についての真剣な議論を避けた。四月二十三日、北朝鮮を訪問する直前、趙は党中央の同志たちから会議を招集するよう求められたが、これを拒否した。

3．四月十九日、上海の経済紙「世界経済導報」と雑誌「新観察」は、胡耀邦同志を追悼する共同シンポジウムを開催し、（一九八七年の）反ブルジョア自由化運動を公然と非難した。彼らは、反ブルジョア自由化運動は大衆の支持を得られないと述べ、党中央指導部を非難し、党中央に過ちを認めるよう求めた。これは政治的動乱に向けた最初の包括的指針となった。四月二十四日、世界経済導報は北京の騒乱に呼応する形で、このシンポジウムの詳細をまとめて、ただちに発行した。四月二十六日、上海市党委員会は世界経済導報に処分を言い渡し、新聞の発行停止を命じ、人員を再編成した。これはまったく正しい措置であった。しかし、趙紫陽は北朝鮮訪問から帰国後、この決定を支持しなかった。そのうえ、状況を悪化させ、事態を好ましくない方向へ導いたとして、上海市党委員会を非難した。五月二日、費孝通《ひこうつう》（中国民主同盟主席）ら民主諸党派の指導者とこの問題について話し合ったとき、趙は「事態を収拾するには、双方が体面を保ちながら譲り合ったほうがいい。上海の党委員会に妥当な線で一歩譲るよう伝えてもらいたい」と語った。五月十一日、江沢民（当時の上海市党委員会書記）同志と世界経済導報の件について話し合ったとき、趙はこう言った。「私はあなたに圧力をかけるつもりはないし、この問題にかかわるつもりもない。これはあなたが対処すべき問題だ。この件について今後誰かから尋ねられても、私は何も知らないと答えよう」

4．趙紫陽同志が五・四運動七十周年記念大会で演説する前日の五月三日、楊尚昆《ようしょうこん》、李鵬、姚依林、李錫銘《りしゃくめい》ら数名の同志は、いま起きている反共産党、反社会主義的動乱は、長期にわたるブルジョア自由主義の蔓延が招いた直接的な悪影響の結果であると確信し、このことを趙同志に訴えた。そして今回の演説には、はっきりとブルジョア自由主義を非難する内容を盛りこんで、動乱の首謀者らが掲げる政治指針を攻撃すべきである、とくりかえし提案した。しかし、これらの提案を趙は一蹴した。

5．四月二十三日、趙は北朝鮮訪問の前に、（側近の）鮑彤《ほうとう》に電話をかけ、学生運動の動静から目を離さないようにと指示した。四月三十日、趙が北京に戻ると、鮑彤はすぐに趙と面会し、四月二十六日の社説について、論調が厳しすぎ、合理的な論証が不十分で、それまで中立の姿勢だった学生たちの反発を招いた、と報告した。数日後に、趙は鮑彤に、自分も四月二十六日社説には欠陥があると思うと語った。

6．五月一日、趙は秘書の李勇《りゆう》に学生運動の状況について尋ねた。四月二十七日の学生の街頭デモについて話し合ったとき、趙は、この事態は学生たちが社説に反発を覚えていることのあらわれだが、党中央が結論を下した以上、社説で表明した立場を翻すことは難しいだろう、と語った。

7．五月二日の午後、趙紫陽は討論会を開き、民主諸党派の指導者と学生運動について話し合った。出席者は費孝通、雷潔瓊《らいけつけい》、孫起孟《そんきもう》。そのとき、党中央はすでに、動乱に対抗する立場を明確に打ち出していた。趙紫陽は、党中央の方針を実践すべきであった。にもかかわらず、出席者のなかから、学生運動の問題に対して、なんの検討も加えずに最初から「動乱」と決めつけるのは適切ではない、との異議が出されると、趙は彼らを説得しようともせず、「きょうの諸君の意見は、この問題をよりよく理解する助けとなった」などと答えて、彼らの考えに同調した。討論会の後、趙は閻明復《えんめいふく》同志（党中央統一戦線工作部部長）にこう語った。「人民日報の四月二十六日付社説で示された、今回の事態の性質についての判断は間違っている。政治局常務委員会の同志たちは、（鄧）小平への報告で、北京市党委員会側の一面的な見方だけをそのまま伝えてしまったようだ。状況を好転させるのはひじょうに難しくなってしまった。小平同志をいかにして説得するかがカギになる。問題が重大視されすぎたようだと鄧小平が言えば、常務委員の見解も統一され、党も方向転換できるだろう」。趙は閻に自分の意見を楊尚昆に伝えるよう頼み、自分が鄧小平同志を訪問するときに尚昆同志に同行してもらいたい、と述べた。その晩、閻明復同志は尚昆同志に会った後、趙に、動乱についての小平同志の考えは、すでに熟慮を重ねた結果なので変えることはできない、という尚昆同志の回答を伝えた。

8．五月三日の朝、趙紫陽は、四月二十六日付社説について楊尚昆と話し合った。その後、趙は秘書の李勇に、「社説に示された立場を変えることは難しいようだ。とすれば、時間をかけて状況を改善し、少しずつ社説の影響を和らげていくしかない」と語った。

9．五月四日の朝、趙紫陽はアジア開発銀行理事会年次総会で行う演説の草稿を作成した。趙が口頭で概要を述べ、それを鮑彤がまとめた。趙は政治局常務委員会の他の同志になんの相談もせず、動乱を制止しようとする党中央の方針とまったく矛盾する演説を行った。そのとき、すでに深刻な動乱が起きていたが、趙は事実に反することを述べた。「中国で大きな動乱は起きない。これはじゅうぶん自信をもって言える」と。党中央は今回の動乱について、共産党の指導を覆し、社会主義体制を否定しようとするものだとすでに明確に指摘していた。にもかかわらず趙は「体制そのものに反対しているわけではなく、われわれのやり方に一部欠陥があるからそれを修正するよう求めているだけだ」と主張した。ごく一部の者が学生デモの裏で糸を引き、騒乱を引き起こしていることは、すでにあらゆる事実から明白であったが、それでも趙は「一部の者が学生の行動を操ろうとするのは避けがたいことだ」と述べた。この演説の後、趙は新華社通信の記者に直接、演説の草稿を全文公表するよう命じた。これにより党中央と趙の見解の相違が表面化した。演説草稿が公表された後、党幹部、党員、民衆のあいだに困惑が広がった。党中央内部に二つの異なる意見があるように思われたからである。一部の大学では授業ボイコットが発生し、ふたたび街頭デモが始まった。全体の状況は悪化した。

10. 五月五日の朝、趙紫陽は、北京大学学長、丁石孫《ていせきそん》と北京師範大学副学長、許嘉璐《きょかろ》と会談した。趙は言った。「アジア開発銀行年次総会の演説は、緊張を緩和するのが狙いだった。いまは学生運動の性質について議論すべきではない。率直に言って、われわれは、裏で糸を引いているごく一部の者というのが誰なのか、わかってもいないのだ」

11. 五月五日の午後、趙紫陽同志は、中国民主同盟中央委員会が主催した、北京のいくつかの大学の若い教員らによる討論会に出席した。四月二十六日付社説に反対の意を表明し、アジア開発銀行総会における趙の演説を支持する参加者もいた。討論会の終わりに、趙は

「みなさん、よく話してくれました。ありがとう！」と述べた。つまり趙は討論会で表明された意見に賛成の意をあらわしたのである。

12．まさに動乱が激化しつつあり、いくつかの刊行物がプロパガンダ報道を開始して誤った方向へ進もうとしていた五月六日の朝、趙紫陽は胡啓立と芮杏文を呼んで会談し、次のように語った。「現在、報道の自由の問題が注目されている。われわれは最近の報道からいくつか教訓を得ることができる。最初のうちは統制が厳しかったが、後に緩和された。街頭デモが報じられているので、報道は以前よりも自由になったようだ。このことについて、大きな危険はない」。さらにこう言った。「国民全般の願いと、世界の進歩的潮流に直面しているいま、われわれとしては個々の状況に応じて事態を収拾していくしかない。今度の学生運動は一つの問題を反映している。すなわち、国民は改革を強く求めており、改革が全面的に中断することを恐れているのだ」。五月九日、趙の発言は胡啓立によって要約され、趙の校閲と承認を経て、各報道機関へ配布された。五月十二日、胡啓立同志と芮杏文（党中央委員会書記局書記）は、北京の報道機関の責任者らとの対話会合で状況を説明した。そのときすでに、北京の報道機関に所属する千人以上が署名運動や抗議デモに参加していた。一部の新聞が党と政府を非難する記事を発表すると、プロパガンダや世論の反発は手のつけられない状態になった。人民日報をはじめとする多数の報道機関が街頭デモや座りこみ、ハンストなどを大々的に報じて運動を支持する姿勢を見せ、ますます多くの人々の参加を促す結果となった。北京の社会秩序は完全な混乱状態に陥った。

13. 四月二十一日と五月二日に、趙紫陽同志は杜潤生《とじゅんせい》（農村政策改革の第一人者）と会談し、学生運動について話し合った。この会談の後、杜潤生同志は、科学会堂で二度会合を開き、それぞれ十人以上の出席者に、趙の見方を伝えた。彼らは学生運動に対する評価をめぐって意見を交換し、今後の対応を提案した。趙は全員の提案に大いに賛成し、学生運動が、いま国民が注視する重要問題の解決に向けた転機となることを願った。

14. 政治局常務委員会は五月八日に会合を開き、動乱制止チームからの報告を聞いた。そこでは、動乱を制止するため、いかにして断固たる手段をとるかを話し合うべきであったにもかかわらず、趙紫陽は、いわゆる「腐敗一掃」に重点をおいた主張を展開した。五月十日に開かれた政治局会議で、趙は五月八日の常務委員会について報告し、腐敗と闘い、政治改革を促進するための六つの具体策を提案した。これらの策は、政治局常務委員会では議論されず、同意も得られていない。

15. これらの二つの会議では、非合法学生組織への対応をどうするかという問題が何度も提起された。趙紫陽はこう述べた。「多くの地域では、政府公認の学生組織は大多数の支持を得られていない。そういうところでは選挙で代表を選びなおせばよい。選挙の結果としてその座を退き、他の者に譲ることを恐れるべきではない」

16. 五月九、十の両日、現代社会主義研究の討論会が北京で開かれた。そこでは、「社会主義改革は障害を乗りこえ、市場経済と民主主義へと向かわなければならない」」、「社会主義的民主主義、自由と人権の問題はどれもきわめて重要である」といったことが提案された。

趙紫陽は討論会に参加していた同志と会談し、こう言った。「今回の学生の抗議から学ぶべき主たる教訓は、政治改革のプロセスを加速しなければならないということだ」。五月十二日付の人民日報はこの会合を大々的にとりあげ、「改革は障害を乗りこえ、市場経済と民主主義へと向かわなければならない」という大見出しが躍った。この発言は事実上、動乱の理論的根拠となり、事態を悪化させた。

17. 五月十六日の午後、趙紫陽同志はゴルバチョフと会談した。会談が始まるとすぐにこう言った。「重要な問題について、党はいまでも鄧小平の指導力を必要としている。第十三回党大会以来、大きな問題に対処するときには、いつも鄧小平同志に指示を仰ぐ」。趙は、この中国共産党の決定を明らかにしたのはこれが初めてだ、とも語った。会談の翌日、街頭デモのスローガンは鄧小平同志を非難するものが中心となった。たとえば「鄧小平を打倒せよ！」とか、「趙紫陽を支持しよう！」といったスローガンが街頭や天安門広場に溢れた。

18. 五月十六日の晩、政治局常務委員会は緊急会議を開いた。趙紫陽同志は、四月二十六日付社説は間違っていたと学生に伝えることを提案した。さらに、社説の原稿は訪問先の北朝鮮に送られ、自分が承認をあたえているのだから、一切の責任は自分にあることも伝えるべきだ、とも提案した。そしてくりかえしこう言った。四月二十六日付社説には問題があるので、説明が必要だ。説明なしでは先には進めない。いまの状況が好転しなければ、もう出口はないだろう、と。

19．五月十七日の午後、政治局常務委員会はふたたび会議を開いた。趙紫陽同志は誤った立場を固守しつづけ、いっぽう常務委員会の大半の同志は激しく反対した。彼らは、このまま後退する姿勢をとりつづければ、全国的な大混乱が生じ、予想不可能な結果になると考えた。鄧小平は常務委員会の大多数の意見を強く支持した。同委員会は、動乱に終止符を打つため軍の一部を北京市内に駐屯させ、特定の地区に戒厳令を敷くことを決定した。これに反して趙は、戒厳令の実施こそが深刻な事態を招くと考え、自分には実行できないと述べた。

20．五月十七日の政治局常務委員会終了後、趙紫陽は常務委員会の決定を無視し、驚いたことに、すぐさま辞意を表明した。彼は鮑彤に辞表の文案作成を依頼し、できるとすぐに署名、発送した。翌日、楊尚昆同志から非難を受け、辞表を撤回した。

21．五月十七日の政治局常務委員会において党中央の主要方針は決定した。鄧小平同志は出席者全員に、秘密を厳守するよう強く求めた。ところが趙紫陽同志は鮑彤と秘書の張岳《ちょうがく》琦《き》にこう告げた。「きょうの午後、常務委員会が決定を下した。私はそこで激しく非難された。私は最初に、四月二十六日付社説で示された強硬な姿勢を和らげて、問題に対処しやすくするよう提案したのだが、退けられてしまった。常務委員会は、五月四日の私の演説が状況を悪化させたと私を非難した。それに対して、私は意見を保留した」。趙はさらに、鮑彤が秘密を漏らしているという李鵬からの非難を鮑彤本人に伝えた。鮑彤は（主任を務める）党中央政治体制改革研究室に戻ると、ただちに何人かの職員を集めて会議を開き、自分には秘密漏洩の嫌疑がかかっており、ほどなくいまの職を解任されて、党中央の審査を受けることになるかもしれないと伝え、別れの言葉を述べた。さらに、常務委員のあいだに意見の相違があること、趙の提案が退けられたことも数名に明かした。

22. 五月十八日、趙紫陽は鄧小平に手紙を書き、四月二十六日付社説で示された学生運動についての判断を見なおすよう引き続き求めた。手紙のなかで趙は、学生らの要求、すなわち、ハンガーストライキを中止させるためにもっとも重要なことは、学生らに対する決めつけを撤回し、四月二十六日付社説で下した判断を改め、諸君の行為は愛国精神によるものだと認めることだと主張し、次のように記した。「これは熟考を重ねたうえでの結論であり、思うに、いまこそわれわれは、どれほどつらくとも、譲歩を決断しなければならない」

23. 五月十九日の早朝、趙紫陽同志は天安門広場のハンスト学生を見舞った。趙は学生たちに、抗議運動の性質と責任についての問題は、いずれ決着がつくだろうと語り、こうも言った。「諸君はまだ若く、われわれと違って先が長い。われわれはもう年老いており、もはや重要な存在ではない」。こうして趙は、党指導部内に意見の対立があること、自分が辞任する可能性があることを明らかにした。

24. 五月十九日の晩、党中央と国務院は、党および政府機関の幹部会議を開き、動乱を制止するため断固たる措置をとるとする党中央の決定を伝えた。会議の前、政治局常務委員会は趙紫陽同志に出席するよう再三説得を試みたが、趙は拒絶した。これにより、趙が公然と党から離反しようとする意志が明らかになった。
25．五月十九日、全国人民代表大会常務委員会の共産党組織は、政治局常務委員会に書簡を送り、現在の危機的状況を考慮して、海外公式訪問中の万里《ばんり》同志に、訪問を打ち切ってただちに帰国する指示を出すよう求めた。五月二十一日、この要請に対してどう応じるべきか、胡啓立が趙紫陽に尋ねた。そのとき趙は休暇中だったが、党中央の運営責任者で外交問題も担当していた李鵬同志に相談することなく、万里に日程を前倒しして帰国するよう求める電報を打つことに同意した。
26．五月二十一日の朝、趙紫陽は閻明復に、このまま学生運動が長引き、いつまでも続くようなら、まったく予想外の結果を見ることになるだろう。事態を沈静化するには、全人代常務委員会を開催するしかない、と述べた。
27．五月二十一日、趙紫陽は秘書の李勇に、「もう一度、政治局会議を開くべきだと思う」と語り、鮑彤に演説の草稿を書くよう依頼した。
（録音では28には言及されていない。）
29．趙紫陽同志は、文学作品、芸術作品に対する統制や干渉は弱めるべきだと主張した。
30．趙紫陽は、長くブルジョア自由化の立場を堅持してきた何人かの人物を称賛し、重用し、擁護してきた。そのなかには厳家其《げんかき》（民主派の学者）や陳一諮《ちんいっし》（趙の経済改革シンクタンク、国家経済体制改革委員会体制改革研究所の長）らがいた。この二名は、今回の動乱を画策し、さらにその動乱のさなかにも陰謀活動を組織した中心人物である。反革命的な暴動が鎮圧された後、これらの人物は海外へ逃亡したが、依然として中国共産党および中国社会主義に反対する凶悪な活動を展開している。つねに趙に信頼され重用されてきた鮑彤は陳一諮らとともに、戒厳令が発令された後、、李鵬をはじめとする党・国家指導部を非難した。

以上が、長期にわたる審査の結果として提示された、私が「動乱を支持し」「党を分裂させた」とする結論を裏づけるという「事実と証拠」である。だが、たとえ三十項目のうちの多くが事実と矛盾していることを無視したとしても、またたとえそのすべてが事実だとしても、私に対する結論を裏づけるには不十分であった。それが私の見解である。

　共産党は天安門事件を歴史から事実上消し去るため、長期的な戦略を開始する。その第一段階には、武力鎮圧に反対した元総書記の自由を制限すること——政治勢力として無力化すること——が含まれていた。一九九七年に鄧小平が死去した後、趙は共産党に書簡を送り、元同僚たち——多くはかつて趙の立場を支持していた——に、天安門事件に下した公式の厳しい結論を撤回するよう、最後の要請を試みる。しかし、中国の政治は新たな方向へ動きはじめていた。趙の後任となった江沢民《こうたくみん》——彼がその地位に就けたのは天安門事件のおかげである——は、趙からの書簡を自分の政権に対する挑戦とみなし、報復として趙の自由をそれまで以上に厳しく制限する。

　審査が終了した後も、依然として自宅軟禁は解除されず、引き続き個人的自由は制限された。審査が行われているあいだ、私はまる三年、自宅に幽閉されていた。審査が終了したのだから、本来なら私の個人的自由は回復されるべきであった。喬石《きょうせき》と宋平《そうへい》が審査の終了を伝えに来たとき、すでに私は個人的自由を回復するよう求めていた。彼らはただ、影響を緩和するため、制限

は少しずつ解除されていくだろうと示唆しただけで、ほかには何も言わなかった。ところがじっさいには、審査の終了が告げられるとすぐに、活動を制限する六か条の規則が決められた。しかし、六か条の規則とはいうものの、それを書面で見せられたこともなければ、人から口頭で伝えられたこともない――おそらく、党指導部としても、やましいところがあったのだろう。だから、それを示す証拠をつかまれて、国内外のマスコミの注目を集めることを恐れたのだ。

党指導部は規則を定めたうえで、中央弁公庁警衛局と、わが家に配置されていた警護要員に対して、規則の実施を命じた。わが家で働いていた要員は、むろん上からの指示に従わざるをえなかった。しかし、六か条の規則は上層部が決めたことだ、とは言えないことになっていたため、みんなよく嘘の言い訳をした。あまりに理不尽だったので、一時期、私と警護官らとのあいだには摩擦や対立が生じた。後に、彼らを責めることはできないとわかった。みんな上からの指示に従っていただけなのだ。

規則の内容――何が認められ、何が認められないか――を、私がわかるようにはっきり伝えておいてくれればよかったのだ。たとえば、審査が終わった後、私は冬に広東省へ旅行する許可を求めた。気管に持病があり、華北の冬は空気が乾燥しているため、ひどい咳に悩まされるのだが、温暖な華南へ行くと、ずっと具合がよくなるのである。そのときの回答は、（植民地香港の最後の総督）クリス・パッテンが（広東省と境を接する）香港で民主選挙の範囲を拡大しようとしている現在、状況はたいへん微妙であり、いま広東省へ行くのは問題だ、ということであった。

馬鹿げている、と私は思った。クリス・パッテンが香港で何をしようが、それは外交の問題であろう。私が広東省へ行くことと、なんの関係があるというのか。それでも彼らは言い張った。

「広東省には行けませんが、広西チワン族自治区、雲南省、貴州省なら問題ありません」

それで私は広西に行くことにしたのだが、出発の準備をしているときに、また条件をつけてきた。行動範囲を広西の区都である南寧市内に制限するというのである。じっさい、南寧に着いてからは、彼らはありとあらゆる手段を講じて、私が市外に出るのを阻止した。

北京に帰ってから、昌平ゴルフ場でゴルフをしたかったのだが、認められないと言われた。私はどんな理由でそういう規則があるのかと尋ねた。彼らは答えず、ただゴルフには行けませんと言うばかりだった。私は警護官の王統海《おうとうかい》を呼んで、声明を出したいと伝えた。声明の内容は以下のとおりである。


きょう、警衛局は私が昌平ゴルフ場でプレーすることを妨害した。順義ゴルフ場（ここも日本人スタッフが運営している）に行くことも認めなかった。去年の十二月に出かけたゴルフ場である。思うにこれは、警衛局の権限を逸脱した行為であり、党中央の意向に反している。彼らは私に、大局に配慮するようにと忠告までした。いったいどういうことなのか。昨年、第十四回党大会の期間中、喬石ら四名の党幹部と話し合ったとき、私は審査が終わり次第、自由を回復するよう、はっきりと要求した。私の活動に関しては、その影響をじゅうぶんに考慮するつもりだし、党中央指導部から提案があれば、それを尊重するが、私の自由を制限する専制的、高圧的な規則は、すべて断固拒否するとも伝えた。そのとき、四人の幹部は誰も私の発言に異を唱えなかった。警衛局はどのような権限があって、きょう私がゴルフへ行くことを妨害したのか、私には理解できない。今後は、このような制限はすべて拒否する。

私は王統海に、この声明の全文を上層部に伝えるよう頼んだ。

またあるとき、ビリヤードをしに養蜂夾道《ようほうきょうどう》クラブに行きたいと申し入れた。最初は認められなかったが、私は食いさがった。車は出ませんよと言われたので、だったらバスで行くと答えた。最終的には認められたが、週に二回、午前中だけという制限がつけられた。二度か三度出かけたが、クラブでは誰にも会わなかった。後で聞いた話では、クラブは事前に人払いがされていた。他の同志がいっしょになるのを防ぐため、いわば「貸し切り」の状態になっていたのだ。それはなぜか。養蜂夾道クラブは党の老幹部のための社交場なので、私が旧友や知人と会うことを当局が恐れたのだろう。むろん、旧知の人々と会ったとたん、私が挑発的な演説や、ネットワークの構築を始めると考えるほど、当局の人間も幼稚ではない。

当局がこのように（外出の）「影響」を心配するのは、私を二度と人前に出さないための口実だった――人前に出さなければ少しずつ人々の記憶から薄れてゆき、やがて話題にもならなくなって、忘却の彼方に追いやられる、というわけである。「影響への恐れ」とは、私の名前が聞こえただけでも社会不安が起きる、という意味だった。

おそらく当局は、こんなやり方を続けるのは実際的ではなく、きちんと事情を説明したほうがよいと、やっとわかったのだろう。中央弁公庁党委員会副書記の孟憲中《もうけんちゅう》が弁公庁の立場を説明しに来た。このとき、私の行動を制限する六か条の規則を私に告げたのである。

そのうちの四項目はとくに明確な制限を定めていた。

1. 来客は家に入れてもよいが、報道関係者や外国人は入れてはならない。
2. 外出するときは警衛局の警護官による警護が必要。郊外の公園での散歩は認められる。ただし、多くの人で混雑した場所へは行かないよう、警護官は留意すること。
3. 北京地区のゴルフ場はすべて外国投資会社か、外国との合弁会社が運営しており、利用客はみな外国人か香港、マカオ出身者であるため、近い将来においてはこれらのゴルフ場を避けることが望ましい。その代わり、順義（地区）の農家が運営するゴルフ場は利用してもよい。
4. 北京市の外への旅行は計画してもよいが、現時点では内陸地方のみとする。沿海地方または情勢が微妙な地域への旅行は避ける。詳細な旅程表を提出し、党中央の承認を受けること。

私の自由を制限するこれらの規則は党中央が正式に定めたものだったので、私は江沢民と政治局常務委員会にあてて次のような書簡を送った。

1．六月二十五日、中央弁公庁党委員会副書記の孟憲中同志が来訪し、私の行動を制限する数か条の規則を読みあげた。それは党中央が承認したものであった。審査終了以降も、引き続き私の個人的自由に対して数多くの制限が課され、それらがすべて党中央が承認した規則に従って実施されていたことを、私はそのとき初めて知った。しかしながら、これらの規則は憲法その他の法の範囲内で行うべき党活動の原則に合致していないと私は考える。さらに、「党員に対して党規および法に違反した処遇をしてはならない」という原則にも反している（党中央が発布した「党内政治生活における若干の準則」の第十条を参照せよ）。ゆえに、私は党中央に、これらの規則の見直し、撤回を要求する。

2．規則によれば、外国投資会社および合弁会社が運営するゴルフ場には「近い将来において」、出入りできなくなることになっている。また「現時点では」、沿海地方への旅行は認められないことになっている。「近い将来」、「現時点」とはいつのことなのかわからない。これらの規則は昨年十月に作成されたもので、すでに八か月が過ぎている。いまの段階において、「近い将来」、「現時点」という語はいつのことをさしているのだろうか。

3．過去半年間にじっさいに課された行動制限は、この規則の範囲を超えている。たとえば、規則では沿海地方への旅行は禁じられているが、だとしたら、今年の初め、広西自治区に旅行したとき、なぜ南寧市の外に出られなかったのか。また、北京市内の混雑した場所には行けないことになっているが、だとしたら、私が養蜂夾道クラブに行くとき、なぜ人の出入りを制限するのか。党幹部の社交クラブは混雑した場所とみなされているのか。まったく理解しがたいことである。

書簡を送った後は、当然ながら、なんの返事もなかった。

こういうことについては、当局はいつもひじょうに神経質である。孟憲中が六か条の規則を伝えに来たとき、私はその文書を見せてくれと頼んだ。孟は、読みあげることはできるが、文書を渡すことはできないと言った。そこで私は秘書に頼んで、読みあげる内容を書きとめてもらうことにした。孟はメモを禁じることまではできなかった。書きとめた内容を確認してもらおうとすると、孟は断った。「書きとめたのはそちらなので、そちらの責任です。私は読みません」というのだ。

彼らはそれが暴露されること、外部に漏れることを恐れていた。このように責任を否定しておけば、予測不能の事態を防げると思ったのである。これはきわめて異常なことであった。

記者や外国人でないかぎりは、来客を家に入れてもよいことになっていた。しかしじっさいには、約束なしでいきなり訪れても中には入れない。当局は私に知らせもせずに、来客を片っ端から追い返しているのだ。私には誰が立ち寄ったのかさえわからない。前もって何人か来客があることを私が当局に伝えておいても、当局が認めないかぎり客は中へ入れない。来たとたんに身分証をチェックされ、リストに名前を記入される。当局はありとあらゆる手で来客を阻止しようとするのだ。わが家はつねに近寄りがたい場所になっている。たくさんの規則や手続きがあるため、多くの人にとって訪れるのがあまりにも面倒だからだ。おかげで、わが家の玄関は人影もなく荒涼としている。

北京の外の滞在先では、来客はもっと少なくなる。私が来たことは、接待係と、省や市の首長以外、誰にも知られてはならないことになっている。厳守すべき秘密なのである。

たとえば、古くからの知人である賀亦然《がえきぜん》同志は、私との会見を電話で申し込んだが、認められなかった。また、もう亡くなったが、安徽《あんき》省の旧友、劉正文《りゅうせいぶん》は、私が合肥《ごうひ》［安徽省の省都］へ旅行したさい、私を訪ねようとした。だが最初に電話をかけると、まだ到着していないと言われ、次に電話をしたときには、もう出発したと言われたそうだ。当局は私が人と会うことを恐れていたのだ。

四川省に滞在したときには、市や県の首長らが聞きつけ、私と会見しようとした。この報告を受けた党中央は四川省の幹部を非難し、なぜ秘密が厳重に守られず、多数の人間が趙を訪ねようとしたのか説明を求めた。

一九九七年と九八年を除いて、私は毎年、冬には北京を離れている。広東省への旅行について、江沢民と政治局にあてて七通の手紙を書いたが、返事はなかった。そのうち党中央弁公庁から回答があり、広東省への旅行は認められないが、他の地方なら可能だとのことだった。一九九三年一月には広西自治区の南寧に行き、長沙［湖南省の省都］を経由して帰ってきた。九四年には貴州省へ行き、その後、成都［四川省の省都］で一週間を過ごした。そういえば、九三年には黒竜江省にも出かけている。九四年には長春［吉林省の省都］と哈爾浜《ハルビン》［黒竜江省の省都］にも行った。九五年には江西省と安徽省、九六年には江蘇省の無錫《むしゃく》と鎮江《ちんこう》、九七年には杭州［浙江省の省都］

と四川省に行った。九七年の冬から九八年の春までは北京から出なかった。九九年には最初に杭州、その後、煙台《えんたい》［山東省の港湾都市］に行った。今年（二〇〇〇年）は、桂林［広西自治区］と四川省に出かけた。行動範囲は少しずつ広がっている。

毎年、広東省と海南省への旅行を希望しているが、ずっと拒否されている。一九九五年には無錫と蘇州［江蘇省南東部の都市］への旅が認められなかった。九九年冬から二〇〇〇年春まで、広東省か海南島か福建省で過ごしたいという希望を出したが、これも認められなかった。代わりに広西自治区へ行き、四川省を通って帰ってきた。

というわけで、当局が「沿海地方への旅行は認めない」としていたのは、私を広東省へ行かせまいとする意図を隠すためだとわかった。ただ広東省はダメだと言えば、広東省が目立ってしまう。それに、煙台と杭州はどちらも沿海地方ではないか。他の沿海地方は認められたのに、広東だけは認められなかった。なぜ広東省への旅行だけが認められなかったのか、私には見当もつかない。

一九九五年の秋に、陳雲《ちんうん》同志が亡くなった。当時、北京にいた私は、その知らせを聞いて、深い悲しみを覚えた。改革についての考え方には同意しかねる部分もあったが、いろいろな意味で、尊敬に値する人物だと思っていた。ぜひとも陳の家族に会って哀悼の意をあらわし、私の気持ちを伝えたかった。党中央弁公庁に希望を伝えると、すぐに回答があり、差し障りがあるとのことで、けっきょく弔問は認められなかった。後で聞いた話では、私が希望を伝えた後、弁公庁は陳雲の家族に連絡をとったそうだ。家族が私の申し出を断ってくれと言うだろうと期待してのことだ。ところが家族は喜んで私を迎えると答えたので、弁公庁は私に、ただ「差し障りがある」としか言えなくなったのだ。同様の出来事があったとき、当局は毎回、私が訪問する権利を認めようとしない。だが同時に、私にそのような行動制限を課していることを外部に知られたくないのである。

鄧小平同志が死去したとき（一九九七年二月）、私は杭州で静養していた。知らせを聞いて、たいへん悲しかった。中央弁公庁にすぐに電話をかけ、党中央にメッセージを伝えてくれるように頼んだ。まず追悼の意を述べ、次に、これから北京へ戻り、追悼式に参加したいと伝えた。党中央からすぐに回答があり、故人に別れを告げる式典はないので、北京には戻らないように、とのことであった。

一九九七年五月、成都から北京への帰途、彭真《ほうしん》同志の死去を知った。北京に戻るとすぐ、彭真の遺族に電話をかけ、弔問に訪れたいと伝えた。その後、警衛局に彭真の家へ行くことを連絡した。これを知った中央弁公庁は孟憲中を私の家へよこし、弔問を断念させようとした。孟は「彭真の家ではまだ棺の置き場所も決まっていない」と述べたうえで、「大局に配慮」し、「各方面への影響を考慮」するようにと言った。

見えすいた嘘をつく孟にたいそう腹が立ち、口論になった。古くからの同志の死を悼むことがなぜ許されないのか。いったい何を恐れているのか。

一九九七年九月十二日、党中央弁公庁秘書局を通じて第十五回党大会および九人の個人にあてて書簡を送った。さらに党大会でコピーを配布するよう要請した。九人の個人とは政治局常務委員会の七人と、楊尚昆《ようしょうこん》と万里《ばんり》だ。なぜなら彼らにも関係のあることだったからだ。書簡は弁公庁秘書局を通じて送付されたはずだが、後で聞いた話では、九人中少なくとも二人、楊尚昆と万里には届いていなかった。常務委員会のメンバーは全員受けとっているはずだ。大会出席者全員にコピーを配付するよう頼んでおいたのだが、これは阻止された。

ここで書簡の内容を紹介しておこう。というのも、この書簡についてはいろいろと風説が流れており、なかには相当いいかげんな話もあったからだ。書簡の本当の内容は以下のとおりである。

第十五回党大会議長団および全国代表の同志諸君へ

第十五回党大会はわが党の二十世紀最後の代表大会となる。あと二年と少しで時代は二十一世紀に突入する。まさに過去をふりかえり、未来へと前進する重要な時であり、党大会が大いなる成功を収めることを心から願っている。ここで六・四事件［天安門事件］の再評価の問題を提起することをお許しいただき、討議されることを望むものである。

世界に衝撃をあたえた六月四日の事件から早くも八年が過ぎた。いま考えてみると、事実尊重の見地から解答を出すべき二つの問題がある。

第一に、あの学生運動に、どれほど過激で、間違っていて、非難すべき部分があったとしても、「反革命的な暴動」という当局の判断を裏づける証拠は何一つ存在しなかった。「反革命的な暴動」でない以上、武力鎮圧という手段で解決すべきではなかった。

武力鎮圧によって瞬く間に事態は終息したが、同時に国民、軍、党、政府、そして国家そのものが、この決断と行動と引き換えに大きな代償を支払ったことを、われわれは認めざるをえない。その悪影響は党と民衆の関係、わが国と台湾との関係、その他の対外関係にいまも影を落としている。

この事件の影響で、第十三回党大会から始まった政治改革は早々と頓挫し、政治制度改革は大幅に遅れることとなった。このような深刻な状況のなかで、経済改革には具体的進展が見られるものの、そのいっぽうで、ありとあらゆる社会問題が表面化し、悪化し、急速に拡大している。社会的な矛盾が激化し、党の内外に蔓延する腐敗は、もはや手がつけられない状態である。

第二の問題は、学生運動への対応策として、流血を回避しつつ事態を沈静化させる、もっとよい手段はなかったのか、ということである。当時私は「民主主義と法の原則に沿った解決」を提案し、まさにそのような解決に向けて力を尽くした。いまでも私は、そのように対応していれば、流血を見ることなく事態は平和裏に終息していたかもしれない、と思っている。少なくとも流血の衝突という深刻な事態は避けられたであろう。

周知のように、学生の大多数は腐敗の処罰と政治改革の推進を要求していたのであって、共産党の打倒や国家の転覆など訴えてはいなかった。もしわれわれが、学生らの行動を反共産党的、反社会主義的だ、などと解釈せず、彼らの理にかなった要求を聞き入れ、忍耐強い協議と対話による緊張の緩和という対応をしていれば事態は沈静化したであろう。

もしそうなっていたら、流血の衝突による悪影響を回避できただけでなく、党・政府と国民のあいだに新たな意思疎通と対話の形式が確立されていたであろうし、同時に政治制度改革も進んでいたであろう。そして、経済改革が具体的な進展を遂げただけでなく、政治制度改革もまた新たな局面を迎えていたであろう。

六・四事件の再評価は、いつかは解決しなければならない問題である。どんなに先延ばしにしても、人々は忘れないだろう。解決は遅いよりは早いほうがよいし、消極的であるよりも積極的であるほうがよいし、混沌とした時期よりも安定した時期に取り組んだほうがよい。国内の情勢が安定している現在、国民の大多数は混乱を嫌悪し、安定を望んでおり、かつての異常な興奮はおさまっている。いまこの時期に、わが党が自発的に六・四事件の再評価を提案し、率先して見直しを進めれば、各方面からのきわめて感情的な主張に惑わされることなく、理性と寛容という正しい筋道に沿って、難しい歴史的な問題を解決へと導くことがじゅうぶんに可能である。また、歴史的な問題を解決するうえで大切な、「つまらぬあら探しをしない」、「個人を非難するよりも、教訓を学べ」という原則を守ることもできる。

これがうまくいけば、困難な歴史的状況が解消されるだけでなく、いまの安定した情勢が持続し、同時に、わが国の改革・開放にとって望ましい国際的な環境が生まれるであろう。

わが党が現状を熟察し、早期に決定を下すことを望む。以上の提案は党大会での検討に供するものである。

趙紫陽

一九九七年九月十二日

私はこの書簡をばらまいたりはしなかったし、誰かを通じて公表することもしなかった。それなのに、海外メディアがこの書簡の存在をすばやく察知し、大騒ぎになった。

すぐに孟憲中が会いに来た。いま国内情勢はひじょうによい状態にあるので、この安定を揺るがすようなことはせず、党の規律に従ってもらいたい、とのことであった。孟は私が党の規律を守っていないとほのめかしたのである。私はすぐにこう反論した。自分は共産党員であり、党員には党大会に議案を提出する権利があると党規約に明記されている。孟は六・四事件についてはすでに結論が出ていると言った。私は答えた。六・四事件を再評価するかどうかを決める権限は党の最高機関である党大会にある。たとえすでに結論が出ているとしても、まだ再評価は可能なはずだ。たしかに過去の決定を再確認するだけになるかもしれないが、それもまた党大会の権限のうちである。いかなる党の決定も、党大会で討議することができるのだ。

孟はまた、あんな書簡をばらまくべきではなかった、とも言った。私は、秘書局を通じて九人の人物に送付しただけだと答えた。じつのところ、彼らが誰に転送したのか、こっちが聞きたいくらいだった。孟との対話は当然ながら終始不愉快なものとなった。

ちょうどその頃、雍文濤《ようぶんとう》同志が死去した。古くからの同僚で、広東省でともに仕事をした仲である。私は葬儀に参列したいと申し出た。それまで、党中央の指導部クラスではない、大臣級の人々の葬儀には参列を認められていた。ところがこのときは、党の規律を守らなかったという理由で外出を許可されなかったのである。

さらにその次には、来客と会うことを全面的に禁じられ、審査期間中よりも厳しい制限が課された。かつてわが家で家政婦として働いていた広東在住の老婦人は、すでにかなりの高齢であるにもかかわらず、遠路はるばる私に会いに来てくれたというのに、家の外で何時間も待たされた。妻が買い物から帰ってきたときでさえ、門番役の警護官に袋の中身をあらためられたものだ。むろん配置されている兵士に罪はない。上層部、少なくとも党中央弁公庁から命令があったのだろう。そこで私は弁公庁に以下のような手紙を書いた。

党中央弁公庁の責任者諸君へ

拝啓

最近、党中央弁公庁警衛局から、わが家に配置されている警護官らに新たな指示があり、その結果、私は来客を招き入れることも、外出することも、ゴルフに出かけることも禁止された。

同志の葬儀に参列することも禁じられた。遠くから訪れる親類でさえ門前で止められている。しかし、どれも十四回党大会の後に定められた、私の自由を制限する六か条の規則では禁じられていない。五年半のあいだ半軟禁状態だったのが、いまや完全な軟禁状態になっている。これは重大な法律違反である。警衛局または警護官らが独自にこのような決定を下したはずがない。こういうことになった真の理由は何か。最初の規則が廃止されて、新しい規則ができたのだろうか。少なくとも私は知らされていない。

このように、なんら明確な告知もなく自宅軟禁を強いるのは、社会主義法制度を露骨に踏みにじる行為だと言わざるをえない。私が一党員として党の規律に違反したなら（現実には違反などしていないが）、党組織は私に対して党籍剥奪などの懲戒処分を下す権限がある。しかし、私の個人的自由を制限したり、市民としての権利を奪う権限はない。党規約では、党規約または国の法律に抵触する手段を用いて党員を処遇することを厳しく禁じている。これに違反した組織または個人は、党による懲戒処分および法の裁きを受けて罰せられるべきである。

たとえ私が一市民として法律に違反していたとしても（絶対にそんなことはしていないが）、私の行動の自由を制限するためには法的な手続きを踏まなければならないし、それを実行する権限を持つのは国の法執行機関だけである。このことは国の法律に明記されている。党中央弁公庁は党中央のなかでもきわめて重要な機関ではあるが、国の法執行機関ではなく、その権限を行使する権利はない。

かつて、われわれが「法も天も恐れなかった」時代には、先に述べたようなことは日常茶飯事で、それが一部の人間のあいだに、ある種の心的傾向と行動パターンを作りだした。しかし、そんな時代は遠い過去のことである。

改革開放政策以降、党と国家はつねに法制の建設を強調してきた。とくに最近の十五回党大会以後に、前述のようなことが起きるのは、許されるべきではない。

江沢民同志は、第十五回党大会の政治報告のなかで、社会主義法制度を完成させると全世界に厳粛に誓った。そして、法治の原則を支持し、国家にかかわる事柄はすべて法に基づいて進められることを保障し、すべての法は順守され、違反者は処罰され、いかなる個人、いかなる組織も法を超えた特別な権限を持たず、政府機関はすべて法に従って業務を進め、市民の権利は適切に保護されると宣言した。江沢民総書記は真剣だ。本当に実行するつもりであり、けっして口先だけの発言ではない。私はそう思っている。

外出も、来客と会うことも禁じられ、その他の権利も奪われている一市民として質問させてもらいたい。私への処遇は、すべては法に従って行われるという原則に一致しているのか。諸君は法を超えた特別な権限を持つ立場にあるのか。中央弁公庁は党機関のなかでも、とくに党中央指導部に近い。どうして諸君は、十五回党大会で宣言された法制建設の原則に照らして自らの行動を点検しなかったのか。

言うまでもなく、この手紙ではいかなる結果も引き出せなかった。

なんの返事もなかったので、私はしばらくして、今度は政治局常務委員会、すなわち、十五回党大会で新しく選ばれた七人の常務委員あてに手紙を書いた。それまで、常務委員あてに手紙を書くと、いつも一人か二人にしか届かなかった。そこで今回は、同じ文面のものを一人ひとりに送付した。内容は以下のとおり。

江沢民同志へ

拝啓

九月十二日に第十五回党大会にあてて書簡を送り、六・四事件の再評価を提案した。すべて目を通してくれたことと思う。書簡を送って以来、私は来客に会うことも家から出ることも禁じられている。私の個人的自由は全面的に制限されてしまった。それまでの半軟禁状態が、完全な軟禁状態に変わってしまったのだ。

この重大な違法行為に関して、私は党中央弁公庁に手紙を書き、なんとかするよう求めた。しかしながら、自宅軟禁はいまも続いている。そのため、やむをえず、この問題をあなたに知らせることにした。

党大会に議案を提出することは、党員として通常の権利行使である。このことは党規約に明記されている。私の提案が正しくても間違っていても、党大会がそれを討議してもしなくても、私は党規約にも国の法律にも違反していないはずだ。ところが、自宅に軟禁され、市民としての自由を剝奪されている。これはつまり、私が犯罪者として扱われているということだ。私は自分が具体的にどの法律に違反したのかさえわからない。どの法執行機関が、どのような法的手続きを踏んだうえで、私を軟禁することを認めたのかもわからない。なんの告知もないまま自宅に軟禁し、市民としての権利を奪うのは、社会主義法制度を露骨に踏みにじる行為ではないのか。

わが党の歴史をふりかえってみると、文化大革命の時代を除いて、意見を異にする者が個人的自由を奪われたり、自宅に軟禁されたりすることはまれであった。毛沢東主席による階級闘争の推進が最高潮を迎えていた一九六二年、彭徳懐《ほうとくかい》元帥からの執拗な批判に毛は激怒したが、それでも彭から個人的な自由を奪うことはなく、それどころか三線建設［戦争に備え、内陸部に工業基地を建設する事業］の司令部に派遣している。わが党は極端な「左傾化」から厳しい教訓を学び、この十年間、社会主義法制度の確立をくりかえし強調してきた。しかも江沢民総書記が、わが党は法に基づいて国を治め、法治を確立すると厳粛に宣言したばかりである。にもかかわらず、社会主義法制度に露骨に違反するようなことが党中央の目と鼻の先で行われているとは、まったくもって信じられないことである。

一九八九年六月以来、私はずっと違法に自宅軟禁あるいは半自宅軟禁の状態におかれている。すでに八年半が経過した。あとどれくらい自由を奪われた状態が続くのか、見当もつかない。この処遇によって私の肉体的・精神的な健康が大きく損なわれていることは疑いない。私はもうすぐ八十歳になるのだ。

だが、それよりもっと大きく損なわれているのは、党と党中央のイメージである。人々は私がおかれている状況と、十五回党大会で発表された原則とを見比べはしないだろうか。そして、新たに発表された原則の信頼性について独自の判断を下すのではないだろうか。それに、後の世代が党の歴史のこの時期を評価しようとするとき、意見が異なるという理由で党員がいつまでも自宅に軟禁され個人的自由を奪われているという状況について、すばらしい歴史の一コマだ、などとは間違っても思わないだろう。

私のこの手紙が総書記および常務委員会同志諸君の関心を呼ぶことを願っている。党中央の間近で行われている法規に違反したこの暴挙が一刻も早く終わることを願っている。そして自宅軟禁が解除され、個人的自由が回復されることを願っている。こんな孤独と失意のなかで残りの人生を過ごしたくはない。

敬具

趙紫陽

この手紙も発送したが、以前と同様、返事は来なかった。その後、党中央弁公庁が秘書に電話をかけてきて、手紙が届いたことを伝えるとともに、次のようなことを述べた。第一に、これは自宅軟禁ではない（彼らは「自宅軟禁」という言葉を使うことをひどく恐れた）。第二に、これは自分で招いたことだ。おそらく、十五回党大会あてに送った書簡が海外に漏れたのは私のせいだと言いたかったのだろう。二通の手紙に対する反応はそれだけである。けっきょく、その後も私は自宅に閉じこめられたままだった。

それからずいぶん時間が経過しても、行動制限が緩和されそうな様子はなかった。ところが、江沢民のアメリカ訪問を目前に控えたある日のこと、奇妙なことに、中南海保健局に所属する私の主治医がやってきて、一日中家に閉じこもっているのは体によくない、と言いだした。

私は笑って答えた。「どんな選択肢があるというのかね」

主治医は言った。「うちから文書を送って、弁公庁に検討してもらいましょうか。ゴルフに出かけられるように」

私は言った。「来客に会うことも禁じられているのに、ゴルフに出かけるなんて無理だろう」

医師は言った。「報告書を出しておきますよ」

中南海保健局の人間がこのような行動をとるのはまったく異例で、これまでの習慣や規則から見てありえないことだった。（保健局の職員が）この種の問題に介入することは絶対に許されなかったし、以前にこの医師がこういう提案をしたこともなかった。

こんな考えが頭に浮かんだ。おそらく江沢民は、アメリカ訪問中に誰かから趙紫陽の消息を尋ねられた場合に、自宅に軟禁などされておらず、それどころか最近はゴルフをしている、と答えられるようにしたかったのだろう。そう思って私はこう答えた。「あなたは口を挟まないほうがいい。いずれにしても、このところゴルフにはまったく興味がないんだ」

私は医師を冷たくあしらった。なぜ医師がこのような問題に口を出すのか。そんなことをするのは党中央弁公庁から指示があったときだけだ。その後、弁公庁党委員会から秘書に電話があり、ゴルフを許可すると言ってきた。さらに、この前は雍文濤の葬儀に参列する権利を認めなかったのに、今後は同様の葬儀への参列を許可するとのことだった。来客との面会については何も言わなかった。

こうして規則の緩和が明らかにされた。来客との面会や遠出は認められなかったが、ゴルフや葬儀への参列は許された。対外イメージを考慮してのことであろう。こんなやり方に私は笑ってよいやら泣いてよいやらわからなかった。そして、ゴルフへ行くことを断固拒否して完全に引きこもり、葬儀にもいっさい参列しなかった。

そんなわけで一九九七年の冬にはどこにも出かけなかったのである。その冬はずっと北京で過ごした。北京は空気が乾燥してほこりっぽいので、呼吸器の具合が悪くなって、ひどい咳に悩まされたが、それでも北京を離れることを拒否した。

こういう些末なことを話してもあまり意味がないかもしれない。けれども、党中央の物の見方をよくあらわしていると思う。法を無視し、私の活動を不当に制限しておきながら、そのいっぽうで、そのことが発覚し、海外マスコミに騒がれることを恐れていたのだ。

一九九七年十月から一九九九年十二月までは、当初の六か条の規則は緩和されず、それどころか、さらに厳しい制限が加わって、来客と会うことも、家を離れることも認められなくなり、その状態が二年以上も続いた。

時が過ぎて、少しばかり制限が緩和された。親戚や地位の高くない同志、引退した高齢の同志などとの面会は認められるようになった。しかし、引退した幹部、たとえば大臣、副大臣クラスの要職経験者が私を訪問することは許されなかった。当然ながら、そのことについての詳しい説明はなかった。

昨年（一九九九年）の後半、趙健民《ちょうけんみん》同志（元山東省長［知事］）に来訪を求めたところ、すぐに党中央弁公庁から、許可しないと言われた。蕭洪達《しょうこうたつ》同志（党中央規律検査委員会副書記）にも来訪を求めたが、そのときも（党中央）弁公庁に退けられた。

一九九九年十二月、それまで秘書を務めてくれていた楊文超《ようぶんちょう》同志が定年になり、新しい秘書が任命された。新秘書の任命を伝えるため、党中央弁公庁党委員会から二人の同志がやってきた。その機会を利用して、私は二つのことを要求した。第一に、冬のあいだは北京を離れて、できることなら広東省か海南省で過ごしたい。第二に、十年にわたる自宅軟禁、とくに十五回党大会以来続いている完全な幽閉状態を解いてもらいたい。

しばらくして、秘書を通じて知らされたところでは、福建省、広東省、海南省に行くことは認められないが、その他の地方なら認める、とのことであった。少しばかり立場を軟化させたようだ。以前のように、来客との面会もある程度許されるようになった。つまり、会える人もいれば、会えない人もいた。

私がすぐに趙健民同志に来訪を求めると、承認された。彼はやってきて、しばらくわが家で過ごしていった。その後、蕭洪達、杜導正《とどうせい》（新聞出版署署長）、姚錫華《ようしゃくか》（「光明日報」総編集）も来てくれた。どうやら制限は、全般的に見て、当初の六か条の規則に戻ったようだった。

第三部　中国経済急成長の要因

第一章　指導部内の意見対立

趙紫陽は最初にどのようにして頭角をあらわしたのだろうか。一九七〇年代半ば、四川省の党第一書記として革新的な農村改革を進めた趙は各方面から称賛を浴び、これをきっかけに中央政界に進出した。一九七七年には政治局員候補となり、それから三年もしないうちに首相に就任、国の経済政策の責任者を務めた。

この章では趙紫陽が、毛沢東の政策によって疲弊した中国経済をいかにして立て直したかを語る。さらに、経済改革の主導者であった最高指導者、鄧小平と、慎重な進め方を望む有力長老、陳雲《ちんうん》とのあいだでしばしば対立が起き、その調停役を務めたことも述べている。

十一期三中全会［第十一期中央委員会第三回全体会議］（一九七八年開催。改革開放の始まり）の後、党中央指導部には二つの異なる考え方があった。いや、それ以前から二つに分かれていたと言うべきだろう。すなわち、鄧小平の考え方と陳雲の考え方である。

鄧は経済を急速に拡大させ、世界に向けて開放すべきだと考え、さまざまな改革を進めて、市場経済に近づけようとした。陳雲は一九五〇年代の第一次五か年計画における経済政策を支持した。陳雲のグループは計画経済を主張し、改革には懐疑的だったのだ。

十年以上のあいだ、両者は一進一退の攻防を続けていたが、ついに鄧の主張が勝利し、支持者も増えていった。彼の考えが正しかったことを現実が証明したのだ。

胡耀邦《こようほう》と私は、基本的に鄧小平と同じ側にいた。（有力長老の）李先念《りせんねん》は陳雲を全面支持し、陳雲よりも過激で頑強な姿勢を示した。陳雲との大きな相違は、陳雲が自分の考えは正しいと確信していたのに対して、李先念は、どちらのやり方が自分にとって得になり、どちらが損になるかを考えていたことである。もともと李は文化大革命の時代に経済政策を担当していた。長く国家計画委員会の主任を務めた余秋里《よしゅうり》とともに、経済の責任者だったのだ。

四人組失脚（一九七六年）後の二年間、総力を挙げて急速な発展を目指した結果、経済的な不均衡を引き起こした、いわゆる「洋躍進」政策で、大規模事業を外国から導入するという、とうてい実現できない目標を掲げたのも彼らである。これはすべて李先念と余秋里の指導のもとで行われたことだった。

改革が進むにつれて、李先念は自分の過去の仕事を否定されたように思いはじめ、不快感もあらわによくこんなことを言った。「いま行われていることがすべて正しいとしたら、過去の仕事は全部間違っていたということか？」。彼はいつでも改革には反対で、異議を唱えつづけた。

姚依林《よういりん》も陳雲を支持した一人で、後に余秋里の後任として国家計画委員会主任を務め、また副総理として国務院の経済政策全般をとりしきった。

私は鄧の改革をつねに全面的に支持していた。たしかに私は改革を心から歓迎し、実現すべく身を粉にして働いた。だが、鄧のスピード重視の考え方には気がかりなところもあった。もちろん、すべてがうまくいき、経済が円滑に機能しているかぎりは、速いに越したことはなく、誰も異を唱えるはずがない。しかし、生産量ばかりを追求するという過去の誤った傾向からわれわれが学んだのは、速さを重視しすぎると、やみくもに高い目標と速いスピードを求めるようになる、ということだ。

私はどちらかといえば控えめな生産目標を掲げて、経済効率を重視した。これについて鄧は理解を示し、意見の対立はなかった。

改革の問題では、胡耀邦と私の基本的な考え方は同じだった。どちらも改革には熱心だった。しかし、具体的な手段、方法、進め方——とくにスピード——の点では意見を異にしており、胡耀邦は鄧小平に輪をかけて積極的だった。鄧はただ、より速く進めることを望んでいた。胡耀邦はあちこちで精力的に改革構想を推進し、たとえば「予定より早く進めて生産量を四倍にせよ」といったような要求をした。私は経済政策全般にかかわっていたので、取り組み方の違いがはっきりと出ることもあった。

私は党中央指導部で働きはじめた最初の数年で、陳雲同志に大きな尊敬の念を抱くようになった。陳雲同志は指導部の長老のなかでは経済に関してもっとも深い知識を持つ一人で、独特の鋭い洞察力の持ち主でもあった。

彼が推進した第一次五か年計画は大成功をおさめたが、言うまでもなく、それはソ連の経済モデルに基づいたものだった。一九五七年以降、陳は中国独自の計画を立案することを主張して、毛沢東の大躍進政策[1]に反対した。共産党全体が妄想にとらわれていた当時、自分の考えを貫くのは容易ではなかった。さらに、三大改造[2]が完成した後の一九五〇年代、陳は、計画経済中心の枠組みのなかで、ある程度の自由は認められるべきだと初めて提案した。計画経済体制のなかでも、できるだけ市場を活性化させたほうがよいと考えていたのだ。

それは容易なことではなかった。当時共産党は、計画の役割を拡大させ、国家経済の隅々にまで浸透させていたからだ。一九六二年の経済危機を救ったのも陳雲である。砂糖価格を上げ、大豆を輸入し、栄養失調による水腫の流行を食いとめる、といった、ひじょうに有効な対策を実施して、迅速に事態を好転させた。むろん、劉少奇《りゅうしょうき》（国家主席一九五九～六八年）や周恩来《しゅうおんらい》（首相一九四九～七六年）など、他の同志の力も大きかったが、対策の多くは陳雲同志が提案したものだった。

私は北京に来た当初、速さを重視しすぎることに反対する陳と同意見だった。大きな経済変動を回避したかったからだ。国への雇用依存を軽減し、企業の自主権を拡大させることを狙って私が推進した都市経済改革を陳は支持した。陳とは最初の数年で良好な関係を築くことができた。そして私は、鄧と陳のあいだの仲介・意思伝達の役を担うまでになった。私は経済政策を担当していたので、両者に意見を求め、それから自分のアイデアを出した。鄧の意見を基礎にして、陳雲の意見も考慮に入れた。その結果、二人は合意に達することができた。

改革が進むにつれて、いろいろな問題が出てきた。前進すればするほど、新たな問題が浮上したが、陳雲の考えは変わらなかった。陳雲同志の経済に関する意見は、一九五〇、六〇年代の共産党でなら、開明的な考え方だと評価されただろう。しかし、陳が固執した「計画経済中心の枠組みのなかである程度の自由を認める」あるいは「計画経済が主であり、市場調整は補助的なもの」という考えは、改革の全体目標や時代の現実から次第に遊離していく。こうして私と陳との距離は広がっていったのである。

1　毛沢東が提唱し、大失敗に終わった試み。一九五八年に開始。大量の人員を動員して、急速な経済発展を目指したが、経済的崩壊を引き起こし、多数の餓死者を出した。

2　一九五〇年代、毛沢東が推進した社会計画で、農業、手工業、商業を国有化した。

第二章　早くも景気後退

趙が首相として最初に取り組んだ難題は、インフレを食いとめるために経済成長を抑えることだった。これは二人の党長老が提案した策だった。趙はこのインフレ対策におおむね賛成するが、中央計画経済の行政手段がいかに硬直したものかを思い知らされる。

一九七九年から八〇年にかけて、陳雲《ちんうん》同志の指導のもと、経済不均衡を是正するために経済の調整が進められた。党中央は財政経済委員会を設置し、鄧小平同志は陳雲を委員長に推した。これは私が北京に来る前の話だ。その後、私の指導のもとで、委員会は中央財経指導小組と改称された。

二年にわたる経済調整の目的は、李先念《りせんねん》（経済担当副首相）と余秋里《よしゅうり》（副首相）の時代に表面化した問題を修正することだった。余秋里と康世恩《こうせいおん》（もう一人の副首相）は経済調整に批判的で、反対の姿勢を示した。その後なぜ余秋里が国家計画委員会の主任を外され姚依林《よういりん》と交代させられたのか、理由は明らかだろう。

一九七九、八〇年の二年にわたる経済調整が終わった後、一九八一年にはさらなる経済調整が提案された。それは私が国務院を指揮するようになって最初に取り組んだ重要課題だった。

一九八〇年の五月と六月、第六次五か年計画が検討されていたとき、私は十年以内に経済規模を二倍に拡大したいと考えていた。目標は、一九八〇～八五年の五年間に五～六パーセントの急成長を、続く五年間にはそれ以上の急成長を実現することだった。

しかし、一九八一年の計画を立案していた国家計画委員会は、一九七九年と八〇年の財政赤字が百億元を超えていることを明らかにし、八一年には赤字がさらに膨らむだろうと予測した。同時に物価も上昇しており、あちらこちらで苦情や抗議の声があがっていた。

これを知った陳雲は、一九八一年には財政バランスと信用バランスの両方を達成すべきだと提案した。彼は財政バランスを確立するには急速な経済成長はあきらめたほうがいいと考えた。年々赤字が膨らんで、その結果インフレが悪化するのを心配していたのだ。李先念はもう一歩踏みこんで、収支を合わせるだけでなく、黒字を目指すべきだと提案した。長年、経済政策の立案にかかわってきた二人の意見に従って、一九八一年にさらなる経済調整が実施されることは確実になった。それは建設プロジェクトの規模を縮小し、発展の速度を落とすことを意味していた。

国家計画委員会の修正された経済計画は、十一月二十八日に政治局常務委員会に提出され討議された。鄧小平、陳雲、李先念に承認された後、十二月二十六日、全国の省や特別市党委の幹部クラスが出席する中央工作会議を通じて全国に伝えられた。

それまでの改革によって、ずっと豊作が続き、市場も活気に満ちていたので、生活水準は向上していた。そうして経済はすでにじゅうぶん良好な状態にあったので、国中の多くの同志が調整は不要だと考えていた。経済調整によって、外国企業との契約を見直す必要も出てくるだろうし、プロジェクトのために入手した設備や機器が倉庫行きになってしまう。

その結果、海外ではさまざまな議論が起きた。中国経済は困難な状況にあるという主張もあれば、称賛の声もあった。私が読んだ資料のなかでは、中国経済を正しい方向へ導くには経済調整が必要だと考えていたのは、日本だけだったようだ。

陳雲と李先念が提案した経済調整に対して、鄧小平は政治局常務委員会で同意し、中央工作会議でもその趣旨の演説をしたが、それは鄧が心から望んだことではなかった。大規模な輸入事業を中止し、設備や機器を倉庫にしまっておかなくてはならないのは不満だった。陳雲と李先念の意見に賛成したのは、ただ陳雲を信頼していたからにすぎなかった。

それまで鄧小平は依然として陳雲を経済問題に関する最高意思決定者だとみなしていた。長年にわたる経験から、鄧は陳雲が経済問題について自分より精通し、誰よりも深く理解していることをわかっていた。自分の意に染まぬ状況ではあったが、それでも鄧は陳雲に支持を表明した。

胡耀邦（党総書記）は会議では何も発言しなかった。おそらくこの経済調整に全面的に賛成というわけではなかったが、反対を表明するのは難しかったのだろう。なにしろ二人の長老が提案し、もう一人の長老が承認した案なのだ。ところが、それから一年が過ぎた一九八二年の春、胡耀邦は各地の省を視察に訪れたとき、こう言ったのだ。「一九八一年の経済調整で経済が落ちこんだ」。これを耳にした陳雲は、当然ながら、おもしろくなかった。

私は中央財経指導小組の長を務めていたが、まだ党中央指導部に入ったばかりで、国の経済状況には精通していなかった。私は陳雲を心から信頼していた。陳の意見は、「経済規模を十年で倍増させる」という私の考えとは合わなかったけれども、私は陳雲同志の考えそのものには賛成だった。いまにして思えば、あの経済調整は必要だったし、最終的にはよい結果をもたらしたのだ。

十一期三中全会［中国共産党第十一期中央委員会第三回全体会議］（一九七八年）以後、わが国の経済は依然、苦境から抜け出せずにいた。長年——文化大革命の前からその最中にかけて——わが国は、都市建設、農業、生活水準など、さまざまな面で遅れていた。経済の健全化に向けて、われわれは「学びなおす」過程を経なければならなかった。このような状況では、急速な経済発展を達成することは望めず、また、大規模なインフラ建設に着手することもできなかった。

たとえば、農村経済をよみがえらせ、農家の意欲を高めるために、農産物価格を上げた。都市と農村との所得格差を縮めるのが狙いだ。この政策が提案されたとき、私はまだ四川省にいたが、議論には参加していた。要点は二つ。第一に、農産物価格を上げなくてはならない。さもないと、農家の生産意欲は高まらない。第二に、当時はまだ農産物の専売制度そのものを撤廃することは不可能だったが、統一買い付けの割当を減らす必要があった。とくに主要な穀物生産地域では、割当量が多すぎて、農家にとっては以前から大きな負担となっていたのだ。

十一期三中全会以降、一九七九、八〇、八一、八二、八三、八四年と豊作の年が続いた。このように農村地域が新たな繁栄を謳歌できたのは、農家に「戸別請負制」を導入して「耕す者が土地を持つ」を実現したことが大きい。農家は、かつては生産集団に雇われていたにすぎない。それが一転して自分たちのために作物を植えるようになったのだ。

　こうして解き放たれた農村のエネルギーには、想像を超えた不思議な力があった。解決不可能と思われた問題が、ほんの二、三年で自然にかたづいてしまったのだ。かなり深刻だった食糧事情は、一九八四年までには、農家は売れ残るほど大量の穀物を生産するようになり、国の穀物倉庫は毎年の買い付けで満杯になった。

　変化を起こした要素はほかに二つある。一つは農産物価格の上昇である。これによって農家は農業で利益を得られるようになった。もう一つは、国による統一買い付けの割当量の削減だ。おかげで自分が食べる分まで持っていかれるようなことはなくなった。

　二十年以上のあいだ、農家は収穫のたび、自分たちの作った穀物を国に持っていかれ、じゅうぶんな食糧さえ残らなかったのである。この新政策を導入できたのは、言うまでもなく、十一期三中全会で穀物の輸入が承認されたからだ。陳雲同志は、輸入を認めるのは工芸作物［原料用作物］を確保するためだと述べたが、じっさいには、輸入穀物が都市部の需要を満たすことになり、それによって、統一買い付けの割当量（一部は都市の市場向けに購入されていた）を削減できたのである。当時の穀物輸入量は膨大で一千万〜二千万トンに達した。主要な穀物生産地では、余剰分を高値で売って利益を得ることができた。これらすべてがあいまって、農村地域に一夜にして繁栄が訪れた。

　これらの政策実行にはコストがかかった。農産物価格が上がっても、都市部の食糧価格をすぐに上げるわけにはいかない。都市労働者の購買力はあまり高くなかったからだ。そのためわれわれは、農産物の購入助成金を支給しなければならなかった。同時に、穀物の輸入には外貨が必要で、それが機械設備の輸入に影響をあたえた。くわえて、都市部の住宅供給を拡大する必要もあった。さらに、工場がより大きな自主権を獲得していたため、労働者の賃金とボーナスが上昇した。これらすべてが政府支出の増加に影響した。しかし、どれも経済の回復過程の一部であり、後年の良好な状況へとつながるのである。

十一期三中全会以後、わが国の財政収入は対GNP比率で徐々に減少していたのに対して、支出は確実に増大しており、その結果、赤字になった。これはわれわれが支払うべき代償だった。異常ではなく、解決可能なことだった。一九八四年、私は財政収入の対GNP比を少しずつ上げていくことを提案した。赤字を減らすために、われわれは一時的にインフラ建設の規模を縮小し、経済発展のスピードを落とした。選択の余地はなかったのだ。

もしもこのとき、状況を無視して「総力を挙げて急速な発展を目指す」ことを続けていたら、われわれは深刻なインフレに直面し、農家や労働者に大きな負担をかけていただろう。一九七九、八〇、八一年の経済調整は必要だった。八一年の経済調整の結果、農業部門は豊作に恵まれ、市場は繁栄を続け、国の経済はマイナス成長を示すどころか、年四パーセントも成長した。八一年の経済調整が進むにつれ、成長率も増大した。第一・四半期の成長率はやや低かったが、第二・四半期には改善され、第三・四半期はより高くなり、第四・四半期には著しく高まった。それは経済調整がうまくいき、経済が回復した証拠だった。

われわれは次のようにして経済成長を維持した。インフラ整備計画を縮小し、重工業、鉄鋼、機械の生産量を減らす。消費財、繊維などの軽工業を拡充するいっぽうで、民間企業の設立を承認・促進する。サービス産業を発展させる。こうして都市は繁栄を続け、生活水準も上昇しつづけた。雇用率も向上した。そしてついに均衡予算を達成し、国民がおおむね満足できる結果になった。

とはいえ、その政策には欠点もあり、われわれは昔ながらのやり方を完全に改めたわけではなかった。国家計画委員会は、インフラ整備計画の規模を縮小したとき、個々の事情はお構いなしに、すべて一律に処理したのである。古いシステムがまだ機能している以上、そうしないわけにはいかなかった。ゆえに、すべての地域がインフラ縮小の対象になった。

そこで私は縮小対象にすべきでないプロジェクトを救済するため、国家計画委員会に対して、いくつかのプロジェクトを復活できるよう、予算の一部については柔軟に配慮してもらいたいと要請した。全般的な支出削減を終えた後、われわれはどのインフラの縮小が大きな損失をもたらし、どのプロジェクトを継続したほうが有益かを見直した。むろん、そういくつものプロジェクトを例外にするわけにはいかなかったが、「一律処理」の弊害を軽減することはできた。

それでも、いまにして思えば、この経済調整は厳しすぎた。すでに機械設備が届いているか、急を要するか、すぐに設備を整えて生産を開始できるプロジェクトは、すべて例外にすべきだった。保管にかかる費用を考えれば、そのほうがコスト効率が良かっただろう。いくつかのプロジェクトは一年後に再開されたが、その間、時間と金が無駄になった。再開までに何年もかかったプロジェクトもあった。

われわれがあまり柔軟な措置をとらなかったのは、これらのプロジェクトを推進するための国内資金が不足していたからだ。財政均衡を達成するには、なんとしても赤字を縮小する必要があった。だが、あまりにも機械的すぎた。

たとえば、赤字をすぐには解消せず、予算の一部を有益なプロジェクトに投入していれば、一年ほどで投資収益を得られたはずだ。また、開放政策のもと、より多くの外債を発行していれば、財政問題を解決できたかもしれない。

しかし、陳雲は事態を憂慮し、持論を曲げなかった。度を越した、むやみに大きなプロジェクトを嫌い、規模縮小を主張した。当時のわれわれには、まだよくわかっていないことがいくつもあった。じゅうぶんな経験を積んでいなかったからだ。

第三章　開放の痛み

中国指導部は自由市場の実験を試みるため、沿海地域にいくつかの経済特区を設ける。中国の自由主義者たちは、そのように一部の地域だけに改革を限定することによって、政治的議論を回避する。自由主義的な政策を全国的に実施しようとすれば、論争が巻き起こり、阻止される可能性があるからだ。

しかし、経済特区が資本主義の飛び地になりつつあることが明らかになると、陳雲《ちんうん》は「経済犯罪撲滅運動」を展開し、反撃を開始する。趙《ちょう》と胡耀邦《こようほう》は、この大物長老を止めるのは無理だと感じる。

中国が対外開放政策を実施した当初は、ほかにもさまざまな対立が生じる。たとえば、海南島の不動産を外国投資家に賃貸する計画は、大論争を巻き起こす。そのような契約は中国の主権を脅かすものだ、と多くの人が主張するが、最終的には、恐れることは何もないのだと、趙は鄧小平を説得する。

陳雲同志は、対外開放政策について深い懸念を抱いており、鄧小平とは明らかに考え方が違った。経済特区は鄧小平の提案によるものだった。鄧は広東省の深圳《しんせん》と珠海《しゅかい》、福建省のアモイを経済特区として認め、その後もいくつか追加した。陳雲は経済特区という発想にはずっと反対していて、どの経済特区にも足を踏み入れなかった。聞いた話では、陳雲が特区に使者を送ったところ、最初は否定的な報告ばかりだったが、そのうち肯定的な報告が増えていったそうだ。しかし、それでも陳雲の疑念は晴れず、反対の姿勢を崩さなかった。

一九八一年十二月に開かれた省と市の党書記の会合や、春節の挨拶に訪れた国家計画委員会主任らとの会談のなかで、陳雲は経済特区の主目的が実験と学習であることを強調した。経済特区をこれ以上拡大することはできないし、そのマイナス面を忘れてはならない、とつけくわえた。

当初は、上海周辺や浙江省などの沿海地域にもっと多くの経済特区を設けることになっていた。だが陳雲は、これらの地域には経済特区を設けないと明言した。陳雲によると、この地方は多数の投機分子が集まっていることで知られ、彼らはほんのわずかな機会をあたえられただけで、巧妙に囲いの外に飛びだしてしまう、というのである。また、鄧力群《とうりきぐん》が責任者を務める書記局研究室も資料を集めて、経済特区がかつての「租界」のような状態になってしまうことを証明しようとした。一時、経済特区に対するこのような批判が広まったのは、陳雲と鄧力群の影響力によるものだった。

海外からの投資については、陳雲と鄧小平はまったく正反対の立場だった。鄧小平は外国から大規模な投資を呼びこむべきだと考えていた。外国からの投資がなければ、中国のような発展途上の経済が飛躍的な成長を遂げるのは難しいと思っていたのだ。もちろん、鄧が扱うのは問題の主要な部分だけで、どうやって実現するかということについてはあまり口出ししなかった。だが、特恵融資、非特恵融資、合弁事業など、すべてに支持を表明した。いっぽう陳雲は外国からの投資受け入れには慎重だった。上海市とフォルクスワーゲンの合併会社に関する提案書は、承認されるまで、ずいぶん長いあいだ陳雲のオフィスに留め置かれていた。

陳雲は、海外からの直接投資は中国の発展にはつながらないと考えた。外国資本家は普通の利益ではなく「過剰な利益」を求めている、というのが口癖だった。言い換えれば、海外からの投資を受けいれても、なんの得にもならないということだ。陳雲はたびたび、貿易・対外経済の責任者だった谷牧《こくぼく》に対して、厳重に警戒するよう指示した。陳は言った。外国から特恵的な融資を受けるとしても、それは機械設備を購入するための資金だ。一見、特恵的に見えるが、融資する側にしてみれば、融資の目的は（外国企業の）製品を中国に買わせることであり、金利を優遇した分は、製品を売った利益でとりもどせる。そのような融資を受ければ、われわれには選択の余地はなく、指定された製品しか購入できない。海外からの直接投資を無制限に受け入れれば、ひじょうに金利が高いので、返済できなくなる。

陳雲は合弁事業にも批判的だった。陳雲の考えはレーニンの『帝国主義論』にある「金融資本」という理論的表現にとらわれている、と私は思った。改革開放が始まってから、陳雲はレーニンの『帝国主義論』を再読していたのである。陳は私に、レーニンの記述はいまなお有効だ、われわれは依然として帝国主義の時代に生きているのだ、と語ったことがある。

一九八二年一月、沿海地域で「経済犯罪撲滅運動」が始まった。党中央からの緊急通達で開始された運動は、各方面に甚大な影響をおよぼすことになる。当時、私は浙江省にいた。後で聞いた話では、中央規律検査委員会に、広東省で密輸が行われているという報告が入ったのがきっかけだったという。

陳雲はその文書に注記を添え、「厳格かつ迅速な取り締まり」を求めた。その後、胡耀邦（党総書記）が書記局会議を開いて緊急通達を出した。三月、私が北京に戻ってから、党中央は広東省と福建省の状況をめぐって特別討議を行い、その概要を文書化して全国に周知させ、他の地域も文書の精神に従って行動するよう指示した。四月、党中央と国務院はふたたび「重大な経済犯罪を厳重に取り締まる決意」を表明した。

一九八一年といえば、改革開放が始まってまだ間もない頃である。沿海地域を中心に展開された犯罪撲滅運動は甚大な被害をもたらした。たしかに改革は経済を活性化しただけでなく、密輸、投機、汚職、国有財産の窃盗などの犯罪にもつながった。しかし、個々の場合に応じて対処すべきであった。

ところが、問題の規模が過大視され、不適切な決定が下された。経済を刺激するための規制緩和の努力にともなうやむをえない事情は、「新たな環境における階級闘争の重要なあらわれ」、「腐敗した資本主義思想を用いる階級敵〔反革命分子〕による、体制に対する破壊・侵食工作の結果」とみなされた。

「ブルジョア生活様式が拡大している」とも言われ、「今後、腐ったブルジョア思想がもたらす腐敗に対する闘争を強化すべきである。改革開放の過程では、共産主義の純潔性を保つことを重視せよ」との提案がなされた。

この種のレッテル張りと、犯罪撲滅運動の進め方は、改革開放で生じた諸問題に必然的に影響をあたえた。広東省など沿海地域の密輸に対する過剰反応は、陳雲同志が改革開放や経済刺激策に異議を唱え、疑念を抱いていたことと大いに関係があった。彼はこれらを危険な政策だと思っていたのだ。

経済犯罪の集中取り締まりが提案されたとき、経済特区は「あくまで計画経済を主体とし、市場調整は補助的なもの」という姿勢を守らなければならない、と宣言された。これでは経済特区は無意味になってしまう。さらに陳雲は対外貿易に対して中央の統制を強化することを発表した。国が指定した企業以外は外国人との貿易・経済活動を禁じられ、指定された企業は公式の規則と手順を順守しなければならない、ということになった。その結果、経済特区はすでにあたえられていた権限のいくつかを奪われてしまった。陳雲はさらに、農産物の統一買い付けの割当量を増やし、高額買い付けを減らすための指針を定めた。その次に、沿海地域の労働者のボーナスを、内陸部の労働者よりもわずかに高いレベルに制限するよう提案した。

経済犯罪の集中取り締まりは経済自由化反対運動と化した。すでに委譲されていた権限の一部は奪還された。広東省と福建省が特別かつ柔軟な政策を進める認可は、ほぼ完全に撤回された。

陳雲はこの状況を引き起こすのに大きな役割を果たした。引き金となったのは中央規律検査委員会の報告書だが、それを受けての陳雲の指示がなければ、こんな反対運動にはならなかったはずだ。胡喬木《こきょうぼく》（保守派の政治局員で、かつて毛沢東の秘書を務めた）も、きわめて有害な役割を果たした。

鄧小平はおそらく問題の重大さを認識していなかっただろう。彼自身も、いっぽうで改革開放を推進しつつ、他方で経済犯罪を取り締まろうとしてきたからだ。犯罪撲滅運動が改革開放政策にどれほど深刻な打撃をあたえるか、鄧小平はわかっていないようだった。胡耀邦も私も守勢に立たされていた。緊急通達を発したのは胡耀邦が議長を務めた書記局会議だが、胡自身はただ命令を実行したにすぎない。

広東省と福建省の状況について特別討議を主催したのは胡耀邦と私であり、二人ともそこで演説を行ったが、まったくどうしようもなかった。討議に出席した広東、福建の同志たちは深い懸念を表明した。こんな運動を展開されたら、特別な政策や柔軟な措置をとるのは困難だと彼らは思った。胡耀邦と私は、党中央が発した通達を受けいれてくれるよう彼らを説得すると同時に、改革開放政策を可能なかぎり堅持し、その政策が沿海地域にもたらしたすばらしい成果を台無しにしないよう説得しなければならなかった。

討議が進むなかで、陳雲同志は任仲夷《にんちゅうい》（広東省党委員会第一書記）の解任を提案した。陳雲は広東や福建のような地域には、任仲夷のような「頭の柔軟すぎる」指導者は適任ではないと考えていた。陳雲の言葉を借りれば「びくともしない釘のように」志操堅固な人物こそ適任だというわけである。

胡耀邦と私がくりかえし反論を試みて、陳雲はやっとあきらめた。理由の一つは、しかるべき後任候補がすぐには思いつかなかったからだ。彼が推す人物は健康上の問題を抱えていたため、断念せざるをえなかったのだ。

経済犯罪撲滅運動は一年以上にわたって続き、さまざまな問題を引き起こした。仕事上のミスや至らなかった点が犯罪とみなされる例もあった。罪を犯してもいないのに有罪を宣告されたり、軽い違反で厳罰に処せられることも多かった。もとは改革の成果とみなされていた利益は、暴利や横領とみなされた。

たとえば、次のような活動はすべて犯罪とみなされた。技術者が余暇を利用し、民間企業を保有する集団［人民公社生産大隊］のために働いたり、副業に従事して報酬を受けとること。製品を輸出したり、通貨を売買した後に保有を許可されている余った外貨を使うこと。製品を購入するさい、取引相手との商談にかかる接待交際費を計上すること。こうして多数の人々が不当な有罪判決を言いわたされたが、けっきょく後になって当局は判決を見直し、彼らの名誉を回復しなければならなくなった。

これによって人々は改革開放に疑問を抱きはじめた。何が認められ、何が認められないかがわからず、みな混乱していた。経済分野で働く同志のなかには、何か行動を起こす前に、じっと様子をうかがう者もいた。購入や販売を担当する職員のなかには、何か月ものあいだ外に出ようとしない者もいた。

党中央から通達が出た結果、古い考え方を維持し、改革開放に不満を抱いていた各地の規律検査および人事部門の機関は、工場・企業に対して調査や審査を頻繁にくりかえすようになり、これがビジネスにとってすさまじい頭痛のタネとなった。改革開放計画の多くが中断した。

一九八八年の秋、海南島の洋浦《ようほ》におけるプロジェクトに対してある懸念が生じた。洋浦地区は広大な不毛の土地だった。われわれだけで開発することは困難だが、外国企業に貸せば、迅速な開発が可能であろうと思われた。許士傑《きょしけつ》（海南省党委員会書記）と梁湘《りょうしょう》（海南省省長）が熊谷組（日本の建設会社の香港子会社）にこの提案を持ちこんだところ、同社は巨額の出資を承諾した。

私は陳雲にこの洋浦開発計画を報告したが、彼は意見を述べなかった。その後、鄧小平に報告したところ、この計画を大いに支持し、迅速に着手すべきだと語った。

当時、全国のほとんどの人々は、こういうことについてまだ熟考したことがなかった。中国にはかつて植民地化あるいは半植民地化された苦い歴史があるため、主権にかかわる問題には誰もが敏感に反応した。張維《ちょうい》（清華大学副学長）はある研究を行い、報告書のなかでこう述べた。広大な土地を外国人に賃貸すると、国内にありながら別個の独立した地域のようになるため、主権を売りわたすに等しい。これが一九八九年の全国人民代表大会で大問題になり、たいへんな騒ぎを引き起こした。許士傑は党大会で弁明したが、ほとんど誰にも聞き入れられず、猛反発を浴びた。こうした反対の裏に何か秘められた動機があったのかどうかわからないが、計画の白紙撤回が決まり、海南省幹部の責任が追及された。

洋浦の開発計画が田紀雲《でんきうん》（副首相）の主導で進められ、私の承認を得たものであることを知った（党長老の）李先念《りせんねん》は、計画について「国の尊厳を損ない、国を侮辱し、国の主権を他国へ売りわたすものだ」と非難する文書を書いた。これもまた李先念の改革開放に対する抵抗の一例である。私を攻撃し、私への反発を煽ろうと、いつも機会をうかがっていたのだ。それ以前、私は（党長老の）王震《おうしん》同志とは一度も対立したことがなく、ことあるごとに話し合い、支持を得ることができた。ところが、一九八八年を境に、王震は何かにつけて私に反対するようになった。六月四日［天安門事件］以後は、私を「反革命主義者」、「陰謀団を操る黒幕」と非難した。王の心変わりはおそらく李先念と鄧力群の仕業にちがいない。

李先念は鄧小平同志にも計画を非難する手紙を送った。鄧は計画の詳細は知らなかったが、あまりの反発の大きさに「当分のあいだ、この計画は進めないほうがよい」と言った。その直前、陳雲同志もある文書を私に転送し、「この問題は慎重に扱うように」と要請してきた。

論争の中心は主権の問題だった。そこで私は、洋浦の開発は主権とはまったく無関係であることを説明する詳細な文書を作成するよう部下たちに命じた。それから鄧に多少の情報を添えて次のような手紙を送った。「土地を外国に貸すのがよい取引かどうかについては検討の余地がありますが、これは主権とはまったく関係のないことです」

その後、鄧が詳しいことを知りたいと求めてきたとき、私は言った。「洋浦は広大な不毛の土地です。外国企業に賃貸しなければ、十年経っても二十年経っても、広大な荒れ地のままでしょう。しかし賃貸すれば、外国企業は香港ドルにして数十億もの投資を惜しみません。いったい何を恐れることがあるでしょう。土地を貸すことが主権に影響するなどという考え方は、まったく常識に反しています」

鄧は答えた。「これはいい考えだ。いままではよくわかっていなかったが」

その後、洋浦開発計画の詳細について説明するため、（海南省の二人の幹部）梁湘と許士傑は鄧小平に直接書簡を送った。鄧はそれを読んだ後、次のような意見を添えて私に転送した。「当初の非難は事実に基づいたものではなかった。私は当分のあいだ進めないほうがいいと言ったけれども、ここに書いてあるような事情ならば、積極的に進めるべきだ」。経済改革にはいつも消極的だった（党長老の）王震も、私が鄧小平の意見を伝えると、賛意をあらわした。

いまにして思えば、中国が改革開放政策を実行するのは容易ではなかった。外国人との関係が絡む問題があると人々は恐れ、改革者に非難が集中した。搾取され、主権を侵害され、国を侮辱されることを恐れたのだ。

私は指摘した。中国に投資する外国人は、中国の政策が変わるのではないかと恐れている。だが、われわれは何を恐れることがあるのか。たとえば、経済特区は植民地化されるという意見がある。マカオは漁網を乾かす場所としてポルトガル人に貸したのに、植民地にされてしまったではないか、というのである。しかし、当時の清王朝は腐敗していて無力だった。現在の中華人民共和国とは事情が違う。外国人のほうには、中国が方針を変更し、それまでの合意を破棄し、投資資金を没収するかもしれないという恐れがある。われわれ中国人は、どういう理由で外国人を恐れるのか。中国に投資しているのは外国人である。だとしたら、中国は何を恐れる必要があるのか。

もう一つ、海底油田の試掘の例がある。試掘には外国資本が必要だったが、中国側は搾取されることを恐れて、契約にさまざまな要求を盛りこみすぎた。まことに保守的なやり方で、つまらぬあら探しをするばかりで、戦略的な利益という視点が欠如していた。

一般に、搾取を恐れる者は多かった。中国は、独立自主の名のもとに長年、門戸を閉ざしてきたが、じつのところは自主的な孤立であった。開放政策の目的は対外貿易を行い、必要なものを売買することにあったが、物資を輸入すること自体を恥ずかしいと感じる者もいた。いったい何を恥じることがあるのだろうか。ただでもらうわけではあるまいに！　それは相互交換であり、独立自主の一つの形態である。この問題があったために、われわれはいくつもの大きな間違いを犯した。偏狭な思考にとらわれ、自己の力をどのように利用すべきか、わかっていなかった。

李鵬《りほう》（首相）も洋浦プロジェクトを支持しなかった。経済特区弁公室に対して国務院の許可なく計画に着手してはならないという命令を下した。その結果、プロジェクトは棚上げにされた。李先念と李鵬が洋浦開発計画にあたえた損害は大きく、後で回復することはきわめて困難だった。

不動産市場と、大規模な発展のための外国企業誘致に関するもう一つの問題について話そうと思う。売買によって迅速に利益が得られることについての問題だ（懐疑論者たちは「特別許可による暴利」と呼んだ）。この問題を解決できれば、不動産市場の公開は改革を大いに促進する。都市開発が急速に進み、投資環境が改善されるからだ。土地を商品として扱い、市場取引を可能にし、不動産産業を育成する――これらは大きな政策課題だった。長年、中国の憲法では、土地の譲渡や賃貸は制限されていたので、この問題はなかなか解決されなかった。

改革開放の初期、賃貸可能な土地は深圳にしかなかった。その土地は胡應湘《こおうしょう》（ゴードン・ウー）として知られる香港の実業家。合和実業のオーナー）が借り受け開発した。当時はたいへんな議論の的になった。外国人に貸し出すには、あまりにも広大すぎるというのである。

改革開放の初期、外国企業の工場や事業を誘致するうえで最大の問題は、インフラ整備が不十分だったことだ。インフラを建設するには巨額の投資が必要だが、われわれにはその資金が不足していたため、行き詰まってしまった。開発は次のような手順で進められた。まず、指定した地区を造成し、土地を商品化する。次に水道、電気、道路などの基幹施設を整備し、それから工場やオフィスビルを建設する。当時の推定では、一平方キロあたり一億元以上の資金が必要だった。いまではもっとかかるだろう。そんなわけで、開発地区はなかなか増えなかった。

市街地の開発についても、われわれは同じ問題を抱えていた。都市に道路を建設し、水道と電気を引く資金がなかった。そのため多くの土地が使われないままになっていた。

たしか一九八五年か八六年のことだったと思うが、霍英東《かくえいとう》（ヘンリー・フォックとして知られる大企業家）に、市街地の開発資金がないと言うと、彼はこう言った。「土地があるのに、どうして資金がないのですか」

おかしなことを言うものだ、と私は思った。土地があることと、資金がないこととはまったく別の問題だ。この二つにどういう関係があるというのだろう。霍は言った。「市が土地を持っているなら、その一部を賃貸する許可を得て、収入を確保し、開発をどこかに委託すればいいでしょう」

なるほど、だから香港では建物や道路を短期間で建設できるのか、と気づいた。土地はあっというまに変貌を遂げることも可能なのだ。しかし、われわれにはとても無理だった。

霍の言うことは合理的だと思ったので、私は霍に、上海へ行って市長や党委員会の書記に話してみてもらいたいと提案した。その後、霍が話したかどうかはわからない。いずれにせよ彼の意見は私の思考を大いに刺激した。われわれには土地はあるのに資金はない。いっぽう香港政府は毎年、土地の一部を競売にかけ、収入を得るだけでなく、迅速な地域開発も可能にしているのだ。

その後、上海を訪れたときに、私はこのことについて考えた。浦東《ほとう》地区は、上海中心街とは川を挟んだ向かいに位置している。上海を開発するためには、この地区を少ない投資で効率よく整備する必要があった。まさに絶好の位置である。だが、この地区の開発には、インフラを建設し、外国企業を誘致するための巨額の資金が必要だった。

一九八七年頃、中国系アメリカ人の林同炎《りんどうえん》（T・Y・リン・インターナショナルの創業者）が上海市から紹介されて北京の私のところへやってきた。林は浦東を借りられるかどうか尋ねた。期間は長く、三十〜五十年は必要だという。土地を借りた後には、譲渡権が必要になる。投資家が銀行から担保付き融資を受けられるようにするためだ。私は質問した。そのように土地が譲渡された後でも外国人は投資する気になるのか、ほかに何が必要なのか。林は答えた。それは簡単だし、経済特区の条件は必要ない。上海の閔行《びんこう》経済技術開発区の条件でじゅうぶんだという。閔行よりもずっと好条件にして、経済特区並みにすることもできると思っていたので、私はたいへん興味を抱いた。この中国系アメリカ人は汪道涵《おうどうかん》同志（上海市長）の紹介で来た人物だったので、汪に任せることにした。

上海のことであり、この動きにはきっと誰もが注目するはずだった。そこで、各方面を説得するためには、汪道涵のほかに、陳雲と親しい陳国棟《ちんこくとう》（上海市党委員会第一書記）にも加わってもらう必要があると考えた。陳国棟の意見なら陳雲同志も受けいれやすいはずだ。陳国棟は慎重で、このアイデアに反対することも考えられたが、それは問題ではなかった。より詳しく検討できればよかったのだ。それゆえ私は汪と陳に、林同炎と連絡を保つように伝えた。

これは重要な問題だった。というのは、以前、上海を対外的に開放することを検討したとき、陳雲は懸念を表明していたからだ。陳雲は言った。「上海や浙江省のような地域では何事も慎重に進める必要がある。これらの地域の住民は、資本主義的な活動にはとくに精通し熟練しているからだ」（陳雲自身、上海の出身である）。上海の改革開放が遅れたのには二つの理由があった。一つは上海が影響力の大きな都市であること、もう一つが陳雲の慎重な姿勢だった。

そのため、この問題は長らく先送りされていた。鄧小平は、去年（一九九二年）、南部各地を視察したときに、上海の改革開放について、あまりにも遅すぎると発言したそうだ。私も同じ意見だ。もっと早くに始めていたら、状況はまったく違っていただろう。[1]

一九八六年か八七年には、土地の賃貸を認めて浦東の開発を進める計画はできていた。私は浦東の問題について陳雲に報告したが、陳は何も意見を述べなかった。私は鄧にも報告した。鄧は計画を大いに支持し「できるだけ早く着手せよ！」と言った。しかし、そのとき私は、長老たち

1　この趙紫陽の発言は一九九九～二〇〇〇年に録音されたものであるが、いくつかの件については、それより何年も前にまとめてあった覚書を基に語っている部分も多い。

のあいだでまだ合意ができていないので、さらなる検討が必要であろう、と思った。

もう一つの事例があった。王紀寛《おうきかん》（国務院のシンクタンク、経済技術社会発展研究センター上席研究委員）の報告で、アメリカの自動車メーカーが広東省の恵陽地区に年産三十万台の工場を建てたいと提案してきたことがわかった。一部の部品も中国国内で製造するため、三十〜四十の工場がかかわることになる。単独資本での事業なので中国側は出資する必要がなかった。

私は姚依林《よういりん》（国家計画委員会主任）に書簡を送り、好条件の取引だと伝えた。当時、外国企業の大半は中国がいきなり政策を百八十度転換することを恐れて、投資、とくに単独資本での事業展開に踏みきれずにいたのである。もしもこの話が進展してうまくいけば、すばらしい先例になるはずだった。

ところが姚依林は否定的な態度を示した。彼はこの件を国務院機械工業部に検討させた。だが独立した国内自動車産業を育成したいと考えていた国務院機械工業部は、外資の導入に反対した。姚依林も同意見で、外資導入は認められないと述べた。李鵬もすぐさま彼らの側に回り、承認されるべきでないと主張して、その後、報告書を私に転送してきた。

こうして、きわめて有利な条件の取引は、けっきょく実現しなかった。

第四章　新たな道を模索する

共産党の指導者がどのようにして、「中国は中央計画経済を放棄し、自由市場経済へと向かうべきである」という結論に達したのであろうか。それは趙紫陽が地方の行政官として農村政策に取り組んでいた時代、中国経済はひどく効率が悪く、一刻も早く転換する必要があると認識したのが始まりであった。

一九八一年十一月、私は（第五期）全国人民代表大会（第四回会議）で政府活動報告を行った。題名は「目下の経済情勢と今後の経済建設の方針」。報告のなかで私は、経済建設はより現実的、効率的に進め、国民により多くの目に見える利益をあたえるべきであると提案した。

この方向性を明確にするため、私は経済建設のための十か条の指針を示した。これは私が国務院総理に就任して初めての経済に関する長い演説になり、当時、この十か条を私の「政策綱領」と呼ぶ者もいた。

文化大革命の後、四川省で働いていたとき、私は集中して経済を勉強した。そして、二つの認識が徐々に私のなかで結晶していった。その一。従来の経済政策は表面上は適切なペースで進められているように見えるが、その実は、きわめて非効率で、国民は実際的な利益をまったく得られていない。その二。わが国の経済規模はきわめて大きいが、従来のやり方ではその潜在的な力を解き放つことはできない。古い方法を根本から刷新する新たな方向性を見つける必要がある。

一九八一年の政府活動報告で、私はこう述べた。「最重要課題は、生産、建設、流通その他、経済のさまざまな面における効率を、あらゆる手段を講じて改善することである」

その後、私は中華人民共和国の建国以降の経済建設の問題を見直した。一九八〇年には、一九五二年（中国経済が国共内戦の痛手から完全に立ち直った年とされる）と比較すると、工業生産高は八・一倍、GDP（国内総生産）は四・二倍、工業固定資産は二十六倍に伸びていた。ところが、平均消費支出は二倍しか伸びていない。工業固定資産は大幅に伸びたが、工業生産高とGDPはあまり伸びず、平均消費支出の伸びはさらに少なかったようである。GDPの伸び率は、農業・工業生産高の伸び率より低かった。GDPの伸びに比べると、生活水準の上昇は著しく低迷しているが、工業固定資産ははるかに大きな伸びを示している。

これは、わが国の経済効率がきわめて低いことをあらわしていた。生活水準の向上率が、国民の労働による貢献に見合っていなかったのだ。ゆえに、わが国の経済における重要課題は、生産の名目上の伸び率ではなく、経済効率であると私は考えた。

その後、一九八二年に天津で開かれた全国工業交通会議で、私は経済効率の問題に関する演説を行った。そこでは次のことを指摘した。「工業生産の効率は長いあいだ軽視されてきた。やみくもに生産高と成長率を追い求めてきたために、さまざまな事業で数多くの不合理な結果が生じている。『工業部門からはいいニュースが入ってくるのに、商業部門からは悪いニュースばかり。倉庫は満杯、財政は赤字』ということが多い。けっきょく、銀行が紙幣を増刷して赤字を埋めることになり、国と国民は甚大な損害をこうむっている」。そこで私は経済効率改善に向けての方針を提案した。「社会が真に必要としているものの生産を増やすとともに、労働資源、物的資源の投入を最小限にとどめるべきである」。すなわち、できるだけ無駄を省き、社会の富を増やすこと。そのために重要なのは、本当に需要のある製品のみを作ることである。でなければ、いくら生産を増やしても、ゴミになるだけだ。これまではひたすら迅速な生産ばかりを追い求めすぎた。工場は誰も買おうとしない製品を大量に生産していたのだ。そうした製品は倉庫にあふれかえり、最終的にはゴミになってしまった。

どうすれば経済効率を改善できるだろうか。どうすれば社会の需要に応じた製品を作れるのだろう。これについてはさまざまな考え方が可能だったが、根本的には経済システムの問題だった。解決策は、経済構造を調整し、システムを改革することだった。ほかに方法はなかった。

私がそれほど経済改革に深い関心を持ち、改革の実現に向けて全力で取り組んだのは、中国の経済システムの根源的な病弊を根絶しようと決意していたからである。中国の経済システムの欠陥を理解していなかったら、あれほど強い気持ちで改革に臨むことはできなかったであろう。

むろん最初のうちは、改革を進める方法についての私の理解は浅く曖昧なものであった。私が提案する方法では、症状を軽減する程度のことしかできず、根本的な問題に立ち向かうことはできなかった。

私がもっとも深く認識したのは、中国経済の欠陥を根絶するにはシステムを市場経済に転換させるしかなく、そのためには財産権の問題を解決しなければならない、ということだった。それは、実際的な経験と、長い悪戦苦闘の末に到達した結論だった。

だが、根本的な問題は何か。最初のうちは、はっきりとはわからなかった。私が感じていたのは、とにかく効率を改善しなければならない、ということだった。北京に来てからの私の経済政策に関する指針は、ひたすら生産高や経済建設のペースを上げることではなく、国民が労働に見合った具体的な利益を得られるようにすることであった。それが私の出発点だったのだ。先進資本主義諸国なら二～三パーセントの成長率でも、すばらしいと称賛されていたであろう時代に、わが国の経済は一〇パーセントもの成長率を記録していたのに、国民の生活水準は改善されていなかったのである。

この新たな道を定めるにあたって、私にはこれといった手本もなければ、整然としたアイデアもなかった。とにかく経済効率を改善したい、その一心であった。この信念こそがひじょうに重要だった。効率を高め、国民が目に見える利益を得られるようにする。これを第一の目標に据えることによって、試行錯誤の末に、ついにふさわしい方法を見つけることができた。われわれは少しずつ、正しい道を切り開いていったのである。

第五章　趙紫陽と胡耀邦の対立

　一九八〇年代初頭の中国の経済システムは、まだあらゆる点で典型的な社会主義経済だった。生産単位の隅々まで割当量が決められていたのだ。趙紫陽は首相として、時代遅れのやり方を撤廃しようとしたが、この問題をめぐっては、盟友である胡耀邦《こようほう》党総書記とぶつかることになる。

　この対立で、党総書記の義務と、政府指導者としての首相の責任のあいだに明確な線引きがなされていないことが浮き彫りになる。理屈のうえでは、国務院総理である趙紫陽が経済政策を主管することになっている。しかし、じっさいには、党は干渉する。趙が総書記、李《り》鵬《ほう》が首相を務めているときにも、同様の問題が表面化する。

　私が北京に来てから胡耀邦と経済問題をめぐって対立するようになったのは、まさしく私が生産高と生産速度ばかりを追求する従来のやり方に異議を唱え、経済効率を重視したのが原因だ。意見の対立は早くも一九八二年には表面化していた。胡耀邦が第十二回党大会での政治報告の起草を担当していたとき、経済に関する部分で問題が生じた。当初、起草委員会の大部分は、一九八一年の私の政府活動報告を基調としたものにしようと準備していた。ところが胡耀邦が反対し、別の方向性を提案したのである。こうして経済についての部分の起草は行き詰まった。

これを知らされた鄧小平は、経済に関する部分は政府活動報告の考え方に沿って起草すべきであるとの決定を下した。胡耀邦はしぶしぶながら承諾した。

私は起草の過程には参加していなかったので、いくつの意見対立があったのか知らなかった。この問題は政治局常務委員会でも書記局会議でも話題にならず、胡耀邦がどういう考えを持ち、なぜ私の政府活動報告に反対したのかもわからなかった。

その意見や行動から察するに、胡耀邦は生産高や生産速度よりも経済効率を重視する考え方に反対だったようである。経済問題について話すとき、胡はいつも生産の量や速さを強調し、効率についてはほとんど触れなかった。「四倍に増やせ」とか「予定の四倍の速さで進めよ」ということをよく口にしたのである。

第六次五か年計画で「四パーセントの成長を確保し、五パーセントを目指す」という私の提案は穏当な目標だった。鄧小平同志も生産高をきわめて重視し、年間成長率について尋ねることが多かったが、効率に重点をおく私の考え方に理解を示した。だが、胡耀邦は反対した。第十二回党大会の政治報告は鄧の指示に沿って起草され、私の政府活動報告の基調に従うものとなったが、それでも胡の考えは変わらなかった。

第十二回党大会の後、各地を視察した胡は、以前にも増して断固たる調子で、生産目標を引き上げるよう力説した。どこへ行っても、「予定の四倍」を求めた。どんな状況であれ、生産目標が高ければ称賛し、そうでなければ厳しく非難した。経済効率には注意を向けず、成長に格差が生じているそれぞれの事情を考慮することはなかった。

その結果、地方の役人たちは、胡耀邦の指示に従って行動し、国家計画委員会と国務院に対して資金と、計画の認可と、より多くのエネルギー資源と、原材料と、物資を求めた。一時期、地方同士が急成長を競い合い、原材料と資金を奪い合うという熾烈な闘いがくりひろげられた。全体的に手に負えない状況になっている、と私は思った。

一九八三年、この問題をめぐる胡耀邦と私の意見の相違はより明確になった。胡は経済建設のための大がかりなキャンペーンを展開した。たとえば、視察に行く先々で、「地方の平均年収を百元増やす」キャンペーンを積極的に展開した。最初は河北省の保定地区だった。胡は、毎年キャンペーンを続けていけば、一年に百元のペースで収入が増えていくだろうと考えていた。かつてわが国は、この種のキャンペーンではひどい目に遭っている。こういうやり方は、中身のない形式主義に陥ってしまう可能性が高いのである。

一九八三年一月、私のアフリカ訪問中に、胡耀邦はある報告書を発表し、農村における戸別請負制を都市部の改革にも導入することを提案した。大筋としては悪くない案であった。しかし、都市の状況は農村より複雑だ。さまざまな業種や企業があるので、どのような形の請負契約が適切か、どのように「請負に出す」べきか、といった事柄は実験を重ねて少しずつ決めていく必要がある。何もかも請負に出すわけにはいかないし、すべての業種でいっせいに実施することもできないのだ。

胡耀邦の発表の後、北京にあるいくつかの国営デパートが仕事を請負に出しはじめた。するとさっそく恣意的な値上げや「大量販売」が発生した。大量販売とは何か。国営デパートが小売業者に商品を卸し、小売業者はそれを消費者に高値で売って儲けるのである。国営デパートは小売業者に大量の商品を売ることで、仕事を請負に出す義務を果たしているように見えるが、これは正常な商業活動ではない。

アフリカから帰国した私は、すぐにこれをやめさせた。都市の改革は実験を重ねながら少しずつ進めるべきだと主張した。同じ一九八三年の春節にも、私は祝賀会で同じことを話した。そのとき海南省で春節を過ごしていた胡耀邦は省の幹部にこう語ったそうだ。「いっきに進めるのかって？　それどころか、いくら押しても誰も動かない状態だよ！」

当時、視察旅行で各地を回っていた胡耀邦は、行く先々で、国務院が進める経済政策を批判したり、批判をほのめかす発言をした。これらの発言のメモが広まり、その結果、胡耀邦と私とのあいだに経済政策をめぐって意見の相違があることが知れわたった。

これを知った鄧小平は、一九八三年三月十五日に胡耀邦と私を自宅に呼んで会談した。私が経済に関して自分の意見と現状を述べているあいだ、胡は静かに聞いていた。その後、胡は私の主張のいくつかに同意を示し、その他の点について弁明した。会談はどちらかといえば順調に進んだ。最後に、鄧小平が経済問題について私の意見を支持すると述べ、胡耀邦のあまりに軽率な発言と思慮のなさを非難し、総書記がこういう愚かなことをするとは、重大な過失と言わざるをえない、と断じた。

鄧はこうも言った。「改革の実行には大がかりなキャンペーンを用いるべきではない。改革開放は『四つの近代化』[1]の過程で進めていかなくてはならない。わずか二年か三年で達成できるようなものではないのだ」。そして、こうつけくわえた。「国はいま、たいへんよい状態にあるが、われわれは冷静さを失ってはならない」

中央指導部から異なる意見が出てくるのを回避するため、この会談でルールが決められた。国務院と中央財経指導小組が経済政策を担当する。重要な決定や命令、物事の是非の判断については中央財経指導小組が検討し、そのルートを通じて発表する。複数の発言者がいたり、違うところから別々の方針を発表したりすることがないようにする。書記局は経済政策にかかわるとしても、あくまで基本原則や主要政策だけにとどめ、個々の経済施策に介入してはならない。

この会談の後、胡耀邦が国務院の経済政策に直接介入することは少なくなり、国務院への批判も弱まった。しかし、胡は内心ではそれまでの考えを捨てておらず、あいかわらず自分の意見を主張していた。

小平同志との会談以降、物事が円滑に進むようになったように思われた。それ以来、私は周囲の意見をできるかぎり取り入れるようにした。つまり、正しいと判断できるものについては胡の考えに従うことにしたのである。あまり実際的ではない意見でも、それを表明する権利はあった。

1　鄧小平は四つの最重要分野において改革と経済建設を推進しようとした。四つとは、工業、農業、国防、科学技術。

しかし、全体の決定とは言えない見解であれば、われわれは従う必要はなかった。胡自身も、鄧との会談に出席していたから、このことをじゅうぶん承知していた。それでも胡は依然として、私には同意しかねる考えを持ちつづけたが、われわれが考えに従わなくても、強弁することはなかった。

国務院の研究機関から出された経済政策に関する重要な提案や意見は、政治局常務委員会もしくは書記局で討議に付された。胡耀邦は、そうした提案や意見に賛成できなくても、異議を唱えにくい場合があった。そんなときは、「それならそれでいい」と言った。だが、後になって胡啓《こけい》立《りつ》（政治局常務委員）に、「署名を強制された。われわれは国務院がこの問題についてどんな議論をしたのか知りもしないのだから、同意するしかない」と語ったそうである。一九六〇年代、毛主席も国家計画委員会の決定に不満があったときに、同じように「署名を強制された」という言い方をした。胡耀邦が毛主席と同様の意見を表明したので、私は気になった。

胡耀邦との意思疎通を改善するため、国務院と中央財経指導小組が会議を開くときには、胡啓立、郝建秀《かくけんしゅう》（党中央書記局書記で国家計画委員会副主任）、および他の書記局の同志を招いて討議に参加させることを私は提案した。そうすれば彼らが胡耀邦に討議の内容を報告できるからである。私は胡耀邦にも、国務院と中央財経指導小組の会議に部下を参加させるよう勧めた。しかし、胡は、どういうわけか、そうしなかった。

さらに私は、常務委員会や書記局で正式に検討する重要な経済問題については、胡耀邦に事前に伝えておくことを提案した。意思疎通を改善し、胡がじっくり考えられるようにするためである。政治局常務委員会で議論する前に知らせておくという私の提案に、胡耀邦は同意した。最初のうちは、伝えられた内容を熱心に検討しているようであったが、何度かするうちに関心をなくし、もうやめてくれと言いだした。というわけで、けっきょく問題は解決しなかった。

根本的な問題は、経済問題を考えるときの方向性、たとえば仕事の進め方の違いにあったようである。胡耀邦が国務院と中央財経指導小組に対して自分の意見を押しつけることができなかったのは、鄧小平がルールを定めたからである。ゆえに、おそらく、意思疎通を改善しようが、国務院の経済問題に関する討議に部下を参加させようが、問題は解決しなかったのだ。

このように、鄧小平との会談の後も、けっきょく問題は解決しなかったが、胡と私は互いに相手に気をつかっていたので、それほど緊張した関係にはならずにすんだ。そして、少なくとも表面上は、経済問題について、まったく異なる意見が出てくることはなくなった。

第六章　ライバルに策略を仕掛ける

鄧小平は、党の指導者同士が「言い争う」ことを望まず、そのことを明言するが、改革開放のスピードと方向性に関する根本的な意見の相違はなくならない。趙紫陽は開かれた議論が許されない以上、対立を解消するために間接的な手段が必要だったことを明らかにする。

趙は、言葉のトリックを用いて党内左派の長老、陳雲《ちんうん》の抵抗を抑えこんだ。その結果、経済における国家計画の役割を拡大しようとする陳の意向を無視できるようになった。この章ではその経緯が詳細に語られる。趙はまったく後悔していない。自分は中国の発展のために正しいことをしたと考えている。

鄧小平同志はずっと市場の力を重要視していた。「社会主義は市場経済を排除しない」と語り、その意見をくりかえし主張した。鄧は言った。計画経済と市場経済を結合させた場合、どちらに主たる役割を持たせるかについて、われわれは柔軟に考えることができる、と。第十二期三中全会［中国共産党第十二期中央委員会第三回全体会議］（一九八四年）における経済改革に関する決議は、需要と供給の法則および市場の力の重要性を強調し、社会主義経済を「商品経済」[1]と定義

した。

鄧はこの決定を高く評価し、「政治経済学の新しい学説」とまで考えた。一九八八年、鄧との個人的な会話のなかで、（党長老の）陳雲と李先念《りせんねん》の考え方について触れたとき、鄧はこう言った。「わが国の経済はソ連の経済を基にして作られたものだ。しかし、ソ連はその経済モデルを放棄した。それなのに、どうしてわれわれがいつまでもしがみついている必要があるのか」。当然ながら、鄧は一九九二年には、さまざまな発言においてこの意見をより明確に表明するようになっていた。鄧の主張の内容はその時々で異なっていたけれども、つねに商品経済、需要と供給の法則、自由市場を重視する傾向にあった。

胡耀邦同志も計画経済には熱心ではなかった。私が見たところでは、胡は高度集中計画経済の上意下達方式が国民の意欲と創造力を奪い、企業や地域の自主性を制限してきたと考えているようだった。さらに、社会主義社会を構築するためには、国民と企業と地方政府が自主的に行動することを認め、同時に、国が社会運動を通じて、引き続き彼らを指導・動員するようにしなければならない、とも考えていた。

しかし、陳雲と李先念は計画経済の重要性を強調し、とくに陳雲の考え方は一九五〇年代から変わっていなかった。陳は演説のなかにかならず「計画経済が主であり、市場調整は補助的なもの」という一節を入れた。改革開放がかなり進んでからも、陳の演説の調子は変わらなかった。

1　「市場経済」の婉曲表現。中国の経済改革の初期段階においてイデオロギーの矛盾を避けるために用いられた。

経済は鳥を育てるようにして扱うべきだ、というのが陳の主張だった。鳥は強くつかむと窒息してしまうし、自由にすれば飛び去ってしまう。だから鳥籠の中で飼うのがいちばんだ、というのである。これが陳の有名な「鳥籠理論」の背景となる基本的な考え方であった。

中国の第一次五か年計画は成功だったと陳は考えていた。それどころか、後進国だったソ連が、わずか二、三十年でアメリカに次ぐ大国になれたのは計画経済のおかげだと、一九八〇年代末まで信じていたのだ。陳はソ連の発展こそ経済計画が成功している証拠だと考えた。計画経済のもとで中国がうまくいっていないのは、主に毛沢東の政策によって引き起こされ、悲惨な文化大革命によって悪化した混乱のせいだ。第一次五か年計画のときのように物事が進んでいれば、すばらしい成果が得られたはずだ、というのである。

外交面では、陳雲はソ連を深く賛美し、アメリカに不信を抱きつづけた。そんな陳の姿勢は鄧小平とはまったく違っていたため、二人のあいだには摩擦が生じた。

一九八〇年代、ソ連からイワン・アルキポフ（建国時の経済顧問）が中国にやってきた。中国の経済計画を支援するために派遣されたアルキポフは、陳雲と良好な関係にあった。アルキポフとの会談を予定していた陳雲に、鄧小平は議論のポイントを指示し、それに従うよう命じた。小平は陳雲がアルキポフにどんな発言をするか心配し、それが外交政策に混乱を引き起こすのではないかと恐れていたのだ。陳雲はしぶしぶながら命令に従った。徐向前《じょこうぜん》（人民解放軍元帥）も陳雲とほぼ同じ立場で、ソ連はやはり社会主義国であり、いっぽうアメリカは帝国主義国だと思っていた。

農業の戸別請負制を実行に移そうという時期に、陳雲は一九八一年十二月の農村工作会議で演説し、次のように述べた。農村経済においても、計画経済が主であり、市場調整は補助的なものでなければならない。穀物、綿、タバコその他の作物は作付面積ごとに割当量を設定すべきである。養豚についても生産目標を決めるべきである。

一九八二年一月末の春節［旧正月］の休暇に、陳雲はふたたび国家計画委員会の幹部を集めて計画経済の強化を説き、その内容を新聞に公表した。陳は言った。『計画』は評判がよくないので、国家計画委員会も仕事がやりにくくなっているが、計画経済を強調しないのもよくない。

一九八四年十月に開催された十二期三中全会［第十二期中央委員会第三回全体会議］に、陳雲は意見書を提出した。そのなかで陳は、あいかわらず、一九五〇年代にわれわれが食糧生産政策において需要と供給の法則を無視したのは正しかったと主張したが、同時に、この会議で提案された「経済改革に関する決定」の草案には賛成した。

この草案が会議に提出される前に、私は政治局常務委員会に経済改革に関する書簡を送った。このとき鄧小平、陳雲、李先念は三人とも賛成していた。陳雲は意見書のなかでも、中国経済の拡大にともない、一九五〇年代に実践していた手法の多くはもはや時代にそぐわなくなっている、と述べた。ありがたい意見である。陳は改革開放を支持してくれたのだ。ところが、一九八五年九月に開かれた全体会議で、陳はまたしてもこう述べたのである。「経済を運営するにあたっては、『計画経済が主であり、市場調整は補助的なもの』という考え方を基盤とすべきである。この考え方は、時代遅れではない」

この発言は問題を引き起こす恐れがあった。表現そのものは、十二期三中全会以前に用いられていたものだが、その後、改革の推進が決まり、われわれは、「社会主義経済は商品経済であり、市場の可能性をじゅうぶんに理解しなければならない」という点で合意に達したのである。また、毛沢東が堅持した「計画第一、価格第二」という考え方も捨てた。それなのに、どうして「計画経済が主で、市場調整は補助」などと言えようか。この発言が広まれば、十二期三中全会の決定との食い違いが生じるのは明らかだった。

陳雲は、その演説の草稿を私に送り、意見を求めた。私はそれを読んで不安になった。彼の演説は明らかに前年の十二期三中全会における意見を撤回するものだった。この草稿をそのまま演説させれば、間違いなく会議に混乱が起きる。しかし、陳が草稿を書きあげている以上、まだ演説していないにしても、彼に意見を変えるよう説得するのは不可能だった。

私は陳雲を自宅に訪ね、次のような一節を加えるよう提案した。「いわゆる『補助としての市場調整』は、計画がなく、需要に応じて水準を設定する生産現場に適用される。すなわち、計画なき調整である」。陳自身、一九五〇年代にこれと同様の表現を用いていたので、喜んで私の提案を受けいれ、秘書にその一節を加えるよう、すぐに指示した。

私はなぜそのような提案をしたのか。この一節を加えることによって、「補助としての市場調整」が適用される範囲を、国家計画の対象外となっている日用雑貨品に限定できるからである。つまり、十二期三中全会で「間接計画」の対象とされ、市場の需要に応じて生産されることになった多数の製品には適用しないということだ。

この一節を加えることによって、商品は三つに分類された。第一が、「計画の対象となる商品」。第二が「間接計画の対象となる商品」。これが商品の大部分を占める。第三がいわゆる「流通市場の調整を受ける」日用雑貨品である。全商品の少なくとも過半数を占める第二と第三のグループが、市場の需要に応じて生産されるわけだ。この一節を加えることで、すべて説明でき、「経済改革に関する決定」との明白な食い違いも解消される。

もちろん、陳雲同志はそのような解釈はしていなかっただろう。彼の真意はまったく違っていた。しかし、少なくとも、われわれとしては、そのように解釈できた。この一節がなければ、陳雲はただ「計画経済が主であり、市場調整は補助的なもの」とだけ述べ、市場の需要による調整の範囲が限定されていただろう。

言葉遊びのように見えるが、これしか方法がなかったのだ。陳雲は、共産党内においても、経済政策においても絶大な影響力があった。彼の発言が、なんの修正も加えられぬまま広まっていたら、党内は大混乱に陥っていたにちがいない。

一九八七年、私は第十三回党大会の政治報告のなかで、いずれ経済機構は、「国家が市場を調整し、市場が企業を誘導する」ようになるべきだと述べた。政治状況は全体として改革開放にたいへん前向きだったので、私の政治報告の草案は、意見を求めるためにすべて陳雲に送られた。陳雲は公然と反対はしなかったものの、承認することもなかった。

その後は、陳雲が十二期三中全会のときのように、正式に支持を表明することは二度となかった。第十三回党大会で私が政治報告を発表しはじめると、陳は立ちあがり、議場を去った。そうすることで、私の報告に不満をあらわしたのだ。なぜそう思うのか。当時、陳雲の健康状態は良好だったから、残って報告を聞いても、なんの問題もないはずだった。それとは対照的に、一九八一年に私が首相になった後、経済建設のための十の戦略を発表したとき、陳雲は健康が思わしくなく、周囲から退席して休んだほうがいいと言われたにもかかわらず、退席を拒み、「趙紫陽の報告を最後まで聞く」と言い張った。それは私への支持表明だったのだ。一般に、党の長老たちは議事進行中によく退席した。だが陳の場合は、そのような対照的な行動から見ても、態度は明らかだった。

（余談だが、一九八九年六月四日の事件の後、陳雲を経済政策の師と仰ぐ姚依林《ようい りん》は、「趙紫陽の政策の影響から脱する」ために、趙が政治報告で用いた「国家が市場を調整し、市場が企業を誘導する」という表現を公然と非難することを提案した。）

私は、いくつかの段階を経て、計画経済に対する理解を深めていった。最初のうち、私は不安を感じていた。中国のように広大で、地域によって状況がさまざまに異なり、通信・輸送ネットワークが未発達な国では、すべての商品が生産から流通まで中央の指示と計画によって管理されると、きっと官僚主義が蔓延し、弊害やミスが続出するだろうと思ったのだ。

その後、党中央で働きはじめてから、私は経済的な非効率、生産から消費に至る流通上の欠陥には本質的な原因があることを理解した。それは計画経済そのものである。こうした弊害から脱するための唯一の出口は、需要と供給の法則の効果を発揮させることによって、市場の潜在能力を引き出すことだった。だが、欧米諸国の基盤となっている自由市場経済を、社会主義国であるわが国が採用してよいものかどうか、私にはわからなかった。

このように半信半疑の状態だったので、「経済建設のための十の戦略」に関する一九八一年の政府活動報告のなかで、私は計画経済体制を、事業や商品の性格に応じて四つの部門に分類した。第一部門は完全に国の管理下におくものと定義し、国の経済の背骨となる主要産業および国民の日常に不可欠な商品が含まれる。第二部門は、市場動向に応じて生産者と卸売業者自身の計画に従って生産されるさまざまな日用雑貨品によって構成される。第三部門は、計画が支配的な役割を果たし、市場の需要の役割が小さく補助的なもの。第四部門は市場動向が主要な役割を占め、国の計画の役割が小さいもの。当時、陳雲もこれらの分類に賛同していた。

十二期三中全会に向けて草案を準備するにあたって、起草チームに基本的な考えをいくつか示した。政治局常務委員会にあてて書いた書簡にも同じ内容が含まれている。以下がその基本的な考えである。

一、中国経済は計画経済であって、欧米式の自由市場経済ではない。

二、中国経済の本質は「商品経済」であって、「産品経済」「非市場経済」ではない。[2]

2　これは一九八六年に人民出版社（北京）から刊行された『第十二回党大会以降の重要文集』第二巻の五三五ページにある記録と矛盾する。そこにはこう記されている。「自由市場を通じた自発的な生産と交換の対象となるのは、日用雑貨品、三種類の指定農産物、サービスに限定され、それらはすべて経済においては補助的なものである」

三、計画経済は直接計画と間接計画からなり、直接計画は間接計画の拡大にともなって減らしていかなくてはならない。

四、間接計画とは、主に市場の需要に呼応しつつ、経済的手段による介入も行うことである。直接計画も需要と供給の法則を尊重しなければならない。

これらの基本的な考えは、最終的には、十二期三中全会で承認された「経済改革に関する決定」にも盛りこまれた。その後、「商品経済」は明確に定義された。計画の対象とならない日用雑貨品はさておいて、市場調整に依存すべき「間接計画」部門は拡大していく。そうすれば、中国経済のなかで市場調整に依存する部分はどんどん大きくなっていくのだ。

第十三回党大会で私が報告を行うまでには、中国経済のメカニズムは「国家が市場を調整し、市場が企業を誘導する」形をとるべきだということは明確になっていた。言い換えれば、われわれはすでに、自由市場の原則に依存する経済を実現していたのである。「自由市場」という用語が使われていないのは、ただイデオロギー上、問題があったからにすぎない。

第七章　漸進的改革

社会主義国における経済改革の方法は基本的には二つある。一つは「ショック療法」で、ルールを一度にすべて変えてしまう方法。もう一つはもっと緩やかなプロセスをたどる方法である。中国は後者の一歩一歩進めていく方法をとることによって、ソ連や東欧が経験した経済的混乱をほぼ回避することができた。趙紫陽は中国がいかにして漸進的手法を採用するに至ったかについて語る。

中国はいかにして漸進的手法を導入するに至ったのか。

私が党中央で経済運営に携わった——辞任するまでの——十年間、われわれは緩やかな転換を実行した。そこには二つの重要な面があった。第一は、計画経済体制の領域を超えて徐々に育まれた新たな市場経済の登場である。たとえば、農村改革が始まると、政府による統一買い付けの割当量は減少した。統一買い付けの割当量が減少すると、農業生産高が増えた。そのため、国の割当量が生産高全体に占める割合は年々減っていった。生産高が増えたことによって、市場での取引も可能になった。

一九八五年、さらに改革を一歩前進させるため、綿花など一部の農産物を除いて統一買い付け制度を廃止し、農業を基本的には市場志向型に転換して計画経済から解放した。

町や村の中小企業［郷鎮《ごうちん》企業］、民間の商工企業、合弁企業、外資単独の企業などが次々に誕生した。これらはすべて計画経済の枠外で設立された。これらの企業は一丸となって、市場動向にのみ対応する経済部門を形成した。何もないところから始まったこの部門は、近年、著しい発展を遂げ、国営や集団所有の企業をはるかにしのぐ規模にまで成長している。これらの企業は中国経済と新しい経済システム、すなわち市場経済に繁栄をもたらしたのだ。

市場部門が日々成長していくにつれ、やがて中国の経済体制そのものも質的に変化したが、国の計画を基礎とする従来の経済モデルが根本的に改められたわけではなかった。中国の経済改革が繁栄を促進しつつ、政治的安定を維持できた第一の理由はそこにある。

もう一つの重要な面は、計画経済部門の縮小である。変化はすぐにはあらわれなかった。最初のうちは小さな変化が少しずつあらわれるだけだったが、そのうち徐々に大きな変化も見えてきた。

さまざまな政策や手段を導入して、より多くの権限を行政の下位レベルに移し、企業の自主権を拡大した。経済計画を改革するため、徐々に直接計画を減らして間接計画を拡大した。同時に、国に納めるべき物資の量を減らし、国営企業が自ら取引できる製品の種類と量を増やした。主要な物資は、国の定める生産割当の超過分については取引を認め、さらには割当内の一部についても直接取引ができるようにした。くわえて、企業と価格を改革するため請負制を導入した。これらすべてが強力な補助手段となり、市場部門は成長を続けた。

当時、市場部門を構成していたのは農業、農産物、軽工業、繊維、消費財などが中心だった。生産手段［原材料、土地、樹木、鉱石など（労働対象）と、道具、機械、建物、道路など（労働手段）］にかかわる製品は依然として国営企業の支配下にあった。

このような移行措置には批判もあった。「全体的な戦略がない」、「一歩進んでは、どうなるか様子を見ているようなものだ」、「展望が見えない」、「行き当たりばったりだ」などなど。最近ではそういう批判はほとんど見られない。

しかし、このようなやり方には、二つのシステムが共存していることからくる、軽視できない欠点があった。そのマイナスの影響に社会が耐えられなくなれば、問題が噴出するだろう。その問題を解決するには、さらなる経済的・政治的改革を遂行するしかない。初期の段階で漸進的な手法をとったのは正しかった。しかし、それをいつまでも続けるわけにはいかないのだ。

第八章　過熱する経済

中国経済は一九八四年と一九八八年の二度、過熱する。趙紫陽は、最初の危機での対応については正しかったと述べるが、対照的に、四年後の政府政策は失敗だったと打ちあける。一九八八年、価格制度改革が失敗に終わり、インフレ率が急速に上昇、銀行取り付け騒ぎやパニック買いが発生する。対応を誤った、と趙は後悔を口にする。

一九八一年の経済調整で農業・工業生産の伸びは四パーセントまで低下した。翌年、経済は急成長を始め、最終的には健全な軌道に乗った。一九八三、八四年の経済建設はたいへん順調だった。経済が急成長しただけでなく、需要と供給が相対的に一致していた。さまざまな指標が健全さを示していた。経済効率に顕著な改善が見られ、国民の生活水準も大幅に向上した。

一九八四年の第四・四半期から成長率が過度な急上昇を示し、融資が過剰に膨らみ、国内インフラ建設の規模が大きくなりすぎた。その結果、物価が高騰した。

一九八五年初頭、経済過熱の兆候が明らかになると、中央財経指導小組と国務院は、マクロ経済的な統制を強化し、融資を抑制し、インフラ建設の規模を縮小して熱を冷まそうとした。しかし、銀行制度はまだ改革されていなかったので、融資を統制するには行政措置によって融資割当を低く抑えなければならなかった。

この措置に対して、各方面から強い反発が起き、円滑な経済運営を妨げる深刻な問題が生じた。融資割当は国務院によって中央銀行を通じて各省・自治区の銀行に伝えられた。地方政府は融資された資金を特別な建設プロジェクトにすべて投入するので、その他の重要プロジェクトの資金がなくなってしまった。そのため中央政府は融資枠を拡大せざるをえなかった。

たとえば、融資抑制策が実施されたとたん、多数の地方政府が、穀物の年間調達費がまかなえない、と資金不足を訴えた。融資された資金は別のところに使っていたのである。そのため、融資限度を引き下げたとたんに、また引き上げることになった。

このように、一九八五年初頭に実施されたマクロ的抑制策に効果はなく、成長率は依然として急激な伸びを示していた。経済過熱は深刻化した。

この事態にどう対処すればいいのか。二つの方法が考えられた。一つは従来の方法、すなわち、経済にブレーキをかけ、インフラ建設の規模を縮小するという一九八一年と同じ経済調整を再度実施する。

もう一つは、時間をかけて問題に取り組む、という方法だ。第一の方法は、各方面に大きな打撃をもたらすだろうし、また現実的ではなかった。一九八一年の経済調整で中断した多数のインフラ整備計画が再開されたばかりだったのだ。計画を縮小するとなると、国内的、国際的なダメージはかなり大きくなる。そこで私は「軟着陸《ソフトランディング》」に向けた措置を講ずることにした。つまり、一年で何もかも片づけようとするのではなく、数年かけて少しずつ調整していくのである。

金融・財政政策について、二年間、厳しい緊縮策を実施することが決まった。インフラ建設は一九八五年のレベルを維持し、特別プロジェクトの優先順位や実施時期を調節する。もし成長率が二年間横ばいなら、事態は正常化に向かう可能性がある。この策を遂行した結果、一九八六年には全体的状況は改善した。

次々といい結果があらわれた。一九八七年には、GNPとGDPはそれぞれ一〇パーセント以上の伸びを示した。工業生産高は一七パーセント以上、農業生産高はおよそ六パーセント増え、小売物価は七・三パーセント上昇した。固定資産投資とインフラ建設の状況も基本的に良好だった。

二年間にわたる「軟着陸」政策によって状況はおおむね改善した。経済環境全体に漂っていた緊張感もなくなった。党中央と国務院は年末に情勢を検討した結果、急な調整策よりも「軟着陸」策のほうが効果的であることを認めた。

一九八八年にも同じ戦略を継続する予定だった。八七年九月に全国計画工作会議で八八年の計画を討議したとき、私は党中央を代表して演説した。私は演説のなかで、経済――とくに物価――の安定化策を実施するには、財政と金融を引き締め、インフラ建設の規模を縮小し、消費資金を抑制し、同時に安定した生産成長率を維持する必要がある、と指摘した。八八年の経済戦略は二点に要約できる。さらなる経済の安定と、改革の深化である。

一九八八年にこの戦略を推し進めたところ、どういうわけか激しいインフレが起き、小売物価は一八・五パーセントも急騰した。改革の開始以来、こんなことは初めてだった。

インフレはさまざまな要素が複合して起きた。第一の原因は、価格制度改革に向けた措置が不適切だったことだ。このことは当時も述べたし、いまもそう思っている。

価格制度改革──価格決定メカニズムの漸進的な調整──は経済改革においてきわめて重要な問題だ。価格決定の方式を正しく見直さなければ、経済改革は完遂できない。われわれはそう考えていた。

一九八六、八七年の二年間にわたって実施された「軟着陸」政策で、八八年には事態は正常化し、価格制度改革に大きく踏みだせる環境が整った。ところが、このとき提案された改革──「価格決定システムが抱えるさまざまな矛盾を解消する」──は、その指針から実施方法まで、すべてが間違っていた。その結果、重大な問題が発生して深刻な景気後退が起きた。

どうしてそうなったのか。前にも述べたように、当初は「軟着陸政策」が継続されるはずだった。しかし、一九八八年の春に、物価の上昇と、腐敗の温床となっている二重価格システムに対して強い反発が起きた。鄧小平も、価格制度改革を断行するよう、われわれにくりかえし求めていた。この問題をいっきに打開しなければならないと考えた鄧は、こう言った。「長引く痛みよりも、一瞬の鋭い痛みのほうがましだ」

これらのことを考慮するうちに、私は漸進的な考え方から、いっきに片をつける考え方へと流されはじめた。物価は上昇したが、価格決定方式の矛盾は変わらなかったので、ここで一挙に大きな調整を加えたほうがよいと思われた。一定期間、たとえば二、三年の間に三〇～五〇パーセントという一定の指数の物価上昇を図り、これによって、商品価格を妥当な水準にもっていく。それによって、価格決定方式の不合理な「ねじれ」を解消するのだ。

一九八八年春の政治局常務委員会拡大会議において、私の提案が大筋で承認されると、姚依林《ようい りん》が国家計画委員会を指揮して詳細な実行計画の策定にあたった。その夏、姚依林と国家計画委員会による提案は、北戴河《ほくたいが》（党の幹部たちが毎年夏に集まる河北省の海浜リゾート）で開催された政治局常務委員会拡大会議での侃々諤々《かんかんがくがく》の議論を経て承認された。その提案は同年第四・四半期か翌八九年初頭から実施される予定だったのだが、激しいインフレに見舞われて中止になった。

十二期三中全会以降、価格制度改革の戦略は、経済調整と規制緩和の組み合わせだった。価格は政府からの上意下達によって調整される場合もあれば、市場動向に応じた調整が認められる場合もあった。経済計画の枠内で政府が価格を設定したのと同じ商品が、市場でオープン価格で取引されることもあった。これが二重価格システムである。

その意図は、市場の動向に合わせて、少しずつ価格規制を緩和し、価格の決定を市場に委ねることにあった。ところが、提案された価格制度改革は、漸進的改革戦略とは相いれない、政府主導の大がかりな価格調整に依存したものだった。これは、時代の気分を反映していた。価格制度改革をすぐさま断行して二重価格システムを廃止し、定価と市価の格差を解消もしくは縮小しようとしたのである。

これは価格制度改革の手法としては間違っていた。けっきょく物価統制から市場メカニズムへの転換になっていないからだ。物価を調整するのに、計画経済の手法を用いていた。昔ながらの計画的な価格決定方式だ。思うに、もしも激しいインフレが起きず、この価格制度改革が実行されていたとしても、問題は解決しなかったであろうし、改革そのものが後退していた可能性もあった。

一九八八年の深刻なインフレが起きた最大の直接的な原因は、価格制度改革の計画がまだ立案されてもいないうちに、マスコミが騒ぎはじめたことだった。突然、こんな噂が広まった。「物価は五〇パーセント上昇し、賃金は二倍になる」。この噂で国民はパニックになり、物価がきっと高騰すると誰もが思いこんだ。このような「心理的な予想」という現象を、当時のわれわれは理解していなかった。市場経済の国々では、インフレを抑制する必要があるときには、これにじゅうぶんな注意が払われていた。「心理的な予想」で過剰反応が起きないように、いろいろと策を講じていたのである。それにひきかえ、われわれは、わざわざ過剰反応を引き起こし、激化させていた。

そのときはけっきょく何事もなくすんだが依然として国民は物価が上がると信じており、われわれとしては、たとえば銀行の預金金利を引き上げるなどして国民を安心させることができなかった。金利を上げていれば、預金の価値がインフレを上回る、すなわち、預金の価値は保証されると国民に約束できただろう。物価が高騰すると思いこんでいる国民に対して、金利引き上げという安心材料が提供されなかったため、銀行に預けている長年の蓄えが目減りすると誰もが心配になった。十一期三中全会［中国共産党第十一期中央委員会第三回全体会議］（一九七八年）以来、質素に暮らしてきた国民の預金総額は一千億元を超えていた。苦労して蓄えた財産がインフレで目減りすると思いこんだ人々が銀行に殺到し、預金を引き出して商品を購入した。こうして一九八八年に、銀行取り付け騒ぎとパニック買いが発生した。

特定の商品を求めるパニック買いは過去に何度も起きており、けっしてめずらしいことではなかった。しかし、このときは、以前と異なる点があった。それ以前のパニック買いの原因は物不足だった。人々は石鹼や食塩や小麦粉が手に入らなくなることを恐れたのだ。だがこのときのパニック買いの目的は、商品を使うことではなく、価値を蓄えることにあった。そのため、これまでになく広範囲で発生し、深刻な事態となった。

多数の商店や企業が商品の価格を引き上げ、銀行預金は予想を超えて四百億元も減少した。銀行は紙幣が足りなくなって新たに印刷しなければならなくなった。その結果、市中に流通する現金が大量に増えた。

パニック買いが始まったとき、すぐに預金金利の引き上げに踏みきるか、預金の価値を保証すると発表すべきだった。そうしていれば、事態は改善していただろうし、損失も少なくてすんだだろう。

当時、中央財経指導小組は、このような措置を講ずるよう国務院に提案していたのだが、李鵬と姚依林は、預金金利を引き上げると、企業向け融資金利が上昇して企業が返済できなくなり、生産に影響が出ると心配した。そのため、すぐには対処せず、結果として、少なくてすんだはずの損失が拡大した。

だが、けっきょく、選択の余地はなかった。預金の価値を保証すると発表し、預金金利を引き上げたとたん、預金の減少は止まり、徐々に回復していった。やはり、銀行取り付け騒ぎとパニック買いが発生したときに、預金の価値を保証していれば、損失を大幅に軽減できたのだ。

一九八八年の深刻なインフレで、物価は一八・五パーセント上昇した。問題は、金融を統制できなくなることでも、インフラ建設に資金を使いすぎることでもなかった。これら二つの要素は、「軟着陸政策」で設定された限度を超えていなかったからだ。

最大の問題は、価格制度改革の失敗で預金が減少したことだ。いま考えれば、経済調整と規制緩和を組み合わせた政策を継続していれば、あるいは、もっと早くに手を打って、価格統制を緩和したり、物価上昇を上回るレベルまで金利を上げて預金の価値を保証していれば、一九八八年のような激しいインフレは回避できたかもしれない。

深刻なインフレ、銀行取り付け騒ぎ、パニック買いなどに直面して、われわれは事態を収拾するために、価格制度改革の撤回を発表し、経済政策を「調整と立て直し」へと転換した。これらの方針は私が提案し、政治局会議と党中央全体会議で承認された。いまにして思えば、価格制度改革をとりやめたのは正しかったが、「経済の安定と改革の深化」という従来の方針を、「調整と立て直し」に転換したのは適切ではなかった。

たしかに「調整と立て直し」で経済はほどなく安定したが、これによって改革はさらに後退した。

第一に、物価の上昇を抑えるため、ありとあらゆる行政措置による価格統制が復活した。政府の各階層の幹部が価格決定の実権を握った。それはつまり、昔ながらの価格統制が再開されたことによって、これまで何年もかけて活性化してきた経済が収縮してしまう、ということだった。

李鵬をはじめとする国務院の閣僚たちは、「調整と立て直し」の名のもとに、それまで下位レベルに委ねられていた権限をとりかえし、自由に行われていた事柄にふたたび規制をかけた。すべては改革の針路と逆方向に進みはじめ、経済システムのなかで、すでに改革を完了した部分も元に戻された。まさにこのことが原因で、それから一年もしないうちに景気は後退し、市場は暴落した。こうした深刻な経済問題は鄧小平同志の南巡講話［南方視察のさいの演説。改革開放政策の推進を訴えた］（一九九二年）まで続くことになる。

要するに、われわれは過ちを重ねてしまったのだ。このことで私はひじょうに大きな教訓を学んだ。

一九八八年の春、安志文《あんしぶん》（国家経済体制改革委員会副主任）ら数名の同志を香港に派遣し、そこに複数のエコノミストを招いて中国の問題を話し合ってもらった。参加した六名のエコノミストは全員、台湾中央研究院に所属していて、台湾・中華経済研究院院長の蔣碩傑《しょうせきけつ》もいた。台湾では絶大な影響力を持つ人物だ。

彼らは議論のなかで、一九八八年のインフレについて意見を述べた。最初に、次のような点で意見が一致した。本土の改革開放はこの十年間でかなり進展した。いくつか問題はあるが、経済学の観点からすると、一八・五パーセントの物価上昇を含め、深刻なものはない。適切な措置が講じられれば、解決可能である。

第二に、価格制度改革について、政治体制とは関係なく、市場のルールに沿った経済建設が必要だと彼らは考えていた。去年、インフレが深刻化したので、価格制度改革のスピードを緩め、一部の商品については、ふたたび価格を統制すべきだという話が出た。しかし、臨時措置として実施するならわかるが、長期的に継続すべきではない。価格決定方式の欠陥を正さなければ、経済は動かなくなる。問題を解決するには、需要と供給のバランスを保ち、通貨を管理することだ。この条件が整えば、大部分の商品の価格を自由化できるし、そのいっぽうで、公共サービスなど一部の価格だけを政府が決めて一定の利益を確保することもできる。彼らは強調した。物価は市場が決めるべきだ。でなければ、正しい価格決定はできない、と。

彼らが議論したもう一つの問題は、インフレ対策だった。彼らの考えはこうだ。本土のインフレの原因は主として財政赤字によるものだ。これを解決する鍵は、物価の上昇を上回るレベルまで金利を引き上げ、通貨の需給関係に応じて変動させておくことだ。これによって、預金を増やし、ローンの額を抑制できる。

蔣碩傑らの提言を読んだ後、私は鄧小平同志にその要旨を伝え、国家経済体制改革委員会に対して、関連部署の関係者を集めて検討するよう命じた。

経済改革、価格制度改革の方法を全面的に見直そうと思ったのである。だが、学生運動の影響で、この問題は棚上げにされた。

第九章　自由貿易の魔術

対外貿易の回復は、毛沢東時代の「自給自足」経済を変えていくうえで、きわめて重要な段階の一つである。趙紫陽は、地方行政官としての経験から、自由貿易を支持する姿勢を明確にしていた。それにしても、毛沢東主義の時代の申し子である趙が、どうして西洋の経済原則をそこまで信頼できたのだろうか。趙はその考えを明らかにし、改革開放のおかげで中国は賢くなった、と論じる。

長年、われわれの経済建設の努力には、かんばしい成果があらわれなかった。たいへんな苦労をしながら、ほんの少しの見返りしか得られない。経済システム以外にも問題があった。たとえば、鎖国的な政策をとったために、自給自足が絶対的な美徳になった。それはまさに政治的なイデオロギーの追求だった。

たとえば農業の場合、効率化を目指すには、土地条件の強みを活用するのが第一原則である。その土地にもっとも適した作物を植えるべきだ。ところが、わが国では長いあいだ、それが許されなかったのである。

とくにある出来事は、私の考え方に大きな影響をあたえた。一九七八年（じっさいは一九七九年）、まだ四川省で仕事をしていたとき、代表団の団長としてイギリス、フランスを訪問し、帰国の途上でギリシャとスイスにも立ち寄った。

最初に、地中海沿岸の南フランスを訪問した。経済発展で世界的に有名な地域である。気候はたいへん乾燥していて、夏にはまったく雨が降らない。そのような条件の土地では、われわれの従来の考え方に従うなら、作物を植えるために大規模な灌漑を行い、「天と地が定めた条件を変える」ことになる。ところが、フランスではそうはしなかった。かわりに、ブドウなど乾燥気候に適した作物を植えたのである。かくして、フランスのワイン産業が自然に形成されていった。南仏の農家はひじょうに裕福だ。

イギリスでもう一つの例を見た。東海岸では小麦がひじょうによく育っており、西海岸は牧草で覆われていた。初めての海外視察で、その光景に驚いた私は理由を尋ねた。すると、東海岸はじゅうぶんな日光が降りそそぐので小麦に適しており、西海岸は雨はよく降るがあまり日が当たらないので牧草に適している。だから西海岸では牛の畜産や酪農が盛んだという。

帰途、ギリシャに立ち寄ったおりに、大使館の同志が丘陵地帯を案内してくれた。夏は乾燥していて、雨はまったく降らなかった。われわれのやり方に従えば、農業を営むにはひじょうに過酷な土地だと判断されただろう。われわれなら、大寨《だいさい》[1]のように、灌漑を行い、棚田を作っていたにちがいない。

しかし、ギリシャではそうしなかった。丘陵地帯はオリーブの木で覆われ、オリーブオイル産業が繁栄していた。農家の生活水準は高かった。なぜそんなことが可能だったのか。自給自足経済ではなかったからだ。ギリシャは対外貿易に依存していた。自分たちが作ったものを輸出できるという強みを活用し、それと交換に、必要なものは外国から手に入れていたのである。

北京で仕事をするようになっていた一九八一年には、蘭考県《らんこう》(河南省)を視察し、農家の話を聞いた。砂の多い土壌で、ピーナッツを栽培すれば高収量が期待できる土地だった。しかし、わが国の政策は穀物の生産を最優先するとともに、食糧の自給自足に重点をおいていたため、ピーナッツの栽培は認められず、かわりにトウモロコシを植えていた。だが、トウモロコシの収穫量は少なく、農家は政府の方針に対してきわめて批判的だった。

もう一つの例は山東省の北西地域だった。土壌はアルカリ塩を多量に含んでいた。ほとんどの土地が綿花栽培に適していて、高収量が期待できた。だが、政府の方針で、長年、綿花の栽培は認められず、植えていいのは小麦だけだった。その結果、小麦を植えれば植えるほど収穫量は減少し、農家は飢餓寸前の状態だった。

一九八三年、私は山東省の同志と話し合い、綿花を栽培できないか尋ねた。すると、問題は穀物の不足だ、という答えが返ってきた。その後われわれは、山東省北西部の農家について、綿花栽培への転換を決めた。国が綿花を買い取り(当時、国は大量の綿を輸入していた)、同時に、穀物を供給するのである。

その結果、農家は一年から二年で困難な経済状況を克服し、綿の高収穫を達成した。一時は、綿が市場にあふれて供給過剰になるほどだった。農家の収入は急激に増え、地域の生活水準は大幅に向上した。綿生産はさらに副産物も生んだ。綿の実である。綿実油を抽出した後のしぼりかすが肥料になった。アルカリ塩をあまり含んでいない土地では、引き続き小麦が栽培されていたが、この肥料のおかげで収穫量が増えた。こうしてみんなが恩恵を受けたのだ。

当時、その地域ではこんな民謡が流行った。「一ムー［土地面積の単位。一ムーは約六・六六七アール］の小麦で、みんなが食える。綿なら半ムーでも余る」。かつては、一・五ムーの小麦でも、ぎりぎりみんなが食えるかどうかだった。それがいまでは、綿を半ムー収穫するだけでじゅうぶん食えるようになり、そのうえ余った分は国が買い取ってくれるのだ。

山東省と蘭考県が、それぞれの環境に適した作物を植えられるようになったのは、わが国が開放政策を開始し、大量の小麦を外国から輸入したからである——当時の輸入量は年間で数千万トンに達した。土地に適した作物を植えることが認められ、多くの収穫が得られるようになると、農業は改善されていった。開放政策がなければ、何もかも自国で生産するしかなかったであろうし、自給自足にこだわっていたら、何も変わらなかったであろう。

農業において、それまで多大な努力を払いながら、ほんのわずかな成果しか得られなかった理由の一つは、国有制であった。そしてもう一つは、自らに課した自給自足という方針であった。自給自足に固執するあまり、土地を有効に活用できず、「二倍の努力で半分の成果」という結果

1　毛沢東時代、自給自足のための農業生産の手本とされた山西省の山間部にある農村。喧伝された成果は、後に懐疑論者たちから疑問視された。

になった。われわれは長年、小麦の生産に適さない地域に小麦の栽培を強要してきた。それゆえ、たいへんな労力を傾けて農業インフラを整備し、灌漑プロジェクトを進めなくてはならなかった。たしかに、絶対必要なプロジェクトもあったが、それぞれの性質を考慮して土地を活用していれば、不要だったものもあるだろう。さらに言えば、灌漑システムをより効果的に、本当に必要な地域に集中して導入できたかもしれない。

同じことは工業にもあてはまる。かつてのわが国の工業開発戦略は、「飯を炊くなら、まず米を手に入れろ」であった。つまり、すべてにおいて原料作りから始めようとしていたのである。たとえば、鉄鋼の製造では、鉄・石炭鉱山の調査と選択から始め、鉄道建設、精錬、製鋼、加工、そして最後に機械設備の建設、ということになる。しかし、わが国の鉄鉱山は質が悪く、鉄鉱石の含有率が低かった。一トンの鉄を抽出するのにその何倍もの石を掘り出さなくてはならなかった。主要な鉄・石炭鉱山は西部にあったので、長距離輸送が必要だった。想像してみてほしい。製鉄所の建設にどれだけ時間がかかるか。どれほど大規模なインフラが必要か。投資が利益を生むまでどれだけの時間がかかるか。投資に対してどれだけ元がとれるか。

改革開放で、われわれは以前よりもずっと賢くなった。いまではカナダとオーストラリアから安くて高品質の鉱石を輸入している。列車よりも船で運ぶほうが安くあがるのだ。沿海部のいくつかの都市では圧延などの後続加工を行える。地金はどうするのかというと、輸入で手に入れるのだ。そうして製鉄事業を始めたとたん、利益が出はじめた。投資した分は、その収益ですぐに回収できた。収益はさらに川上工程［原料の採掘や製造などの初期工程］や鉱石・地金の輸入への投資に回された。

化学繊維の生産にも同様の問題があった。以前は、化学繊維を作るのに、まず石油の生産と精製から始めなくてはならなかった。その後、いくつかの化学繊維工場が、まず繊維の製造に力を入れ、それから川上工程に進出するようになった。経済調整の時期にあたる一九八一年、わが国は原料加工から製糸までを行う一連の化学繊維生産ラインを輸入していた。操業はしばらく延期されたが、再開されたときには、われわれはすでに以前よりも賢くなっていたので、まず最終製品である繊維の製糸から始めた。江蘇省の儀徴《ぎちょう》化学繊維工場はそのようにしてスタートしたのである。工場は急成長し、すぐに利益が出た。そしてその利益は川上工程に再投資された。

これらの事例が示しているのは、改革開放政策があったからこそ、われわれの持っているものを利用し、それと引き換えに必要なものを手に入れることができた、ということだ。どんな土地にも、どんな社会にも、それぞれの強みがある。貧困地域であっても、たとえば「安い労働力」という利点がある。これは国際競争で強力な武器になる。

何もかも自力でやろうとして、けっきょく、どの分野でも中途半端な結果しか得られなかった。そのせいで、われわれはたいへんな損失をこうむった。閉鎖的な政策をやめて国際市場と統合し、国際貿易を活用しなければ、わが国は取り残され、近代化は不可能になる。そのことを私は最近ますます痛感している。

第十章　農村の自由化

一部の最貧地区の生活水準を向上させるため、政府は改革開放の初期の数年間に、農業の戸別請負制を再度導入した。これがふたたび経済を刺激し、改革開放の重要な一歩となった。土地はすべて政府が所有していたので、この制度の基本的な前提として、それぞれの農家と土地契約を結んだうえで、一定の自由を認め、労働意欲を高める必要があった。

かつての党幹部、劉少奇《りゅうしょうき》は戸別請負制の構想を支持し、毛沢東の急進的な「人民公社」政策の影響力に対抗しようとした。劉が毛との政治闘争に敗れて以来、戸別請負制はつねに微妙な政治問題となっていた。多くの党幹部が、この制度によって農業生産高が増えることを経験から知っていたが、あえて公然と支持する者はほとんどいなかった。

農村経済に戸別請負制を導入したことによって、人民公社は完全に解体され、八億人以上の農民が自由になった。趙紫陽は当初からこの制度を支持していた。それが改革開放を指揮する中心的な立場へと昇進する道を開くことになる。

どれほどよい成果が出るか、どれほど劇的な変化が見られるか、誰も予想していなかった。最初から戸別請負制を全国的に導入しようとか、ほぼすべての農村地域に拡大しようと計画した者は誰もいなかった。一歩一歩、手探りで進めていくうちに、その利点が少しずつわかっていったのだ。

十一期三中全会（一九七八年）で「人民公社工作条例」、通称「農業六十条」の修正案が採択された。この条例は農業の管理運営について定めたもので、戸別請負制を認めない、すなわち、土地は農家に分割しない、と明示されている。

一九七九年九月の四中全会における「農業の発展促進に関する決定」も同様で、「特定の工芸作物［原料用作物］の栽培のため特殊な条件が必要な場合や、山間部の農家で適当な輸送手段がない場合をのぞいて、農家による土地の分割、すなわち戸別請負制は認めない」と明示されていた。私の提案で、当初の「認めない」という表現は「奨励されない」に変更された。一般に、戸別請負制は採用すべきではないと考えられていたが、それほど厳しく禁じられていたわけではなかったのだ。

農家グループや個々の農家による請負契約は、貧しい農村地域の農民たち自身が始めたことだった。発祥の地は安徽省と四川省である。当時、貧困地域の場合、請負契約を認めても、あまり物議をかもすことはなかった。

一九六〇年、経済が困難な状況にあったとき、安徽省では曾希聖《そうきせい》（安徽省党委員会第一書記）が「指定土地責任制」を導入した。広東省では、私（当時幹部を務めていた）が「生産量連動請負責任制」を採用した。河南省では「借地制度」、河北省の張家口では「グループ土地請負制度」、その他の地方でも似たような方式が導入されていた。その結果、これらの地域では増産に成功し、当時の深刻な食糧不足をかなり解消できた。ゆえに、この種の制度を導入すれば、生産量が増え、困難を克服できるということを、多くの党幹部は知っていた。文化大革命が終わり、われわれは経済建設を政策の中心にすえ、「思想解放」、「実践こそ真理の唯一の基準」といった考え方を推し進めた。それゆえ国民は以前ほど恐れることなく、より現実的に考えられるようになった。

当時私は、全国の農村地域は三つに分類できる、と考えた。第一のグループは、集団所有（国有）が比較的うまくいっていて、生産レベルと生活水準が高く、集団の資産規模が大きい、あるいは社隊企業［人民公社内の企業］が発展している地域。第二のグループは第一と第三の中間。第三のグループは、生産力が著しく損なわれ、住民が飢餓寸前の状態にある地域だ。

私は、第三の地域について、一刻も早く戸別請負制を導入すべきだと考えた。それがもっとも迅速かつ効果的な改善策だったからだ。すでに中央政府で仕事をしていた一九八〇年、私はある会議で、全国の最貧地区で戸別請負制を開始するよう提案した。最貧地区の人口は約一億人に達していたのである。この重大な政策決定は、農村地域を安定させ、疲弊した農家を回復させるのが目的だった。姚依林《ようい りん》（国家計画委員会主任）からの支持も得られた。第二の地域については、しばらく様子を見てから決めても遅くないと思われた。第一の地域については、まったく必要なし、と考えた。

戸別請負制をめぐって党内論争が表面化したのは、第三から第二の地域へ導入を拡大しようとしたときだった。反対派は基本方針そのものに異議を唱えた。

胡喬木《こきょうぼく》（政治局員）は私に慎重さを求めて、こう述べた。「安徽省では戸別請負制が淮河《わいが》の北から南のほうまで広がっているし、豊かな蕪湖《ぶこ》県でも戸別請負制を導入している」。彼は明らかに反対していた。江蘇省の視察から戻った李先念《りせんねん》（党長老）は、江蘇省党委員会の見解を報告するという名目で、安徽省の戸別請負制導入に抗議した。王任重《おうにんじゅう》（副首相）もこの制度に反対だった。国家農業委員会主任も務めた王は、早くも一九七九年の時点で農家および農家グループの責任請負制を非難する文章を書き、噂ではそれを洛陽（河南省の都市）から人民日報に送り、掲載を求めたという。山西省も農村の規制緩和政策に反対で、安徽省や四川省の改革を早くから非難しており、一九七八、七九年には、各新聞に批判記事があふれた。

そのとき、華国鋒《かこくほう》（毛沢東の一時的な後継者）も戸別請負制を支持しなかった。農村地域、とくに南部では、収穫から脱穀、乾燥、輸送まで、すべてにおいて集団的な運営が必要だと考えていたのだ。

陳雲《ちんうん》は賛否を明言しなかったが、一度だけ、何人か部下をよこして、次のような質問をしてきた。華南では収穫期によく雨が降るので、乾燥作業を迅速にやらないとカビが生える――戸別請負制の導入以降、そのような問題は起きていないのか。調査したうえで、私はこう答えた。制度導入以降、乾燥作業は以前よりはるかに迅速に行われるようになった、と。陳はそれ以上意見を述べなかった。

黒竜江省の党委員会第一書記も戸別請負制に反対した。党中央が主催した農村工作会議では、多数の地方指導者が賛成を表明するなかで、彼が「諸君は諸君の広い道を進めばよい。私はこのまま一本の丸木橋を渡っていこう」と発言したのは有名だ。たとえ他のすべての省が戸別請負制を導入しても、黒竜江省は追随しないという意思表明だった。

福建省の党委員会第一書記も反対の立場をとり、同省の他の常務書記らとのあいだに大きな亀裂が生じた。陝西省の第一書記は、同省の関中地区への制度導入を禁じた。河北省では第一書記と省長［知事］の両方が反対した。省長はかつて陝西省の常務書記だった。この同志は陝西省時代、各地で農業の規制緩和が進められるなか、それと逆行するかのように、会計管理を個々の生産隊レベルから上の生産大隊へ移した人物である。

戸別請負制を全国的に実施することは、鄧小平の支持がなければ不可能だっただろう。党中央指導部からほとんど反対の声があがらなかったのは、鄧の姿勢と大いに関係があった。鄧はこの件についてあまり論評しなかったが、つねに私や胡耀邦や万里の考えを支持する姿勢を示していた。鄧は、戸別請負制の導入で状況が改善されたことに満足している、と語った。一九八一年、鄧のもとに山東省東明県の被災地の農民たちから連名の手紙が届いた。戸別請負制のおかげで食糧が確保できるようになったことを感謝する内容だった。鄧はその手紙を党中央の幹部全員に転送した。

一九八一年一月初旬、私は河南省の蘭考《らんこう》、山東省の東明その他の貧しい農村地域を視察した。戸別請負制の導入がもたらした変化をまのあたりにし、地区の幹部や住民がこの制度を心から支持していることを知った。私にとってたいへん印象深い出来事であった。制度をさらに三年延長してもらいたいという住民の希望を幹部から聞いたとき、私は「わかった」と即答した。戸別請負制は暫定的な措置だという考えを変えたわけではなかったが、再検討が必要だという気持ちにはなっていたのだ。

北京に戻ってすぐに鄧小平や胡耀邦、その他の党中央の幹部たちに、この目で見てきたことを報告した。戸別請負制の導入によって生産量が増え、農民の生活水準が向上したことは間違いなかった。

しかし、家族経営の小規模農家が農業の継続的発展を維持できるのか、という疑問が浮かぶのも無理はなかった。最大の問題は、請負農家の熱意を、商業的大規模生産への発展に結びつけ、非効率な小農経済に陥らないようにするにはどうすればよいか、ということであった。解決策として戸別専業請負方式がよいのではないか、と私は考えた。この方式は党幹部や市民の実際的な経験から生まれたもので、後に「個人請負と共同経営の結合」と言われた。

農村個人専業戸［農村個人企業］の登場という問題もあった。一九八八年に西ヨーロッパを訪れたとき、全体的に農業経営の規模があまり大きくないことに気がついた。その多くは小規模農家であり、自分で対処できない問題が出てくれば、共同組合を通じて対処した。それでも大規模農家に劣らぬ成果が出ていた。なかでもスイスは印象深い国であった。高い農業生産力を実現するには大規模経営が必要だというそれまでの信念が揺らぎはじめた。そして、農村地域の共同生産に戸別請負制を導入しても、かつての小農経済に逆戻りするとはかぎらないと思うようになった。

四川省で働いていた時代に、私は農作物の栽培、魚の養殖、花や薬草の栽培を、特別な専門知識および管理技能を持った事業者に外注に出すことを奨励した。その後、あちこちの養鶏場、養豚場、酪農農場、さらに農産物加工施設や縫製工場にも足を運んだ。一九八一年、山西省を視察した私は、このような農村個人企業の登場は、農村商品経済の始まりを意味している、と評した。

土地の三級所有制［人民公社・生産大隊・生産隊による所有］から戸別請負制への全国的な制度変更は、重大な政策転換であり、抜本的な改革だった。改革は三年足らずで円滑に遂行された。わが国の歴史上、これほど健全な政策の大転換はなかったと思う。党指導者や幹部らの大部分は懐疑的だったが、それでも改革は実行された。しかし、誰も処罰されなかったし、表立って批判する幹部もいなかった。ただし、言うまでもないことだが、反対の動きもあった。二年後、いくつかの省が戸別請負制の開始を実力で阻止しようとしたので、われわれは行政命令を出してそれをやめさせた。

戸別請負制は草の根から始まって、上のほうにまで広がっていくにつれ、その優れた点がますます明白になった。指導者や幹部の大部分は、当初の反対から賛成へと少しずつ態度を変えた。この大きな変化は、まことに学ぶべきことの多い経験であった。

この政策の大転換のなかで、中央政府は一律基準を適用せず、統一した指示も出さなかった。制度を導入するかしないか、どのように導入するか、といったことは、地方政府の決定に委ねられた。「広い道」と「丸木橋」の両方が認められていたのだ。地方の指導者たちには、住民が自主的に戸別請負制を導入しても干渉してはならないという指示が出ていた。いっぽう中央政府は、なんらかの指針を出す前に、全般的状況を検討し、制度導入の成果について情報を集めた。

制度の導入は大きな利益をもたらした。起こりつつある変革にブレーキをかけることもなかった。地方の指導者および幹部には選択の権限と、意思決定の時間があたえられていた（「しぶしぶ」から「進んで」取り組む姿勢に変わるのにじゅうぶんな時間だった）。ゆえに、変化は自発的なものになった。そのため対立や他の弊害が起きる可能性は少なかった。地方当局には、制度の優れた点を理解し、それぞれの発展状況に応じた導入方法を見つけるのにじゅうぶんな時間があったのである。この制度は、最貧地区から平均的な地区、そして豊かな地区へと広がっていくにつれ、徐々に完成されていった。

前述のように、私は農村に戸別専業請負方式を導入すべきだと考えていた。この私の意見が最初に正式な形で発表されたのは、一九八〇年九月に全国の省と市の党委員会第一書記が集まって戸別請負制について話し合った会議の文書のなかである。その文書は一九八〇年九月二十九日に、党中央から全国に発送された。

文書にはこう記されていた。「戸別専業請負制とは、生産隊の管理のもとで、農業生産の専門知識を備えた者が業務を請け負う方式である。農作物の栽培、畜産、漁労、商業業務の専門知識を備えた者は、農家グループや個別農家から専門業務を請け負う」。基本的指針は、個々の事業者に積極的に業務を請け負わせること。そして、家族総出で働いても、わずかな利益しか得られないような小農経済に陥らないようにすることであった。

しかし、（農家の意欲を高め、大規模で専門化された農業を目指すという）この構想は実現しなかった。なぜなら、農村では商品経済があまり発達していないという事実を見落としていたからだ。

仕事や産業、商業活動の多様化はまだ始まったばかりだった。知識の専門化はさほど進んでおらず、人々は古い考えに縛られていた。ゆえに一部の専門業者や、小麦の大量生産を請け負う農家を除けば、農地は農家の数だけ分割されて、それぞれ請負に出されていた。

とはいえ、じっさいにはそれぞれの農村地域の経済発展および生産性のレベルに応じた成果が得られた。その結果からわかったことは、制度の導入は農村の生産性向上を阻害するどころか、農村経済を大いに刺激する働きをしたということだった。

たしかに、土地を均等に分割し、個々の農家に業務を請け負わせるという制度では、農業における労働効率の低さという根本問題を改善することはできなかった。だが、農村で商業活動が拡大すれば、業務の専門化が進み、農村工業も発展していくだろう。知識の専門化、労働移住、大規模農業は、いつかはふたたび立ち向かわなければならない問題である。むろん、一九五〇年代の集産化のような形をとることはないだろう。家族農業という形態のほうが適しているということも、じゅうぶんにありうる。この種の要請に応えるためには、土地を自由に売買、賃貸、相続できるようにしなくてはならない。もっとも重要な農業生産手段である土地を、市場で自由に入手できるようにすると同時に、法的に保護しなければならない。これは取り組むべき問題である。

第十一章　沿海地域の発展

改革開放の初期の成功で自信を得た趙は、沿海地域の開発に向けた、よりいっそう大胆な戦略を打ち出す。その基本構想は、完全に輸出中心の経済を確立することであった。沿海地域にいくつか経済特区を設置したことで、すでにある程度、構想は進んでいたが、趙は、もっと包括的な政策があれば、急速な発展を促し、中国をグローバル経済と結びつけることができると考える。もっと時間をあたえられていたならば、この構想をさらに追求したかったにちがいない。

一九八七年の冬に、沿海地域の視察旅行に出かけた。その後、八八年に沿海地域の開発戦略を提案した。

視察旅行中、私は、国際市場こそ、わが国の沿海地域の発展を加速する環境をあたえてくれるものだと確信した。なぜなら、労働集約型の生産は労働力が安くて豊富な場所にシフトするからだ。いくつかの先進国は知識・技術・資本集約型産業に力を注ぐようになっていたので、開発途上国にとっては好機だった。それは自然の法則と言ってもよい。日本や、アジアの虎と呼ばれた台湾、シンガポール、香港、韓国がたどってきた道である。四頭の虎たちはそのようにして急成長を遂げたのだ。

わが国の沿海地域には大きな利点があった。良質の労働力が豊富で、その点では他の開発途上国より優れていた。交通の便がよく、情報も入手しやすい。住民は国際市場、国際競争を意識しはじめていたので、内陸地域に比べると、対応は迅速だった。それに、インフラの整備も内陸より進んでいて、繊維などの軽工業を興すには絶好の場所だった。沿海地域は、わが国がアジアの虎たちと同じことを達成するのに必要なすべての条件を備えていたのだ。

輸出志向の開発によって沿海地域は急速な発展を遂げるはずだ。提案された戦略では、輸出中心経済の確立を求めていた。それはつまり、一億〜二億人がグローバル市場に進出し、国際貿易、国際競争に参加するということだった。そうなれば、完成品を国際市場に供給するいっぽうで、原材料その他の資源を国際市場から輸入する、いわゆる「両頭在外」が促進されるだろう。もしも輸出商品の生産をすべて国内資源だけでまかなおうとしたら、国内向けの資源が不足する恐れがある。東部、中部、西部のあいだで原料の争奪戦が始まれば、国民経済が不安定化する可能性がある。

この戦略が提案されたとき、鄧小平同志はこれを支持し、大いに称賛した。そして、どんな好機も逃さぬように、大胆かつ断固たる行動を起こすことによって、この好機をとらえるべきである、と語った。一部の沿海地域もこの戦略を熱心に支持した。いかに明るい未来が待っているか、彼らにはわかっていたのだ。

しかし、反対する意見もあった。姚依林《よういりん》（国家計画委員会主任）と李鵬《りほう》は懸念を抱いていた。国の過熱した経済を抑制し、「軟着陸」させるという課題が残っていたからだ。もしも沿海地域が急速に発展したら、経済がふたたび過熱するのではないか。じっさいには、そんな心配は無用だった。いわゆる「過熱」は、発展の速度が遅すぎるとか早すぎるという単純な問題ではない。問題はわれわれがその速度に耐えられるかどうかだ。投資が過剰になる、投資に対して利益の出るのが遅れる、あるいは投資してもわずかな利益しか得られない、というのが主な問題なのだ。くわえて、消費資金が膨大なために、通貨の流通量が過剰になっていた。

戦略に従って沿海地域の開発を進めれば、そうした問題は解消されるはずだ。第一に、巨額の投資は必要ない。第二に、作った製品はすぐに売れる。第三に、原材料は海外から輸入できる。

このことはアジアの虎の経済によってすでに証明されていた。アジアの虎たちが、輸出中心の経済を推進し、労働集約型製品を輸出するいっぽうで、原材料を輸入していたのは、比較的インフレ率が高い時期だった。その結果、経済は急速に発展し、何年ものあいだ成長が維持された。同時に、インフレ率が低下し、経済は安定した。

中国は大きな国なので、地域によって環境や条件はさまざまに異なる。われわれは正しいと思われる方法を全国一律に適用しようとすることが多かったが、それは各地域の強みと特性を無視することであった。たとえば、沿海地域は経済の過熱という問題がなければ、もっと急速な発展を遂げていたはずだが、われわれは国全体にかかわる問題を軽減しようとして、沿海地域の発展にまで歯止めをかけたために、好機を逃してしまった。われわれは、長年そのようにやってきた。

何かやろうとするときには、とにかく全国一律だったのだ。経済調整を実施するときも、すべての地域で開発を抑制した。おかげで沿海地域は何度も発展の好機を逃していた。

党長老のなかには、別の懸念を抱く者もいた。たとえば、陳雲《ちんうん》は、「両頭在外」というのは悪い考えではないけれども、そう容易なことではないだろう、と心配した。心配するのはよくわかった。原材料の輸入を認めたとしても、製品の輸出がうまくいかなかったら、どうやって外貨のバランスをとればよいのか、というのである。しかし、心配はわかるが、真の疑問点は違う。真の疑問点はこうだ。われわれにはこれだけ好条件がそろっている。アジアの虎たちも同じことをやってのけたのだ。それならば、どうしてわれわれにできないことがあろうか。どうして競争に参加できないことがあろうか。

二つの障害があった。対外貿易制度と国営企業である。沿海地域の開発戦略を実行するには、対外貿易制度を改革し、貿易に携わる者に損益の責任を持たせる必要がある。当時、私は「大量のものを迅速に輸出入」できるようにすることを提案した。対外貿易制度の障壁を取りのぞき、大量の原材料輸入および製品輸出を認めなければならなかった。

もう一つの問題は、どうやって国営企業を改革するかだった。「悪平等」、「利益はとるが、損失は分かちあう」という習慣を変えるのは簡単ではなかった。私はまず、沿海地域の郷鎮企業の発展を強調した。これらの企業は柔軟で、取引相手として優れていた。多数の郷鎮企業を視察してわかったのは、どの企業も納入期日を守り、品質を重視していて、ひじょうに評判がいい、ということだった。

さらにもう一つ、主として経済計画と対外貿易にかかわる研究者、学識者から問題が提起された。アジアの虎たちはとても小さい。それに比べて中国ははるかに大きく、人口も巨大だ。はたして作った製品をすべて海外に売ることができるのだろうか、というのである。

この問題については、次のように考えるべきだ。安くて質のよい製品であれば、市場での居場所がかならずみつかる。市場は大きさが固定されているわけではないので、いったんシェアを確保したら、それ以上拡大できない、というものではない。たしかに、国際市場に空白はなく、いまや、ない製品はないと言ってもよいくらいだ。しかし、問題は市場シェア、すなわち、どの製品がどのくらいのシェアを占めているかである。市場の規模は世界の経済発展、経済成長とともに拡大するが、市場シェアは競争力に応じて変化する。だからこそ先進国は労働集約型製品の生産をやめ、産業構造を調整したのである。新興国は、経済の急成長とともに労働コストが上昇したため、徐々に優位を失っていった。たとえば、日本は労働集約型生産工程をアジアの虎に移転させたが、いまではアジアの虎もこの領域での優位を失ってしまった。

中国のような国には膨大な労働力という強みがある。将来を心配する必要はない。最初の一歩を踏みだしさえすれば、二歩、三歩と進んでける。労働集約型製品の輸出を開始して、資本と先進技術を蓄積していけば、やがては資本集約型、技術集約型製品の分野でも国際競争に参入できるだろう。

しかし、それは将来の話で、いま心配する必要はない。まだ始まったばかりだ。二億の人々をいきなり国際市場競争に直面させるわけではない。これから段階を踏んで進めていくのだ。

中国は世界的強国である、という意地を捨てることをためらう者もいた。どうして社会主義国である中華人民共和国が、労働集約型生産に力を入れ、郷鎮企業の製品輸出に依存することができるのか、というのである。彼らは、巨大企業グループを組織して、高度な先進技術をとりいれた製品を輸出すべきだと考えていたのだ。

わが国の場合、これはまったく非現実的な考え方だった。当時の輸出品といえば、工業製品ではなく農産物が中心で、その大半は原材料であった。中国は開発途上国だった。どれほどハイテク製品の開発に努力していたとしても、大量生産は不可能だった。それでは沿海地域の失業問題を改善することはできない。だから、大量に輸出できる労働集約型製品から始めなければならなかった。経済が安定し、堅調に推移しはじめた時点で、高付加価値のハイテク製品の輸出を目指せばよい。

違う角度からの反対意見もあった。中部、西部地域の幹部、経済計画やマクロ経済学にかかわっている人々は、すでに内陸部よりも開発が進んでいる沿海部で、どうしてさらに開発を進める必要があるのか、と考えていた。そんなことをしたら較差がさらに広がるのではないか、というのである。内陸部の党幹部は、沿海地域の開発で金持ちがさらに金持ちになる、と思っていた。どうして貧しい者を金持ちにしようとしないのか、と。

しかし、じっさいには、沿海地域の開発を促進すれば、沿海地域が豊かになるだけでなく、内陸部を含む国全体の経済も活性化するのである。沿海地域の発展がないとしたら、出稼ぎ労働者はいったいどこで仕事を見つければいいのか。沿海地域が発展すれば、国内でも労働集約型生産の法則が働いて、労働力の安い地域に生産拠点が移動する。沿海地域で労働コストが上昇しはじめたら、生産を調整しなければならなくなる。ゆえに、全国一律のスピードで発展することはできない。ある地域は急速に、ある地域は徐々に発展していく必要があった。全国一律で開発を進めようとするなら、どの地域も急速な発展は望めない。沿海地域は中国の一部だ。その力を活用することで、国全体に利益をもたらすことができる。国全体の発展という観点から考えて、沿海地域の開発を優先する必要があったのだ。

このように多くの懸念の声があったが、政治局は沿海地域の開発戦略を承認した。六月四日［天安門事件］以後、表立って語られることはなくなったが、じっさいには戦略は継続されている。沿海地域の経済発展が続いたおかげで、中国はわずか数年のうちに大量の製品を輸出し、巨額の外貨準備高を持つまでになった。すべてはこの戦略をとってきた結果だ。当然ながら、六月四日以降は、誰もこの戦略を政策として口にできなくなった。そんなことをすれば、この戦略をより積極的に実施することが難しくなるからだ。

私は以前、台湾の裕福な実業家と話したことがある。エバーグリーン・グループ［長栄集団］総裁の張栄発《ちょうえいはつ》だ。彼は台湾では王永慶《おうえいけい》（台湾プラスチックスの前会長）と並ぶ有名人である。会話のなかで、私はこう言った。「台湾が何百億（ドル）もの外貨準備高を持っているというのは並大抵のことではありません。台湾のような小さな地域に、どうしてそのようなことが達成できたのでしょう」

張は言った。「難しいことではありません。いまの改革開放政策を継続し、対外貿易を発展させていけばよいのです。じきに巨額の外貨準備高を保有できるようになるでしょう。台湾にできることなら、本土にもできますよ」。楽観的で確信に満ちた言い方だった。

当時の私には確信が持てず、そんなに簡単にいくものだろうかと思った。しかし、いまの観点からすると、たしかにそれほど難しいことではなかった。カギは開放を進めることだ。私は以前からそのことを何度も述べてきた。改革開放を推進すれば、中国経済は急速な発展を遂げることができる。それを強調したかった。

一九八七年の秋から八八年の一月にかけて、私は福建、広東、浙江、江蘇の各省をめぐる長い視察旅行に出かけた。県、市、地区、省レベルの幹部たちと会談した。関係する中央政府機関とも意見を交換した。その後、沿海地域の開発戦略を提案した。戦略のもっとも重要な点は、過渡期にあるグローバル経済がもたらす好機を逃さぬよう、沿海地域に輸出中心の経済を確立することだった。戦略は一億～二億の人口を擁する沿海地域を対象とした。内容は次のとおりだ。

一、沿海地域の開発は、本質的に輸出中心の経済を形成することを目標とする。グローバル経済の構造調整がもたらした好機を活かして、労働集約型生産、もしくは労働・技術集約型生産の確立に重点をおく。

二、「両頭在外」によって大量輸入、大量輸出を実現しなくてはならない。資本と設備の調達、および製品販売は国際市場を通じて行い、海外からの投資を呼びこみ、設備と原材料を輸入する。国内で加工した製品を海外に輸出する。大量輸入、大量輸出が迅速に承認されるようにしなくてはならない。

三、輸出中心の経済を確立するためには、郷鎮企業がその潜在的な能力を発揮して、重要な役割を果たさなくてはならない。つまり、郷鎮企業の潜在能力を活用し、輸出中心の経済への道を切り拓くのである。最終的には、沿海地域の農村の労働力の大部分は、輸出中心経済と国際市場に組みこまれる。

四、この種の変革に適応するためには、対外貿易輸出入に関する中央集権的な制度を改めなければならない。輸出製品を製造できる事業体や企業、および輸出入関連の企業すべてに損益の責任を持たせると同時に、自由な事業展開を認めなければならない。

要約すれば、沿海地域の一億～二億の人々と企業をグローバル市場に組みこんで、国際市場における貿易と競争に参加させる、ということである。

中国の外では、すでに世界経済の構造調整が進行中で、工業国、新興工業国の一部では、国民の生活水準が向上するとともに、労働コストも上昇した。そのため、労働集約型生産がより労働コストの安い国や地域へと徐々に移転することが予想された。

アジア太平洋地域の場合、アメリカが労働集約型生産の一部を日本に移転したのが、最初の例である。日本はこの好機を活用して発展した。その後、アメリカと日本は生産・製造拠点の一部をアジアの虎に移転した。アジアの虎が発展を遂げると、今度は日本とアジアの虎がＡＳＥＡＮ諸国（東南アジア諸国連合十か国）に産業移転を進めた。

グローバルな観点から見ても、アジア太平洋の観点から見ても、経済構造調整は止まらないだろう。この調整過程は、開発途上国にとって絶好の機会である。以前の中国は、海外に対して門戸を閉ざし、厳格で高度な中央集権体制を敷いていたため、情報の自由な流通がなく、それゆえ何度も好機を逃した。もうこれ以上、好機を逃すわけにいかないのだ！

同時に、中国の沿海地域には好条件がそろっていた。海に面した交通至便な港湾に近く、内陸部よりもインフラ整備が進んでおり、文化的にも技術的にも質の高い労働力を確保できる。昔は外国との貿易が盛んだった沿海地域にとって、国際市場は身近な存在だ。これだけ好機と好条件がそろっているのだから、われわれの思考の壁を取りのぞき、適切な指針となる政策を打ち出しさえすれば、沿海地域は急速な発展を遂げるはずだ。

この戦略を実行しなければ、沿海地域はこれまで以上に多くの困難を経験するだろう。従来の古いやり方を続けるとしたら、この地域には限界がある。天然資源がないからだ。高度に中央集権的な計画経済では、国全体が巨大なチェス盤とみなされた。西部地域の天然資源開発に投資するのも、加工のために遠く離れた沿海地域へ輸送するのも、すべて国に依存していた。こんなやり方はもう続けられない。

内陸部の省が沿海部の省に資源を安く売るのを躊躇するようになり、内陸と沿海の対立が激化した。そのため、沿海地域に本質的に輸出中心の経済を確立することが、重要かつ重大な課題になった。

沿海地域開発の提案には重要な政治的意義もあった。高度に中央集権的な計画経済は、国全体を画一的に発展させてきたため、沿海地域の強みを活用できなかった。内陸部も沿海部も、ともに急速な発展は望めなかった。解放前の上海は、アジア太平洋地域では、ひじょうに進んだ大都市で、シンガポール、台湾どころか香港よりも発展していた。しかし、解放から二十年もすると、上海は衰退し、香港、シンガポール、台湾よりもずっと遅れた都市になってしまった。国民は、「いったい社会主義のどこがいいのか」と疑問を抱いた。

中国のある地域、何億もの人口を抱えたどこかの地域が、香港やシンガポールや台湾と同じくらい急速な発展を遂げれば、状況はずっとよくなるだろう。社会主義が生産性の発展の障害になっているなどと言う者はいなくなるはずだ。さらに政治的な観点から言えば、香港とマカオの返還[1]、台湾との統一に対する人々の疑念や不安は和らぐだろう。台湾では本土との統一を望む声も高まるにちがいない。

私は、観察と実験と熟慮を積み重ねた末に沿海地域の開発戦略を提案した。それは、改革開放のさらなる推進の要請に対する答えでもあった。

私は長年、香港、マカオに隣接する広東省で働いていたので、国際市場や対外貿易に関しては、早くから熟知していた。沿海地域が国際貿易を活用して、その潜在能力を伸ばせるようにすることは有益だと、かなり早い時期に考えるようになっていた。

たとえば広東省では、サトウキビの栽培を許可されれば、一エーカーあたり千斤（五百キログ

1　一九九七年、イギリスは正式に香港を中国に返還。二年後、ポルトガルも同様にマカオを返還した。

ラム）の砂糖を生産できた。同じ面積を水田にすると、一エーカーあたり千斤の米が生産できたが、千斤の砂糖の価値は、千斤の米よりもずっと高かった。千斤の砂糖の輸出収入があれば何千斤もの米が輸入できたのである。しかし、かつての中国は、そのように国際貿易を活用していなかったので、食糧不足を解消するためにサトウキビ畑を拡大するわけにはいかなかった。だから、土地をサトウキビ畑にするか水田にするかで、いつももめていた。

広東省では国際市場で高く売れる上質の米も栽培していた。この品種の米は、並の米の数倍の価値があった。私は広東省時代に、上質米一斤を輸出して、通常米一斤と何斤かの肥料を輸入するという方式を採用し、その肥料を国内でさらに多くの米と交換するのに用いた。こうすることで、食糧と肥料と外貨を手に入れたのだ。しかし、かつてのわが国は、ただ機械的に自給自足を強調するばかりで、国際市場を活用しなかったために、国力を弱めてしまった。

対外貿易には大きな潜在的な力がある。広東省時代、私はこのことについてよく考えた。ある企業、ある地域が自由に原料を輸入し、製品を作って輸出すれば、大きな利益が得られるはずだ。国内のいくつかの地域が輸出用の製品を作れなかったのは、たいていの場合、良質の原材料が不足していたからだ。そのため、製品を作れないか、作っても質が悪いかのどちらかだった。原材料を輸入できれば、自前の工業設備を使って加工し、製品を輸出できる。そうすれば、必要なものを輸入できるだけでなく、外貨も獲得できるのだ。

一九六〇年代、私は党中央に手紙を書き、輸入原料を活用して輸出収入を得るため対外貿易を増やすことを提案した。広東省では、この方式を独自に試みていたのだ。われわれは葉季壮《ようきそう》（国家対外貿易部部長）の承認を得て、独自に輸出入を行い、その結果得られた外貨収入は地方政府レベルで共有された。広東省の経済が一九六〇年代初頭にかなり急速に回復したのは、この輸出入事業によるところが大きい。

対外貿易は沿海地域にとって大きな力になるはずだと、当時の私は強く確信した。わが国の制度と政策は、対外貿易の潜在的な力を抑えこんできた。力が伸びてこなかったのは、機会がなかったからでも、不可能だったからでもない。国が認めなかったからだ。

一九八一年、天津の企業を視察しているときにも、この問題が浮上した。天津の織物工場の多くで原料の供給が不足し、設備の改良もできず、生産を続けることが困難になっていた。それはちょうど経済調整の時期で、多くの工場が生産停止を強いられた。私は工場の責任者たちと話し合い、もしも外国からの原料輸入が認められたら、海外向けの製品を生産できるかどうか尋ねた。彼らは、もちろんできると答えた。私は、沿海地域がすべて輸出中心産業の発展を目指していけば、どうなるだろうかと考えた。しかし、その後、ほかにもいろいろな問題が出てきて、この問題は棚上げされた。

一九八一〜八四年に改革が実施されて以降、広東省は「三来一補」を進めた。「三来」とは、来料加工（原料委託加工）、来様加工（サンプル委託加工）、来件装配（部品組立）のことで、外国企業から原料、商品サンプルやデザイン、部品などの提供を受け、既存の設備と労働力を用いて製品を作り、それを外国企業に納めて加工賃等の支払を受ける方式。「一補」は補償貿易のことで、外国企業から技術や設備の提供を受け、その対価として生産する製品の全部か一部をその企業に納める方式である。やや原始的な手法ではあったが、住民の生活水準は急速に向上した。広東省、とくに東莞《とうかん》、南海、珠江《しゅこう》デルタの各地区は急発展した。

最初、香港の実業家が足を運ぶ土地では、こぞって「三来一補」をとりいれたので、やがて香港企業の製造設備と生産拠点は本土に移転されることになった。広東省に続いて、福建省、山東省、浙江省、江蘇省もこの方式を導入した。結果は良好だった。これにより、沿海地域には潜在的な力があり、ただそれを発揮する時を待っていただけだということが、ふたたび証明されたのである。

言うまでもなく、これは改革開放の数年間に沿海地域ですでに進行していたことである。しかし、これを全体戦略として考え、実行する必要があった。だからこそ、沿海地域開発戦略が提案されたのであって、なんの理由もなく、ものの弾みで提案されたわけではない。それは長期にわたる観察、研究、理解から導き出された結論だったのである。

第十二章　腐敗への対処

　どんな政策も、たとえ成功した政策であっても、なんらかの代償をともなう。中国の改革努力に当初からつきまとってきた代償の一つが、腐敗だった。いかなる改革者も、この問題を、そしてそれが人々の反発を引き起こす可能性を無視することはできない。趙は、腐敗は古い経済システムが新しいものに転換した結果として生じたものであり、強硬な対応は不要だと述べ、経済改革、政治改革、法制改革をより迅速に進めることで問題は解消する、と主張する。

　腐敗は一九八八年に重大な問題として表面化していた。問題は、腐敗をどう理解し、どう解決していくか、腐敗および清潔な政府作りについての懸念を、どうやって改革の深化へとつなげていくか、と同時に、反対派がこの問題を利用して古いシステムに戻そうとするのを、いかにして阻止するかであった。

　一九八八年の春節休暇を広東省で過ごしていた私は、権銭交易［権力と金銭の取引。権力者がその地位を利用して不正な収入を得ること］の多数の実例を示す資料を読んだ。改革開放の必然的な結果だとは言わないまでも、経済環境の変化と深くかかわっていることは認めざるをえなかった。それは無視できない問題だった。私はこう提案した。「経済は繁栄しなければならない。政府は清潔なままでいなければならない」

私は、「清潔な政府の維持」こそが主要課題であることがわかってきた。もしこのことをおろそかにするならば、改革反対派がこれを口実に利用し、国民は不満を募らせるかもしれない。そして悲惨な結果が待っているかもしれない。いっぽう、腐敗対策を利用して、改革を深化させることができるかもしれない。腐敗というのは新しい環境のなかで浮上してきた問題なので、古いやり方では解決できない。まず問題の原因を理解しなければならなかった。原因を理解してこそ、有効な解決策を見つけることができるのだ。

たとえば、一九六〇年代の香港では、腐敗がきわめて深刻な問題になり、警察などの法執行機関では汚職がはびこっていた。その後、一九七〇年代に独立汚職取締委員会が設立され、「廉政風暴」（清潔な政治を求める嵐）という映画まで作られた。この後、状況は目に見えて改善した。

経済文化がある段階まで発展すると、たいてい腐敗が発生する。しかし、その後、公務員や警察官の質が向上し、給与や報酬が増えると、状況は変わる。現在の香港は以前とはまったく違う。他の開発途上国でも同様の状況が見られる。市場経済の初期段階には、権銭交易はつきものだ。経済が発展し、法制度が整備され、民主的な制度が確立されれば、状況は改善する。一部のＡＳＥＡＮ諸国も同様の経験をしている。

一九八九年一月、香港の新聞「大公報」は、「本土の腐敗を分析する試み」といったような題名の記事を発表した。中国の腐敗問題に対する系統立った分析だった。私はこの記事を鮑彤《ほうとう》（党中央政治体制改革研究室主任）に、次のようなメッセージを添えて転送した。「これは腐敗を研究した記事だ。腐敗問題を専門に研究・分析するチームを組織し、われわれ独自の戦略を提案し、説明する記事を発表する必要がある」

当時、私はこの問題を系統的に研究する必要があると考えた。研究によって問題を明らかにしてこそ、解決策を提案できるのだ。従来の対応策ではうまくいかない。たとえ腐敗と闘うためであっても、高度に中央集権的な計画経済に逆戻りするのはよくない。それでは喉に詰まるのが怖くて何も食べない［誤りを恐れて仕事まで放棄する］のと同じだ。建国初期のような大規模な運動や階級闘争といった方式を用いて、たとえば人々を処刑したとしても、効果はないだろう。

この種の腐敗は経済・社会の過渡期にあらわれる現象だ。古い制度は弱体化し解体しつつあるが、新しい制度はまだ確立されていない。それこそが問題なのだ。ゆえに、腐敗を根絶するためには、経済改革、政治改革をいっそう推し進めなければならない。

権銭交易を例にとってみよう。経済が自由化し、商品や市場が導入されたいま、多くの企業や事業体が市場競争に参加するようになった。しかし、依然として権力は政府機関に独占されている。言い換えれば、経済改革による自由市場への転換はまだ完了していないのだ。計画経済の時代の要素が数多く残っている。市場競争に参加する者は、権限を持つ政府機関から便宜を図ってもらうことによって、他の競争者よりも有利な条件下で、巨額の利益を得ることができるようになっている。

たとえば、計画経済の内部で供給された物資を外部に出す、つまり、計画経済システム内部の供給機関から安い統制価格で商品を購入し、それを市場価格で販売することで、膨大な利益を得られるのだ。また、別の例としては、ある商品の輸出入を認可されると、価格差を利用して巨額の利益を得られるようになっている。こうした状況下では、権力と金が結びつき、交換されて、平等ではない競争条件によって一部の業者が不当に利益を得ているのである。そうして得られた巨額の利益の一部は賄賂として使われることもある。

この問題を解決するには、引き続き改革を深化させることによって、政府と企業の癒着を断ち切り、現在政府が握っている権限を企業経営者に委譲し、権力の独占あるいは過度の集中を解消するしかない。そうすることで権銭交易の蔓延に歯止めをかけるのだ。さらなる改革の推進こそ、この問題の唯一の解決策である。

もう一つ重要なのは制度の確立である。商品経済ではそれに適した制度が求められる。税務署、警察署、銀行支店のほか、さまざまな規制・取締機関が必要だ。手順がすべて透明で、結果が公表されるようになれば、腐敗行為に手を染めようとする者は減るはずだ。

聞いたところでは、黒竜江省のある地区では、銀行の農業融資の内容、たとえば誰に融資を行い、どれだけ回収できたか、といったことが毎年公表されていた。これによって住民は問題に関心を持ち、権力を監視するようになった。透明性が低いほど、不正を働きやすい。だからこそ、腐敗と闘うには制度の確立が必要なのだ。この点では、北京市の東城地区がよい成績をあげている。このやり方なら、民衆の支持も得やすい。

腐敗と闘うためには、政治体制の改革を実行しなければならない。新興国では、発展の初期に、腐敗が蔓延する時期がある。経済が急速に成長するいっぽうで、一部の者に政治権力が高度に集中する。役人の行動は世論によって監視されない。政府与党の監督がないと、役人はすぐに腐敗する。民主政治を確立し、政治を多元化し、より多くの民衆をその過程に関与させ、世論によって権力を監視することで、最終的には状況はよくなるだろう。一部のＡＳＥＡＮ諸国や台湾がそうだった。経済基盤が変化するときには、政治制度にも改革が必要なのだ。

もう一つの重要な、と言うより、もっとも不可欠な課題は、司法の独立と法治の確立である。独立した司法制度がなく、政府与党が介入できるとしたら、腐敗問題を根本的に解決することなど絶対にできはしない。

私はこれらの問題をすべて、中央書記局会議で指摘した。だが、依然として問題は解決されていないようだ。

六・四［天安門事件］以降、李鵬《りほう》一派は、私が改革の過程で腐敗が起きるのは仕方がないと発言し、腐敗を放任するような立場をとったと非難した。よくもまあそんな根拠のない非難をずらずらと並べられたものだ！

それどころか、私は腐敗問題にどう対処すべきか、いつも考えていた。一九八八年三月の十三期二中全会でも、六月の政治局会議でも、腐敗防止対策について述べている。何度か討論会を開いて、行政の末端の人々から事情を聞くこともした。私は腐敗防止対策を積極的に研究し、抜本的な解決策を見つけようとしていたのだ。李鵬一派が私に罪を負わせるために、前後の脈絡など無視して発言を引用したのは、まったくもって不当なことであった。
腐敗問題は今日も依然として存在しているようだ。

第四部　政治局における闘い

第一章　胡耀邦の「辞任」

中国の政治において、対立する勢力同士はどのように互いに策略をめぐらしているか。それは長いあいだ謎に包まれていた。本章で趙は、保守派の長老たちが、共産党の権力と毛沢東の遺産を守ろうと、権謀術数を駆使する姿を明らかにする。

趙はさらに、一九八七年、党最高指導者、鄧小平が、開明的な指導者、胡耀邦《こようほう》を辞任させる決定を下したことについても光をあてる。社会に自由化の傾向が強まっているとして、これに対処するよう鄧小平から指示を受けたにもかかわらず、どういうわけか胡は真剣に受けとめなかった。しかし、胡の犯した致命的誤りは、香港のジャーナリストの取材を受けたときに、鄧小平について早期の引退を望むかのような発言をしたことだった。後任として党総書記に就任した趙紫陽は、なんとかして保守派の怒りを鎮めようとする。長老たちが反自由化運動を展開するなか、趙は経済改革を継続するために奮闘する。

一九八七年一月、胡耀邦は辞任に追いこまれた。この問題についてはさまざまな噂が飛び交った。そのなかには、鄧小平は長老たちの圧力を受けて、趙紫陽をかばうために胡を見捨てざるをえなかった、という話もあった。しかし、これは事実ではあるまい。鄧のいる前で胡を批判するなどして鄧と胡の対立をあおろうとする者たちがいたのは確かだが、しかし、それは辞任の直接的な理由ではないと思う。

鄧小平が胡耀邦を見捨てたのは、誤解したからでも、周囲の圧力で妥協を迫られたからでもない。むしろ、胡に対する見方が少しずつ変わっていき、ついには信用できなくなった、と言ったほうが正確であろう。

一九八〇〜八六年、鄧小平は、知識層のあいだに広がる自由主義的な傾向をめぐって、胡耀邦と意見が合わないと感じることが多くなった。二人のあいだの相違は時が経つにつれて大きくなっていく。始まりは一九八〇年だった。鄧が自由化を非難し、反自由化運動[1]を提案するのは、たいていの場合、（党内保守派の論客）胡喬木《こきょうぼく》と鄧力群《とうりきぐん》の報告を受けたときだった。しかし、鄧と胡が自由化に対してまったく異なる意見を持っていたのはまぎれもない事実である。二人の対立をあおる者がいなかったとしても、関係が悪化するのは目に見えていた。胡耀邦の辞任は不可避だったのだ。

その何年かのあいだに起きた出来事をいくつか話そうと思う。

鄧は一九七九年の理論検討会で、「四つの基本原則」[2]の堅持を訴えた。以来、自由化の問題について鄧と胡が異なる意見を持っていることが明白になった。

年月の経過とともに、両者の相違はより明白になり、それぞれの立場はますますかけ離れたものとなっていく。一九八一年七月、鄧小平は、思想理論戦線[3]を「軟弱だ」と非難する演説を行った。一九八三年十月の十二期二中全会では、思想理論戦線はいかなる「精神汚染」にもかかわってはならぬと述べた。鄧がこのような発言をしたのは、知識人のあいだで自由主義的な傾向が広がりつつあると感じていたからだ。そしてその責任は、この分野を担当する胡耀邦にあると考えた。

胡耀邦自身は、そのような問題を提起したこともなければ、鄧に報告したこともなかった。むしろ、鄧自身がその問題に気づいたか、胡喬木や鄧力群から報告を受けて、これは介入せざるをえないと感じたのである。言うまでもなく、それは胡に対する不満のあらわれであった。反精神汚染運動[4]の問題について、ここではっきり言っておこう。思うに、この問題に対する胡耀邦の対応が、鄧との対立を著しく悪化させ、ついには決定的な亀裂を生む要因となったのである。

十二期二中全会の後、鄧が提唱する反精神汚染運動は全国的に広がった。「極左的」思潮が復

1　一九八七年、党内保守派は中国の知識階級のあいだで強まりつつあった自由主義的な傾向に対抗するため「反自由化運動」を展開した。「反ブルジョア自由化運動」とも言う。

2　一九七九年に鄧小平が提示した政治指針。「社会主義の道」「プロレタリア独裁」「共産党の指導」「マルクス・レーニン主義と毛沢東思想」こそ、国家を支える四本柱であることに疑いの余地はない、と強調した。

3　政策の理論的根拠となる考え方を提示する共産党の諸機関のこと。保守派と改革派との闘争の場となることが多い。

4　社会における西洋の影響を一掃するため、一九八三年に始まった。中国語の名称である「清除精神汚染」は、もとは鄧小平の言葉で、腐敗分子は断固、党から追放する、という意味あいも含んでいる。

活し、文化、思想、経済の領域のみならず、国民の日常生活にまで浸透しはじめた。女性の髪型や服装も反精神汚染運動の統制下にあり、またもや文化大革命が始まるのかと思われたほどだ。これに対して全国の知識人、世界の有識者のあいだで強い反発が起きた。

その年の冬、私はアメリカを訪れていたが、どこへ行っても、運動について質問され、人々の懸念を和らげなければならなかった。運動の勢いはすさまじく、経済政策や改革開放にとって脅威となるほどであった。

万里《ばんり》（副首相）と私は、反精神汚染運動は経済や農業の問題には適用されない、と発表した。経済の混乱を回避するためである。さらに、生活習慣の領域にまで踏みこむべきではない、と提案した。これには全体的な雰囲気を鎮める効果があった。そもそもこうした「反自由化」の考え方は不評だったので、経済、農業、科学技術の領域は「立入禁止」だと明言しておけば、思想的・文化的領域でも運動は勢いを失うだろうと思われた。運動の提唱者である鄧でさえ、事態の成り行きを憂慮しはじめ、その気持ちを明かしている。そんなわけで、反精神汚染運動はいつまでも続くとは思えなかった。

胡耀邦は運動にはずっと懐疑的だった。知識人の怒りをなだめ、国際世論への悪影響を和らげたいと思っていたようである。一九八四年二月に上海の党幹部を訪ねたときにも、日本の要人と会見したときにも、胡は「清除精神汚染」（精神汚染の排除）という言い方は不適切だと述べている。そして、この言い方そのものが運動の行きすぎにつながっており、もう二度と使うべきでない、と語った。

これはきわめて微妙な問題だった。胡耀邦がそのような発言をしたという話が世間に広まると、国民、とくに知識層の人々は、「清除精神汚染運動」は間違っていたという印象を抱いた。だが胡耀邦は次のように明確に説明していた。「そもそも鄧小平が言った『反対精神汚染』（精神汚染への反対）という言葉が、メディア・キャンペーンで『清除精神汚染』とねじ曲げられて伝わり、それが運動の行きすぎを招いたのだ」。言いかえれば、鄧が間違っていたのではなく、運動の進め方が間違っていた、ということになる。しかし、じっさいには、運動は鄧小平の演説に基づいて実行された。だからこそ新聞記事や党幹部の演説のなかで、「清除」という言葉が何度も使われたのである。運動が鄧の主張に従って行われたことを誰もが知っていたので、胡耀邦の説明をもってしても、鄧に責任があるという世間の印象を和らげることはできなかった。

鄧は胡耀邦からそのような発言が出たことを不快に思った。このとき、鄧はなんの発言もしていないが、それまで「反精神汚染」「反自由化」の立場を一寸たりとも後退させていなかった。

一九八七年一月十五日、胡耀邦の問題に最終結論を下した党組織生活会[5]において、胡啓立《こけいりつ》（政治局常務員）は、一九八四年六月二十八日に鄧小平と一対一で会談した事実を明らかにした。鄧はそのときこう言った。「きょう来てもらったのは、胡耀邦のことで話があるからだ。郭羅基《かくらき》、胡績偉《こせきい》、王若水《おうじゃくすい》らへの対応の点でも、『四つの基本原則』の堅持と、反自由化の努力という点で

5　党員が「意見や経験を発表し、批判や自己批判を行う」ために開かれる。党規約によれば、生活会は党の各支部において年に二回から四回開催することになっている。

も、胡耀邦の態度は総書記としてあまりに弱腰で、これは基本的な欠点だ」[6]。鄧は胡には直接言わず、胡啓立を通じてメッセージを伝えた。「自由化に対する弱腰の姿勢は基本的な欠点だ」という厳しい言葉も含めて。

そこで疑問が生じた。胡耀邦が基本的な姿勢を改められないとしたら、それでも総書記の地位にふさわしい人物と言えるだろうか。胡啓立は鄧の言葉を一言一句違えずに胡耀邦に伝えたが、胡耀邦はそのことに注意を払わず、真剣に受けとめることもなかった。これは一九八四年のことである。

一九八五年七月、鄧小平は胡啓立と喬石《きょうせき》（党中央政法委員会書記で治安担当）を呼んで会談した。鄧はこのときも自由化の傾向が強まっているのは大問題だと指摘した。鄧は言った。「一部の者（王若水らのこと）が胡耀邦をそそのかし、そのいっぽうで胡の名前を利用してわれわれの内外政策に反対を唱えている。胡耀邦にもっと反自由化の問題を提起するよう求めるべきだ」。胡啓立と喬石は鄧の指示に従って、北戴河（毎年夏に党幹部が集まる海浜リゾート）で、胡耀邦と私にそのメッセージを伝えた。

鄧がたびたびこの問題を強調しているのだから、書記局としては会議を開いて真剣に話し合う必要がある。それが鄧への適切な対応だ。そう思って、私はこのことを胡耀邦に提案したが、胡啓立が会議をいつ開くか胡耀邦に尋ねると、自分はこれから新疆へ発つところだ、と答えただけだった。その後、ほんとうに新疆に行ってしまったので、問題は後回しにされた。しかし、胡耀邦は新疆へ発つ前にきちんと対処すべきだった。彼はこの問題を重視していなかったのである。

一九八五年、鄧小平はふたたびこの問題について演説した。なぜか。おそらく、一九八四年に開かれた中国作家協会第四回大会を受けてのことだろう。

この大会は、「清除精神汚染運動」が内外の否定的な反響のなかであっさり終了した後に開かれた。胡耀邦の提案に従って、党中央からのメッセージは「反精神汚染」、「反自由化」には触れていなかった。メッセージが作成されているとき、胡耀邦は、「反自由化」という言葉が徐々に消えていくことを望んでいる、と述べた。さらに、党中央組織部は協会の指導者に干渉せず、協会は独自に指導者を選出できるという決定が下された。完全なる創造の自由が重視されたのだ。

これらはすべて正しいことであった。しかし、そうなると、反精神汚染運動で非難を浴び、処罰された人々が、この種の会合で怒りを爆発させ、運動を積極的に推進した人々に対して極端な、あるいは不適切な発言をする、という問題が出てくる。じっさい、作家協会の指導者のうち、「左派」または運動において積極的に活動した者たちは、ほぼ全員が落選した。

言うまでもなく、（保守派の理論家）胡喬木と鄧力群は当惑し、党の長老たちは不快感を覚えた。そして最終的に、鄧小平の頭には、胡耀邦が文学・芸術分野の人々を刺激して、自分の反精神汚染運動に不満を爆発させるよう仕向けた、という印象が残った。だからこそ鄧は一度ならず胡啓立と喬石に、胡耀邦にもっと反自由化を訴えるよう伝えてくれと頼んだのだ。それは次のような、

6　自由主義的な考えを持つ学者、郭羅基は一九七九年に、国民が堂々と政治的問題を議論できるようにするべきだと主張する文章を人民日報に発表して物議をかもした。胡績偉は人民日報の当時の総編集、王若水は同じく副総編集だった。胡耀邦は鄧小平の要請に反してこれら三名を処罰しなかったため非難された。

かなり厳しい言葉だった。一部の者が胡耀邦の名を借りて中国の内外政策に反対を唱えている。これはつまり、「胡耀邦の名を使って鄧小平に反抗している」ということだ、と。

だが、胡耀邦は問題を真剣に受けとめなかった。このような問題が生じたとき、ふつうは書記局で会議が開かれる。通常であれば、そこで胡耀邦が演説を行い、その後、鄧と話し合っていただろう。当時、鄧小平と諸問題について意見を交換することはできたが、反対することは不可能だった。

私にはいまだに答えが見つからない疑問がある。胡耀邦はなぜこの問題に注意を向けなかったのか。なぜ真剣に受けとめなかったのか。ひょっとすると、鄧小平のやり方はよくないし、自分は何も間違ったことはしていないのだから、方針を変えるつもりはない、と思っていたのかもしれない。あるいは、鄧と話し合っても解決しないだろうし、自分の立場も認めてもらえないだろうと思って、対応を避けたのかもしれない。こうしたことすべてが鄧の感情を害し、反自由化に対する立場の違いがますます大きくなっていくという印象を強めた。

鄧が反精神汚染運動を提唱した一九八三年十月から、一部の者が胡耀邦の名を借りて自由化を追求していると鄧がほのめかした一九八七年七月まで、運動の妥当性をめぐって論争が続いた。両者の意見の相違はますます大きく、明白になり、二人は対立を深めていった。

胡耀邦が辞任する前の、反自由化運動をめぐる最後の議論は、一九八六年九月の十二期六中全会の閉幕時に巻き起こった。この会議で党中央は「精神文明の建設に関する決議」を可決しようとしていた。決議の最初の草案は胡耀邦の指導のもとで作成された。反自由化には触れていなかった。北戴河で草案に検討が加えられたとき、胡喬木と鄧力群は反自由化という言葉を入れるよう提案し、私を含む大多数の者がこれに同意した。胡耀邦は譲歩し、文言の追加を受けいれた。

しかし、この決議が六中全会の分科会で討議に付されると、陸定一《りくていいっ》（文革期の党中央宣伝部長で激しい批判を受けた幹部）ら数名が、そのような内容には同意できないと言いだした。けっきょく投票で決めることになったが、そのとき陸定一は即席の演説を行い、こう言った。「文化大革命では、四人組が国民を処罰する手段として、『ブルジョア自由化』という言葉を用いた。ゆえに反自由化という表現は不適切である」。出席者の一部から拍手があがった。（保守派の長老）王震《おうしん》と薄一波《はくいっぱ》は、反自由化という表現を入れておくべきだと主張する演説を行い、これも拍手を浴びた。胡耀邦の対応は曖昧だった。私は、決議の草案は何度も検討を重ねて作成されたものだ、と簡単に見解を述べた。そして、出席者の大半が反自由化という言葉を残すことに賛成したので、私はそのまま変えないことに同意した。

その次の鄧小平の演説は、きわめて真剣な口調だった。鄧は言った。「反ブルジョア自由化については、私は誰よりも多く口にしてきたし、誰よりも強く主張してきた。われわれは、反自由化を、いまだけでなく、これから十年、二十年と主張しつづけるのだ。その言葉がいつ使われたとか、かつて誰が使った、などというのは、このさいどうでもいいことだ。そんなことは重要ではない」。それで決まりだった。鄧は最終結論を下したのだ。全体会議は満場一致で決議を可決した。

総書記である胡耀邦が、議長でありながら曖昧な態度をとったために、ついに鄧が直接介入することになった。鄧の胡に対する不満は明らかであった。その後、この会議に関する報告書が出回ったとき、胡耀邦は可決された決議だけが伝わり、その他の議論や鄧の演説の内容は伝わらないように手配した。後に薄一波はこのことについて胡を非難し、なぜ鄧の演説の内容が伝わらなかったのか、と尋ねた。

会議では鄧が陸定一の演説を批判しているように見えたが、じっさいには胡に向けられた批判であることは明らかだ。なぜなら、陸の演説が胡の考えを代弁していることを鄧は知っていたからだ。

十二期六中全会での話し合いを経ても、鄧の胡に対する態度はほとんど変わらなかった。このときすでに、鄧は胡耀邦を降ろすことを決めていたのだ。鄧は、第十三回党大会で指導部を再編し、円滑な人事交代を図るつもりだったが、けっきょく、そうならなかっただけのことだ。だから鄧が六中全会で胡に対する不満をあらわにしたのは、胡に総書記を続投させるかどうかとは関係がなかった。

鄧が胡を非難したのには、ほかの側面もあった。たとえば、鄧は胡について、慎重さに欠ける部分があると思っていた（胡を総書記に据える前から、鄧はこの欠点を察知していた）。外交政策では、胡は金日成（北朝鮮の指導者）に親切すぎ、北朝鮮の要求を気軽に受けいれすぎた。たとえば、中国のジェット機を供給し、中国の空軍基地で北朝鮮のパイロットを訓練し、緊急時には中国空軍を展開してもらいたい、といった要求である。胡が北朝鮮から帰国したとき、鄧はすぐさまそれらの要求を退けた。また、胡は日本を訪問したときに、事前の話し合いもなしに、日本の若者三千人を中国に招くと約束してしまった。鄧は困惑した。しかし、胡が総書記の立場ですでに招待を決めてしまった以上、いまさら変更するのは難しかった。胡耀邦は日本の中曽根（康弘。当時の首相）と個人的に書簡のやりとりをしたり、自宅に招いて宴会を催したりした。鄧はこれにも不満で、「中国は個人外交をしてはいけない。中曽根にきちんと対応できない者もいるようだ」と胡耀邦を批判していた。

しかし、これらの問題が、鄧と胡の関係に特別大きな影響をおよぼしたとは思えない。鄧はつねに胡の欠点同様、長所も明確に把握していたからだ。鄧はこれらの問題に関して胡を非難したが、それによって胡に対する信頼や判断が左右されたわけではない。

自由化のほかにも、鄧と胡の関係に影響をおよぼした問題があった。一九八五年一月に胡が応じた陸鏗《りくこう》（香港の著名ジャーナリスト、「百姓」雑誌社社長）のインタビューである。一九八五年七月、鄧は胡啓立および喬石と会談し、胡耀邦が陸から受けたインタビューはまったくもってけしからん、と述べた。陸鏗はわれわれの内外政策をけなしていたが、コメントの端々に胡に対する称賛があらわれていた。胡耀邦の受け答えは思慮に欠け、言葉の選び方に配慮がなかった。それどころか、胡は陸を励ましていた。当時、私はこのことを知らされていなかった。

一九八六年の夏、鄧小平は楊尚昆《ようしょうこん》（国家主席）に、「胡耀邦のインタビューを知っているか」と尋ね、時間を見つけて読んでみるよう求めた。楊尚昆は北戴河から戻ったときに、私にそのことを話し、鄧は胡が陸鏗から受けたインタビューについて、まったく度が過ぎていると思っており、激怒している、と言った。楊尚昆は党中央弁公庁を通じて、私にインタビュー記事のコピーを送ってくれた。

陸鏗はかつては「右派分子」の烙印を押された老練のジャーナリストだ。一九七八年に香港入りを申請し、雑誌「百姓」［民衆という意味］の編集長になった。胡耀邦にインタビューしたとき、その狙いを、世界の人々に胡耀邦をもっとよく知ってもらうためだと語った。

陸は、中国のイメージは胡のイメージとひじょうに近い、と述べ、胡を開明的で、誠実で、率直な政治指導者だと称賛した。策略をめぐらすこともなく、寛大で、心が広く、思いやりがあって、活力にあふれている。陸鏗は胡耀邦を称賛しただけではなく、こんな質問をした。「鄧老人がまだ存命のあいだに中央軍事委員会を引き継いでおいてはどうですか。でなければ、将来、軍の司令官たちがあなたに反対したとき、どうやって事態を掌握するのですか。もしそうなったら、事態を収拾できますか」

そんなことはいままで考えたこともなかった、と胡耀邦は答えた。「趙紫陽と私は経済問題や党の仕事で忙しい。軍には年長者の監督が必要だ。いまは闘うべき戦争もないので、鄧小平に任せている。だから、趙も私も経済問題と党の仕事に専念できるのだ」

インタビューのなかで、陸鏗は、陳雲、王震、胡喬木、鄧力群らを中傷するような意見も述べた。インタビューは鄧の不興を買った。とくに中央軍事委員会主席の地位に関する部分が気に入らなかった。鄧は、胡耀邦が内心では陸鏗の言うとおりだと思っている、と解釈したのかもしれない。

鄧は胡耀邦にメッセージを送るため、一九八五年七月に胡啓立と喬石を呼んで話したときに、陸鏗のインタビューに言及した。一九八六年夏の北戴河での会議でも、鄧はふたたびインタビューについて触れ、楊尚昆をはじめとする党長老らと話し合った。

私の推測では、すでに胡耀邦の自由化に対する姿勢に不満を抱いていた鄧は、陸鏗のインタビューに刺激されて、胡耀邦を降ろすことを決めたのであろう。胡耀邦が辞任したのは一九八七年一月だが、一九八六年の夏（あるいはもっと早い時期に）鄧の心は決まっていた。鄧が胡耀邦と陸鏗の対話を批判しているという話は、広く知られるようになっていた。胡耀邦がヨーロッパを訪問中、報道陣から指導部の再編や鄧小平同志の引退に関する質問が出た。こんなとき、警戒をゆるめて、自由に話してしまう、というのが胡耀邦のいつもの習慣だった。そのときの発言の一部は不適切なものだった。党長老のなかには、胡耀邦は鄧小平が引退するかのような印象を作り出そうとしている、という推測を公然と口にしはじめる者もいた。これもまた鄧の胡に対する態度に影響をあたえた。

これらの理由から、一九八六年夏の北戴河で、鄧は楊尚昆ら党長老たちに、自分は大きな間違いを犯した、胡耀邦を見損なっていた、と語った。決定的な発言だった。そして、第十三回党大会までに、胡には総書記を辞めてもらう、と明らかにした。つまり、胡耀邦が総書記を辞めるという決定は、一九八六年夏の北戴河において、鄧と党長老たちによって下された結論だったのだ。

どんな議論が展開され、具体的にどの長老が参加していたのか、私は知らない。しかし、その後、楊尚昆や薄一波など、一部の長老たちの胡耀邦に対する態度ががらりと変わったのは確かだ。それ以前も彼らは胡を批判したり、その発言に異を唱えたりしていたが、それでも一定の敬意を払っていた。ところが、それ以後になると、不快感をあらわにしたり、無視したりといった失敬な態度をとるようになった。

これはすべて、胡耀邦が十二期六中全会に向けて「精神文明の建設に関する決議」の草案を作成しているときのことだった。北戴河での議論のなかで草案は承認されなかった。細かい修正を求められただけでなく、根本的に的外れだという意見も多かった。そもそも、そんな決議が必要なのかと疑問を呈する者もいた。鄧力群（党内保守派の論客）は長い演説を行い、徹底的に改変された草案を発表した。鄧小平の発言が長々と引用されていた。鄧小平は鄧力群の演説にも、改変された草案にも同意しなかった。鄧小平は言った。「鄧力群は私の発言を引用しているが、彼はわれわれを左翼化へと押しやろうとしている」。だが、最初の草案は、議論に参加した者の大半が反対したため、承認されなかった。

北戴河から北京に戻った後、胡耀邦は秘書の鄭必堅《ていひつけん》を通じて、こう伝えてきた。自分はいまもこのような決議が必要だと考えているが、これほど多くの反対に遭い、困っている、と。胡は私の意見を聞きたがっていた。私は答えた。この決議が本当に必要なのか、私はずっと疑問に思っていたが、あなたが必要だと思うのなら応援しましょう、と。反対者の意見をできるだけ取り入れたうえで、承認してもらうよう説得を試みることもできる。私は積極的に決議を支持する覚悟を決めた。そして、何度かの修正を経た後、ついに決議は承認された。

十二期六中全会で決議の草案が検討されたとき、「共産主義者としての自覚を持つよう国民を教育する」という一節を入れるか入れないかで議論になった。これは共産主義思想教育を全国的に普及させる、という意味である。胡喬木と鄧力群の二人が提案したもので、陳雲も同意を示した。胡耀邦と草案作成委員の同志たちは反対した。彼らは「共産主義教育プログラム」を（共産党内だけでなく）一般国民に対して行うのは非現実的、非実際的だと考えていた。だが、陳雲が同意しているので、問題は厄介だった。

私は「共産主義教育」の一節を入れない案を支持するため、かわりに毛沢東主席の「新民主主義論」（一九四〇年）を引用するよう提案した。毛主席は「われわれの制度は共産主義のそれであるが、いまのわれわれの政策は新民主主義のそれである」と述べている。胡耀邦同志はこれに同意し、私と連名で鄧小平と陳雲に書簡を送った。鄧がすぐに同意したので、陳雲も強弁することはなかった。こうして問題は解決した。

この時期、胡耀邦の仕事の進め方、経済・外交政策および党改革に対する党長老たちからの批判が表面化しつつあった。北戴河での一件も原因の一つだった。経済政策にのめりこんで、党の運営がおろそかになっている、とか、共産党の総書記たるもの、あまり熱心に資本主義諸国を訪問すべきではない、といった意見が噴出した。また長老たちは、胡が一般国民から届いた数千通もの手紙に返事を出したり、二、三日のあいだにいくつもの農村地域を視察した、といった報道を鼻で笑った。

その間、胡耀邦は何一つまともにできなくなった。書記局会議で提案したことは、ほとんどすべて長老たちに拒否された。指導者としての務めを果たすことは、もはやきわめて困難になっていた。

十二期六中全会が閉幕してまもなく、胡耀邦は私に、鄧小平同志から話があった、と語った。鄧は、政治局常務委員、党中央顧問委員会主任を退くつもりだと述べたという。そして、胡に自分の後を引き継ぎ、総書記の職を若い者に譲るよう求めた。そうすれば、多数の党長老も引退するだろう、とのことだった。胡は私に、総書記になる気はないかと言った。私は年下だし、ほかに適任者が見あたらないからだ、と。

自分が引退するとかしないとかいう話も、胡耀邦にどう責任をとらせるかということも、鄧小平から聞いていなかったので、私は論評できなかった。総書記になってくれという話については、私はこう答えた。「これまで何度も言ってきたように、六十歳から七十歳のあいだで、総書記にふさわしい人物はあなたしかいないのです。あなたと私は同じ年齢集団に属している。あなたが引退するのに、私が後任になるわけにはいかないでしょう。後任を選ぶなら、もっと若い者を選ぶべきです」

私はこうも言った。「若い者のなかに適任者が見つからないとおっしゃるなら、総書記を空席にしておくことを考えてもいいでしょう。政治局常務委員会や政治局の会議は、常務委員が順番に議長を務めることもできます。そうすれば、若い同志の訓練にもなるでしょう」

胡耀邦は私の提案を聞いて、よく考えてみようと言った。そのとき私はとくにこれといった考えもなく話していた。正式の議論ではないし、胡が鄧から何を示唆され、どう答えたかという話のなかで出たことだったからだ。さらに重要なのは、私は総書記になりたくなかったということだ。引き続き首相として経済改革に取り組みたかったのだ。鄧から言われたことを語ったとき、胡は落ちついた様子で、動揺しているようには見えなかった。

十二期六中全会の後、胡耀邦同志は意気軒昂として、とても張りきって仕事に取り組んでいるようだった。江蘇省や上海など多くの地域を視察した。何度も演説を行い、新聞で大きく報じられると喜んでいた。胡は鄧小平から言われたことを、「指導部の若返りを図れ」という提案だと解釈したのだと私は思った。鄧が引退して、自分がその地位を引き継ぐのは、多数の党長老たちに引退を促すためだ、と。そして、こう解釈したときに、鄧の自分に対する態度がすっかり変わってしまっていることに気づかなかった可能性がある。

一九八六年十二月、いくつかの都市で学生デモが起きた[1]。上海のデモはとくに大規模で、街頭抗議だけではおさまらず、デモ隊は市政府庁舎に殺到した。

この出来事は鄧小平に衝撃をあたえた。十二月三十日、鄧は学生の抗議デモについて話し合うため胡耀邦、万里、胡啓立、李鵬、何東昌《かとうしょう》（国家教育委員会副主任）、そして私を自宅に呼んだ。鄧は言った。「最近発生した学生デモは、偶然起きたのではない。ブルジョア自由化に対する統制が手ぬるいからこうなったのだ」。方励之《ほうれいし》（反体制派の天体物理学者、元中国科学技術大学副校長）、王若望《おうじゃくぼう》（自由主義の作家）の名をあげたうえで、王若望を党から除名しなかったとして胡耀邦を非難した。ずいぶん前に王を除名するよう指示したのに、なぜそうしなかったのか、と。デモに関しては、厳格な手段を用いて沈静化を図るよう提案した。たとえ独裁的な手法を使うことになってもかまわない、と。

1　地方人民代表大会の選挙制度の是正をめぐる論争が引き金となり、全国十数都市で学生デモが発生。デモ隊は政治的自由の拡大を要求したが、結果として、開明的な党指導者、胡耀邦の失脚を早めただけであった。

それどころか、学生デモが起きた責任はすべて胡耀邦にあると断じた。この感情の爆発によって、自由化をめぐって鄧と胡の断絶がいよいよ深まっていることが明らかになった。鄧の発言の記録はただちに印刷され、行政のさまざまなレベルに配布され、多数の者がこのことを知った。

一月四日、鄧の自宅での会合に出席を求める通知が届いた。朝十時に行ってみると、すでに陳雲、万里、楊尚昆、薄一波、王震、彭真が待っていた。全員がそろうと、鄧は一通の手紙を取りだして、われわれに見せた。

それは鄧にあてて書かれた胡の辞表であった。自分（胡耀邦）は国を指導する人間として慎重さが足りなかった。内外の問題に関してたくさんの愚かな間違いをした、と、ざっとそんなことが記されていた。だが、主たる内容は次のようなことであった。「四つの基本原則」と「反自由化運動」を堅持する、という点で自分は弱腰で、曖昧な態度をとりつづけた。そのため自由化の波を引き起こし、一部のならず者の盾になった。自分が犯した過ちは重大であるから、総書記を辞任し、自分の考えを見直したうえで、党にきちんと説明させてもらいたい。

出席者全員が読み終わると、鄧は辞表を受理すべきだと述べた。誰も反対しなかった。鄧は、胡耀邦が辞任した後、第十三回党大会までは趙紫陽、薄一波、楊尚昆、万里に政治局常務委員会の運営を任せると言った。そこで私は、書記局常務書記として日常業務を担当している胡啓立も加えてはどうかと提案した。鄧は同意した。

これが「五人小組」として第十三回党大会までのあいだ政治局常務委員会の日常業務を担当することになった。統括責任者は私である。鄧は胡耀邦の処遇について、穏便にすませてもよいと述べた。政治局常務委員の職はそのまま続けさせて、内外への影響を最小限に抑えようというわけだ。鄧はまた、中央顧問委員会が組織生活会を開いて胡耀邦に対する批判と懲罰を行い、その後、中央委員会全体会議ではなく、政治局拡大会議で辞任を発表するのがいいだろうと語った。

そのとき私は、全体会議を開催しないのは、ショックを和らげ、穏便な措置を可能にするためであって、承認されないことを恐れたからではないと思った。むろん、そのようなやり方は党のルールからすれば妥当とは言えなかったが、鄧の狙いは、問題に決着をつけると同時に、衝撃を和らげることだったのだ。鄧のこの発言の後、異論を唱える同志は一人もいなかった。

この会合でもっとも積極的に発言したのは陳雲である。彼は組織の原則と適切な手順に関しては、ひじょうに慎重だった。政治局会議が総書記の辞任を承認したとなると、内外から批判が出るのではないかと考え、これは合法的かつ正当な手続きだと発表することにした。

鄧小平自身はそのような問題を真剣に考えることはなかった。当然ながら、胡耀邦の件での対処の仕方、とくに中央顧問委員会主催の組織生活会で胡を非難したことに対して、内外から、今回の指導者交代には違法性があるとの批判の声があがった。

鄧小平の自宅で会合が開かれたとき、李先念《りせんねん》（党長老）は上海にいた。会合の後、鄧小平はすぐに楊尚昆を上海に派遣し、李に事情を伝え、意見を求めた。楊尚昆がざっと事情を説明すると、最終的な結果に対して、李先念はもちろん心からの賛意をあらわした。まさに夢が実現したのである。李は言った。「あいつがダメだということは、ずっと前からわかっていた！」

李はさらに、胡はごまかしだらけの詭弁家だ、と言った。李によると、最近、上海を訪れた胡耀邦に面会を求めたところ、胡は生意気にも拒絶した。李は胡への怒りをぶちまけつづけた。さらに、私を総書記代行にしようという動きには賛成しつつも、楊尚昆にこう言った。「趙紫陽は外国のことを学びすぎている。そんなことではダメだ。そう伝えておいてくれ」

一九八七年一月七日、薄一波、楊尚昆、万里、胡啓立、私は、「五人小組」の第一回会合を開き、組織生活会の詳細について話し合った。そして、生活会をできるだけ穏便に進めることを決めた。

そのとき、彭真、薄一波、その他の長老たちは、幹部の「派閥」、いわゆる「共青団派」［中国共産主義青年団出身者の派閥］の形成を促したことについて、胡を非難しようとした。それは賢明ではないと私は考えた。不安が広がって、共青団出身者すべてが疑いの目で見られるようになり、深刻な結果につながるかもしれない。私がその懸念を表明すると、他の出席者も同意した。「青年団閥」「団派」の問題は持ち出さないことで合意した。

党組織生活会の前夜、私は胡耀邦（二十年以上にわたって中国共産主義青年団の第一書記を務めた）を自宅に訪ね、会がどのように進行するかを伝えた。鄧小平邸での討議の内容と、政治局常務委員は留任になるだろう、ということも話した。

さらに、私はいくつか質問をした。「鄧はあなたに、反自由化の問題について何度もメッセージを送りましたね。なぜ真剣に受けとめなかったのですか。あなたはわざと鄧に近づこうとしなかったのですか」。胡耀邦は、そんなつもりはまったくなかった、と答えた。

さらに私は、「辞任が公表されると、一部の者があなたを支持すると称して騒ぎを起こす可能性がある」とも伝えた。私は本当にそのようなことが起こるかもしれないと思っていたので、それを胡に知らせて、心の準備をしておいてもらいたかったのだ。

胡は答えて、自分は断固として党の側に立つ、と述べた。その後私は生活会で、このときの胡の発言をすべて報告した。

組織生活会は一月十日、党中央顧問委員会の主催で開催された。薄一波が議長を務め、六日連続で、午前中に行われた（そのうち一回は終日続いた）。出席者は、党中央顧問委員会常務委員、政治局委員、書記局書記、国務院閣僚、全人代党委員会副委員長、中国人民政治協商会議副主席、党中央軍事委員会および党中央委員会各部門の長など。鄧小平と陳雲は出席しなかった。李先念は上海にいた。

鄧力群は長い演説を行い、胡が鄧小平の指示に注意を払わず、長期にわたってブルジョア自由化を放任、ときに奨励までしたと、微に入り細をうがって批判した。続く他の演説も、党の従来のパターンを踏襲して、さまざまな角度から胡を非難した。王鶴寿《おうかくじゅ》（中央規律検査委員会第二書記）は、胡耀邦を自宅に訪ねたときに、胡がひじょうに動揺して、一部の長老が自分を攻撃しようとしていると嘆いていたことを明らかにした。この生活会はなるべく穏便に進めることになっていたが、王鶴寿の演説で会場は緊迫した雰囲気に包まれた。われわれはただちに、その話はやめるよう王鶴寿に警告した。幸運にも、王の演説のとき、何人かの長老は席を外していた。

いちばん驚いたのは、余秋里《よしゅうり》（軍幹部、総政治部主任）の発言だった。胡耀邦と余秋里は何年も前からたいへん親しい関係にあった。第十二回党大会に備えて、胡耀邦は余秋里を指導部の人事再編の責任者にした。当時、私は国務院にいたので、そのような問題には関与していなかった。

なぜ第十二回党大会に向けての指導部人事を余秋里が担当しなければならないのか、私にはわからなかったが、胡がそれだけ余を信頼していることはわかった。胡耀邦は国境地域の訪問や警備隊の視察に余秋里を同行させただけでなく、余は人民解放軍総政治部主任だったので、ともに各地の工場や油田なども視察した。書記局会議では、胡耀邦が余秋里に経済問題に関する意見を求め、その意見を称賛するという場面がよく見られた。おそらく胡は、経済政策に対して全体の合意を得るのに苦労していたのだろう。余秋里は自分と同じ考え方を持っていたので、余の発言を通じて自分の意見を表明し、あるいは、合意を得ようとしたのである。二人はひじょうに親密な関係にあった。

ところが意外なことに、党組織生活会での演説で、余秋里は胡耀邦に厳しい非難を浴びせた。鄧小平その他の長老たちの引退についての胡の発言をあげつらい、責めるような口調で問い詰めた。「動機はなんだ。なぜあんなことを言ったのか」

これにより余秋里は、いつもは誠実そうだが、いざという時になると、自己保身のために他人の足を引っぱる人物だということを自ら露呈した。異様なまでの本性のあらわし方であった。おそらく、自分が胡耀邦と親密な関係にあることを自覚していた余秋里は、もし鄧小平が胡耀邦を見限って、権力の座から引きずりおろすことに決めたのなら、そして自分が胡と親しい間柄だと見られているとしたら、自分も巻き添えを食うかもしれないと思ったのだろう。だから生活会という機会を利用して、自分の身を守ろうとしたのだ。

組織生活会の最後に、胡耀邦は自己批判の演説を行い、重大な政治的過ちを犯したことを認めた。演説の終わりには感情が高ぶり、人目もはばからず、しくしくと泣きはじめた。

胡耀邦の辞任は、一月十六日の政治局拡大会議で、出席者の挙手によって承認された。私は総書記代行に任命された。私はいろいろな機会に、六十歳から七十歳までのあいだで総書記にふさわしい人物は胡耀邦だけだと、くりかえし述べていたが、一月四日の鄧小平邸での会合でも、政治局拡大会議でも、胡耀邦の辞任を承認する決定には異議を唱えなかった。ただ、自分は総書記代行として適任ではないから、私よりふさわしい人物を早く見つけてもらいたい、と発言しただけで、辞退はしなかった。

第一の理由は、一九八六年の夏に鄧小平その他の長老たちによってすでに決定されていたことだからだ。私は決定には参加していなかったが、そのことは聞いていた。前にも述べたように、鄧は胡と直接話し合い、胡は同意した――なぜ鄧が自分を降ろすのか、真の理由はわからなかったとしても、だ。つまり胡は最終的には辞任することになっていたのであり、それが予定より二、三か月早まっただけのことだった。

第二の理由は、鄧小平が十二月三十日の学生デモについて発言した後、胡耀邦は仕事を続けられなくなっていたからだ。前述のとおり、一九八六年の夏以降、胡は党中央の業務をこなすことが困難になった。多数の党長老が胡を見向きもしなくなったのだ。何を提案してもほとんど支持されなかった。鄧小平が学生デモについて、ブルジョア自由化が進行したせいだと断じ、胡が指示どおりに誰それを党から追放しなかったからだと非難してからは、党長老の胡耀邦無視は一段とひどくなった。鄧小平の演説は文書化され、党幹部に配布された。党を指揮することが困難になった胡耀邦は、辞任するしかなかったのである。

胡耀邦問題のもう一つの重要な点は、胡啓立も影響を受けたことである（二人は親交が深かったからだ［血のつながりはない］）。胡啓立を五人小組に加えてあったので、連座責任は回避できたが、そのような状況では、それが精いっぱいだった。胡啓立を胡耀邦の後継者にすることはできず、かといって短期間に適任者を見つけるのも難しい。そういう状況で、私が総書記代行の就任を辞退するのは容易ではなく、また適切なことでもなかった。

私が胡耀邦を非難し誹謗中傷する手紙を鄧小平に送ったと、私を批判する噂が広まっている。私が胡耀邦を辞めさせるように鄧小平を説得したのだと言う者もいる。しかし、どれも根も葉もないデタラメだ。一九八四年に、中央指導体制の改善策について鄧小平に手紙を書いたことはある。その内容は、いかにして党中央、とくに政治局および常務委員会に民主集中制を確立するか、というものだった。手紙のコピーは陳雲同志にも送られた。胡耀邦とはまったく無関係の手紙である。手紙の内容は以下のとおりだ。

小平同志

陳俊生《ちんしゅんせい》同志（黒竜江省党委員会書記）からの提案書のコピーを送ります。参考のためご一読ください。

陳同志の提案はかならずしも根本問題に取り組むものではありませんが、わが国の長期にわたる安寧と良き統治をいかにして実現するか、というきわめて重要な問題を提起しております。

現在、状況はさまざまな面で改善しており、おそらくこの傾向は持続するだろうと思われます。しかしそれは、長期的な安寧と良き統治の問題が根本的に解決されたということではありません。国の基本法である憲法の安定性を維持することはたしかに大切です。けれども、わが国は共産党の指導下にある社会主義国家ですから、問題を憲法の観点からのみ考えるだけでは不十分だと私は懸念しております。党の指導体制について見直すことが何より重要であると考えます。それだけで、問題の真の解決は可能なのです。

あなたも陳雲同志もまだまだ健在で意欲に満ち、主要かつ根本的な方針がすでに定まっている現在、あなたがたの指導と決定に従って、さまざまな任務が順調に遂行されています。いまは党の歴史上、もっとも良い時期であることは間違いありません。まさにだからこそ、これから何世代にもわたって国と党に影響をおよぼすであろう重大問題の解決に、重点的に力を注いでいただきたいのです。すなわち、望ましい党指導体制を確立し、自ら順守することによってそれを慣習、文化とするのです。そうすれば指導者が代わるたびに体制が変わる、というようなこともなくなり、何世代にもわたって持続することでしょう。

どうか私の提案をご一考ください。

敬具

趙紫陽

私がヨーロッパを訪問する前の一九八四年五月二十六日の手紙である。私は手紙と私が党中央あるいは鄧小平に送った指導体制に関する手紙はこの一通だけである。私は手紙といっしょに陳俊生の提案書も送った。

なぜこんな手紙を書いたかというと、四人組（共産党内の極左派閥のこと。文化大革命時代に権力と文化にかかわる主要機関を牛耳った）の失脚直後の数年間に、党中央指導部は文化大革命における残虐行為を調査したが、そのときわれわれは、このような悲劇の再発を防ぐにはどうしたらいいのかと、よく議論していたからである。個人への権力集中、個人による権力乱用を防止するには党の指導体制の問題を解決する必要がある。それは誰の目にも明らかだったのだ。

しかし、第十二回党大会以後、内外の状況は良好かつ改善していたので、これらの問題が議論されることは少なくなった。しかし、改革が進んだ――経済は急成長を遂げ、国民の生活水準は向上し、党指導部内に民主的な文化が広まった――とはいえ、中央全体会議、政治局、政治局常務委員会など、党中央の指導体制の問題が解決したわけではなかった。どの部分にも多かれ少なかれ問題が残っていたのである。

それゆえ、私はふたたび問題を提起する必要があると思った。内外の状況が比較的良好なうちに問題を解決しておかなければ、将来、党指導部に問題が起こらないとは言いきれない。

私の手紙はそうした観点から書かれており、とくに個々の指導者について触れたものではない。当時の指導部に大きな問題があるとは思っていなかった。内外の状況は比較的良好だった。しかし、いまの状況がよいからといって、将来もそれが続くという保証はなかった。体制の問題が解決していなかったからだ。指導部に問題があるとは言っていないし、胡耀邦やその他の指導者の名を具体的に挙げてもいない。

手紙の意図は、胡耀邦に問題があるから、指導体制を見直せということではなかった。しかし同時に、胡耀邦は比較的開明的な指導者だから、党中央の指導体制を改善しなくてもよい、という意味でもなかった。

胡耀邦は温厚で心の広い人物なので、いろいろな意見に耳を傾けることができた。人々に対して寛大で、人を困らせるようなことは好まなかった。人々は彼と議論もしたし、激しく言い争うこともあった。しかし、何度も言っているように、胡が温厚な性格だからといって、指導体制の問題を考えなくてもいいというわけではなかった。胡はすでに七十歳で、党長老たちがいなくなった後、彼がどれだけ国を指導できるか、誰にもわからなかったのだ。

党組織生活会での演説のなかで、私は言った。人は入れ替わるものだから、われわれは体制に依存すべきであって、個人に依存すべきではない。優れた体制が整備されていなかったからこそ、スターリンや毛主席のような偉大な指導者もさまざまな問題に直面したのだ、と。演説では、内容には触れずに鄧小平への手紙についても語った。さらに、胡耀邦に対する批判を述べたときには、民主集中制の原則と党規律の順守についても触れた。おそらく、そのときの胡についての発言が、手紙の内容だと解釈されたのであろう。だからあんな噂が広まったにちがいない。

もう一つ噂があったが、これはそれほど広まらなかった。そんな噂があることを、私はずっと後になって知った。胡耀邦はよく、第十三回党大会の前に長老たちが引退するかもしれない、というようなことを話していた。そのため、鄧小平が胡耀邦と私の前で、自分は第十三回党大会で引退すると語った、という噂が流れており、このとき胡耀邦が「諸手を挙げて賛成する」と応じたのに対して、私が「絶対に引退しないでください！」と答えた、というのである。噂では、この出来事で鄧は胡耀邦がよからぬことを企んでいると思ったのだ、ということになっているのだが、すべて根も葉もない作り話である。

胡耀邦が辞任する以前、鄧小平は私の前でも、私と胡耀邦の前でも、自分の引退について口にしたことは一度もなかった。政治局常務委員と党中央顧問委員会主任を辞任すると鄧小平から最初に聞いたのは、胡耀邦が鄧との会談について私に語った一九八六年夏以後のことである。鄧が胡と私に意見を求めたことはなかった。

政治局常務委員を辞めないで、公職にとどまってくれるよう鄧に求めたのは確かだが、それは一九八七年、すなわち胡耀邦が辞任し、すでに私が総書記代行に就任してからのことだ。鄧は引き続き実権を握るのだから、常務委員会にとどまっていてくれたほうがいいと私は思ったのである。

もう一つ、重要な出来事があった。一九八三年の三月か四月の政治局常務委員会会議において、陳雲同志が胡耀邦を批判したのだが、これがちょっとした騒ぎを引き起こした。一九八七年の胡耀邦辞任とは直接関係はなかったけれども、この出来事に関する噂に、私も少しばかり登場するのである。

その会議の主たる目的は、経済問題への取り組みについて鄧小平および政治局常務委員会に報告することだった。このとき鄧小平は、毎年の設定目標が二年連続して低すぎたと考えていた。結果は目標を大幅に上回っており、鄧はこのことを問題視した。しかし、国家計画委員会の同志たちも私も、目標をあまり高く設定しすぎるのは効果的でないと考えていた。ある程度、余裕のあるほうがよかった。報告では、その理由を明確に示すことになっていた。

国家計画委員会を代表して姚依林《よういりん》と宋平《そうへい》が報告を発表した後、私が演説に立った。私は報告者二人の意見に同意し、さらに財政収入の対GNP比率が大幅に低下している事実について述べた。わが国は債務を返済していたので、異常なことではないが、いつまでもこの状態を続けるわけにはいかない。改善しなければ中央財政が危機に陥る、と。

私が演説を終えると、その内容について議論する暇もなく、陳雲同志が用意した原稿を読みあげはじめ、胡耀邦の経済問題に関する最近の発言のいくつかを挙げて、多数の問題点を指摘した。かなり厳しい批判だった。たとえば、胡耀邦は財務省が毎年、赤字の額を誇大に報告し、国民の不安をいたずらにあおっている、と主張していた。これに対して陳雲は、報告されていた赤字の規模はじっさいには正確なものだったと主張した。さらに、第一次五か年計画は大企業には手厚かったが、中小企業を軽視した、という胡耀邦の発言を非難した。

胡耀邦にとってはまったく予期せぬ展開で、陳雲の演説が終わった後、これといった反論もせず、ただ、自分が犯した多数の間違いを注意深く見直す、と答えただけだった。陳雲は長いあいだに積もり積もった胡耀邦に対する怒りを一気にぶちまけたかのようだった。

鄧小平同志は胡耀邦を責めようとはせず、その問題を討議したくもなかったようで、不愉快そうな顔をしていた。そして、そのような議論はまたの機会にすればよい、これは報告を聞くための会議だ、と述べた。それで議論は打ち止めになった。

陳雲同志の演説の後では、ほかの者はみな意見を述べる気になれなかった。だが、胡喬木が立ちあがって話しはじめた。陳雲が批判した胡耀邦の発言はあちこちに広まっており、その結果、経済政策に大きな混乱をもたらした、と述べたうえで、省や市のレベルで会合を開き、陳雲からの批判を伝えてはどうか、と提案した。このとき鄧小平は、ただ「わかった、その件は後で話し合おう」と言うしかなかった。

それから一日か二日後、突然、胡啓立がある知らせを持って自宅に訪ねてきた。政治局常務委員会会議における陳雲の胡耀邦批判を、なんと鄧力群が新華社通信主催の国内会議で勝手に発表してしまったというのである。胡啓立も私も、これはまずい、と思った。全国的な混乱が起きる恐れがあったからだ。

胡耀邦が反論するのは無理だったので、私が介入するしかなかった。私は鄧力群を呼んで、とんでもないことをしてくれたと非難したうえで、新華社通信から演説原稿を回収し、世間に広まらないようにしてくれと求めた。以上が事の顚末である。

その後、私は天津に出かけた。北京に戻ると、胡耀邦が自宅にやってきて、鄧小平は、省や市レベルで会合を開くという提案を見直し、けっきょくとりやめることにした、と私に言った。おそらく鄧は、会合を開いたりすれば影響が大きくなると思ったのだろう。

また胡耀邦は、中央指導部の人事に変更があるという噂が流れているとも語った。胡耀邦は神経過敏になっているのではないか、と私は思った。そしてこう言った。「そんな噂を真に受けてはいけない。私の見たところ、陳雲同志はただ、あなたの一部の発言に対して、ここ数年たまっていた怒りをぶちまけたかっただけだろう。ぶちまけたら、それで終わりだ。あなたも、あまり深読みしすぎないほうがいい。いま、あなたと私は同じ船に乗っているのですから、いっしょに川を渡っていきましょう。胡喬木と鄧力群には野心などないと思いますよ」

私はそう思っていた。そして言った。「彼らは知識人です。陳雲にいたっては、なおさら野心などないはずです。われわれは団結しなければなりません。あまり心配しすぎないようにしましょう」

胡耀邦は私の言葉に同意した。その後、胡啓立に会ったときに、いきなりこう言われた。胡耀邦は私と会って話をした後、上機嫌で、「趙紫陽はじつにうまいことを言った。われわれがいますべきなのは、同じ船に乗って川を渡ることだ」と語ったそうだ。

事の次第はそういうことだ。政治局常務委員会の会議で胡耀邦が集中的に批判されたという噂が流れていたようだが、それは事実とは異なる。その会議で演説に立ったのは陳雲一人で、その演説も胡耀邦に向けられたものだったので、他の誰にも口の挟みようがなかった。もともと私も胡耀邦の経済政策には多少の疑問を感じており、胡があちらこちらで軽率な発言をしていることについても批判的に見ていた。しかし、その会議でそういう問題を持ち出すのは適当ではないと思ったので黙っていた。

数日後、姚依林と私は鄧小平に呼ばれた。当初、胡耀邦の問題について会合を開くことになっていたが、その影響の大きさを考慮して、中止することにしたという。鄧は言った。胡耀邦には人間的な欠点も多いが、引き続き支持すべきである、と。

私はすぐさま同意した。鄧小平は姚依林を非難した。というのは、その前に、姚依林と宋平が政治局常務委員会と鄧小平あてに胡を批判する書簡を送っていたからだ。その内容は、胡が第十二回党大会の精神と矛盾する不注意な発言をくりかえしており、そのため、国家計画委員会の業務に支障が出ている、というものだった。

鄧は書簡について「ただ怒りをぶちまけているだけだ！」と述べ、姚依林を非難した。姚依林は間髪を入れず「おっしゃるとおりです」と答えた。

第二章　正しい路線を歩む

新たに党総書記代行に就任した趙紫陽は、大きな難題に直面する。鄧小平が提唱する「反ブルジョア自由化運動」を指揮すると同時に、経済改革が針路から外れないようにしなければならなかったのだ。趙は自分の政策を説明するために、わざと紛らわしい用語を考案する。運動の先頭に立っていながら、その成功をなんとしても阻止しようと考えていたからである。鄧が趙の戦術に気づいていたかどうかは明らかでない。だが、策を講ずるには、それが最善の戦術だったことは確かである。

一九八〇年代、わが国の改革開放は基礎固めの時期で、難しい段階にあった。この時期の出来事は、近代化と発展過程に大きな影響をおよぼしたという点で、記憶しておく価値がある。ここでそうした出来事の一部を断片的に述べておこうと思う。もちろん、機会があれば、もっとたくさん述べておきたい。

最初に、一九八七年の胡耀邦辞任の後に始まった反自由化運動について話そう。

一九八七年一月四日、鄧小平は自宅で会合を開き、胡耀邦の辞任を認める決定を下した。一月十～十五日、党中央顧問委員会の主催で党組織生活会が行われ、薄一波が議長を務めた。胡耀邦を非難するための会であった。一月十六日、政治局拡大会議で胡耀邦の辞任が承認された。その後、反自由化運動〔反ブルジョア自由化運動（闘争）〕が全国的に始まった。

広範囲にわたる徹底的な運動は、「四つの基本原則」の堅持を再度訴えることから始まって、やがて「反自由化」、「反右傾化」「思想の硬直化」運動へと発展した。だが、第十三回党大会（一九八七年十月）が改革開放の重視、および「思想の硬直化」と左傾化への反対を打ち出すと同時に、運動は終結した。その一年で、政治状況は百八十度変わった。むろん、その過程には紆余曲折があった。

一九八七年の私の活動は、おおざっぱに言うと、主に二つの段階に分けられる。胡耀邦の後任として総書記（代行）に就任した直後の一月から四月までは、全国的な反自由化運動を遂行するための所定の任務に従事した。その間、私は運動の行きすぎをどうやって防ぐか、運動を利用して改革開放に抵抗しようとする「左派」の動きをどう牽制するか、その対応策を案出するのに精力と集中力の大部分を費やした。「左派」の抵抗は、本質的に十一期三中全会（一九七八年）で示された原則に反するものであった。

第二段階は五月から第十三回党大会の開幕までである。この時期、私は改革開放の推進を再度強調し、左への揺り戻しを食いとめようと試み、思想の硬直化を批判した。すべては第十三回党大会に向けての準備だった。

一九八三年の「清除精神汚染運動」でわれわれが得た教訓は、（保守派の理論家）鄧力群や胡喬木のような者たちに、運動を過激化させる機会をあたえてはならない、ということである。私は運動の性格、範囲、趣旨、方針、手法に対して最初から厳格な条件を課した。「目下の反自由化運動におけるいくつかの問題に関する中国共産党中央委員会からの通達」と題する文書の作成を指導するにあたり、私は運動を次のように定義した。この運動は基本的な政策要綱および政策の方向性に関する問題を解決することに重点をおくものとする。運動の対象は党内における思想的、政治的事柄のみに限定する。農村政策、科学技術は対象外とする。文学、芸術にかかわる問題も対象としない。運動は地方では行わず、企業や政府組織において有益な教育活動としてのみ実践する。また、思想および政治の分野であっても、運動は政治的な方向性や原則に関する教育活動のみに限定する。反自由化運動は、十一期三中全会の原則を順守して実践しなければならない。また、かつての左翼的手法を用いることはいっさい認めない。

一九八七年の春節は一月二十九日だったので、党中央の通達は二十八日に開催予定の政治局会議で承認されなければならなかった。したがって、春節の前に通達を出すことは不可能だった。しかし、春節中には友人や親類を訪ねる習慣があるので、ニュースを広める格好の機会となるはずだ。

運動についての規則を周知させるため、一月二十八日に北京で開かれた党中央、政府諸機関、軍の上級幹部の会合で演説を行った。その演説では、運動の範囲、方針、重点、方法を明確に提示し、党中央の取り組みの概要を説明した。春節中の行事や活動を通じてニュースが伝わるようにするためである。

私は次のように明言した。「三中全会では、今後は大規模な運動は実施しないと決定した。しかしながら、人々は古い方法に慣れ親しんでいるため、何かに反対しようとするときは、いままでもその古い方法を用いている。今回の反自由化の試みにおいては、そうした大規模な運動を回避するために、偏った傾向に陥ること、とくに『左傾化』に対して最初から警戒しておくことがきわめて重要だ。いまやわれわれは、昔のように大胆かつ断固として運動を進めることだけに重点をおき、政策や制限をすべて無視する、というようなことはできないのである。そんなことをすれば、最初から過ちを犯すようなものであり、運動の行きすぎによって、けっきょくは後で修正を迫られるだけである。今回われわれは、かつての大規模な運動とはまったく異なる方法をとる。最初からできることと、できないことをはっきりと定め、とくに許容される限度を明確にする。そうすることによって大規模な運動を回避するのである」（そのときすでに運動の勢いが増しはじめていたので、全面的に止めることはできなかった。）

鄧力群《とうりきぐん》、胡喬木《こきょうぼく》、王忍之《おうにんし》ら、運動の拡大を望む者たちは私の演説や「反自由化運動に関する通達」を運動を束縛するものとして酷評した。この通達（一般に四号文件と呼ばれていた）は、自分たちをがんじがらめに縛り、ブルジョア自由主義者を保護するものだと考えたのだ。彼らは通達に反発したが、最初から範囲、重点、方針を定めたので、最終的にはこの運動で傷ついた人はほとんどいなかった。全国的な影響も、経済の混乱も、改革開放への大きな打撃もなかった。全体としてはひじょうによい結果だった。

この期間中、外国からの賓客を迎えたり、公の場で演説するときに、十一期三中全会で示された原則が不変であることを、私はくりかえし明言した（内外で疑問が浮上していた。人々は「反自由化」と聞いて、それが改革の後退を意味すると思ったのだ）。私は、改革開放が後戻りすることはなく、ひたすら進展するのみであると強調した。また、次のようにくりかえした。現在の都市政策、農村政策は不変であり、改革開放への全体的な取り組みも、海外への門戸開放政策も、国内経済の再活性化の取り組みも、個人の知識や才能を重んじる政策も不変である。これらの努力を基礎として、さらに改革を推し進めていくのだ、と。

反自由化運動が香港にまで波及することを恐れる人々もいたので、私は香港からの賓客にこう話した。本土では社会主義を追求するために「四つの基本原則」を堅持し、自由主義に反対しなくてはならない。しかし、「一国二制度」[1]のもと、香港とマカオでは資本主義制度の継続と自由主義は認められる。香港やマカオで反自由化運動を展開できるわけがない、と。

私は次のような考え方を提示した。「十一期三中全会が示した原則には二つの基本点がある。一つは『四つの基本原則』の堅持、もう一つは改革開放政策の推進である。われわれとしては、どちらもおろそかにすることはできない。どちらが欠けても『中国独自の社会主義』は失敗に終わるだろう。かつてわれわれは『四つの基本原則』をおろそかにした。だからいま、こうしてふたたび力を入れているのだ。しかし、改革開放を放棄すれば、われわれはまたしても間違った方向へ進むことになるだろう」

1　本土とはまったく異なる社会・経済・政治制度を持つ香港とマカオが、中国の忠実な一部になりうることを示す表現。

私は第一に、人々の疑問を解消したかった。第二に、「四つの基本原則」を強調するいっぽうで改革開放に抵抗するというようなことを、誰にもさせたくなかった。反自由化運動が大きな誤解を招いたのは、人々が三中全会の示した原則の真の意味を理解していなかったからだ。原則を「改革開放の推進」としか考えなかった人々は、反自由化運動が提唱されたとき、政策が変更されたと思った。だから私は、三中全会の原則には二つの基本点があることを明確にした。私の発言で国民は落ち着きをとりもどした。運動の範囲も大幅に縮小されたので、左派と右派が対立したり、反自由化と改革開放がぶつかりあうことも減った。思想の硬直化と教条主義の陰には鄧力群、胡喬木、王忍之らが率いる勢力が存在したが、彼らは私の戦略をひじょうに不快に思っていた。彼らは世論を動かしたり、さまざまな圧力をかけたりして党中央に混乱を生じさせ、反自由化運動の展開方法を変えさせようとした。

王忍之が朱厚沢《しゅこうたく》の後任として党中央宣伝部の部長に就任したとき、私は王に、二つの基本点があることを忘れるな、反自由化運動の実施にあたっては、そのどちらをおろそかにしてもいけない、と最初に釘を刺しておいた。さらに、仕事を進めるときには自分の頭で考えるように――つまり、（かつて同じ宣伝部長を務めた）鄧力群の言いなりにならないように――、そして党中央の政策を尊重するようにと指示した。

ところが、省および市レベルの宣伝部長会議で、王忍之は「反自由化運動は、四人組失脚以降、二度目の撥乱反正《はつらんはんせい》［混乱を鎮め秩序を回復すること］である」と発言したのである。意味するところは明白だった。最初の撥乱反正は、四人組がもたらした極左的混乱後の秩序回復だが、今回の撥乱反正は十一期三中全会と改革開放がもたらした混乱からの回復だ、というのである。この知らせを聞いて、私は王忍之を非難し、鄧力群にそう言えと頼まれたのかと問い詰めた。しかし、王は言葉を濁し、ただ「未整理な考え」を話してしまった、と認めただけだった。私はそれまで王に悪い印象を抱いたことは一度もなかった。国家計画委員会にいた頃の彼は、経済調査に真摯かつ誠実に取り組んでいたので、鄧力群とは一定の距離をおいているだろうと私は思った。ゆえに、口頭で非難するにとどめ、それ以上は追及しなかった。王の発言内容も、それに対して私がどう批判したかも公表しなかった。王にもう一度チャンスをあたえたかったのだ。

一九八七年の夏頃、王瑞林《おうずいりん》（鄧小平の秘書）から、王大明《おうだいめい》（党中央宣伝部の元常務副部長）の手紙が私のところへ転送されてきた。その手紙によると、宣伝部の何人かの局長たちが、鄧小平の「近い将来、左派への対抗が主要課題となるだろう」という声明を聞いて感情的な反応を示し、「われわれは抵抗し、持ちこたえなくてはならない！」とか、「まだどちらが勝つかわからない！」といった不適切な発言をしている、というのだ。

七月十一日、胡啓立が宣伝の統括責任者に就任した後、私は宣伝部の同志を集めて政策を説明した。これは仕事の引き継ぎの会議でもあった。この会合で私は、手紙で報告された事実に基づいて、王忍之と王維澄《おういちょう》（宣伝部副部長）を厳しく非難した。

私は宣伝部について、精神状態がおかしくなっている、と述べた。「諸君は鄧小平が左派に対抗すると聞いたとたん、空が落ちてきたかのように仰天し、親でも死んだかのように取り乱した。そんなことで、どうして三中全会が示した政策を正しく実行できるのか」。私は宣伝部の姿勢を改めるよう求めたが、彼らはなんの反省も示さず、そんな事実は知らないと言い逃れをするだけであった。

一九八七年三月、河北省の涿州《たくしゅう》市で理論討論会が開かれた。参加したのは鄧力群、胡喬木ら主導の左派勢力支配下にある三つの組織、すなわち雑誌「紅旗」、「文芸理論と批評」、新聞「光明日報」である。熊復《ゆうふく》（党中央宣伝部副部長、新華社通信社長）らは、十一期三中全会がもたらした「混乱」を鎮め、「秩序を回復させる」との立場を示し、三中全会以降の八年間は悪夢だったと訴えた。マルクス主義者は圧力をかけられ、反自由主義者と自由主義者のあいだで猛烈な闘争を余儀なくされた、というのである。

熊復が「二つのすべて論」[2]の主要起草者であることは誰もが知っていた。彼は自分と同じ境遇にある人々を反自由主義の英雄だと表現し、十一期三中全会以降の八年間、何一つ有益な変化はなかったと断言した。熊復は三中全会で一部の幹部から非難されていた。鄧力群は「二つのすべて論」には反対だったが、考え方については熊復と多くの共通点があったので、熊を支援し、いくつかの重責を託した。

当時、鄧力群、胡喬木、王忍之および彼らの影響下にある者たちは、党中央の通達「四号文件」を批判し、通達は反自由化運動の手足を縛り、活動家の闘志を抑圧するいっぽう、反自由主義者の不安をあおるものだと主張した。四号文件で示された制限は自由化にかかわる者たちを勇気づけているとも言った。さらに、四号文件は反自由化運動に「冷水を浴びせた」と抗議する者もあった。以前の反精神汚染運動は二十七日間しか続かなかったが、今回の運動はそれほども続かないだろう、と彼らは言った。

彼らの狙いは、私に圧力をかけて運動の方針を修正させ、活動を無制限に展開できるようにすることであった。さらに彼らは次のように抗議した。「自由化を説く者に対する批判は認められているが、自由化を実行している者に対する批判は認められていない」。彼らは、思想理論分野の自由主義者には「自由化を説く者」、経済改革を推進する者には「自由化を実行する者」というレッテルを張った。彼らは言った。「思想理論分野の自由化は上部構造であり、経済分野の自由化はそれを支える基礎構造である。経済分野の自由化に触れることができなければ、基礎の問題を解決することはできない」

彼らは、四号文件が定めた境界線をなんとかして突破しようとし、反自由化運動を経済、農業、科学技術政策の領域まで拡大しようと試みた。そして、あらゆる方面で改革開放に批判と報復を加えようとした。

私は元旦や春節の行事、あるいは外国からの賓客との会談などで、三中全会が示した原則には「二つの基本点」があるという考えを述べた。それからまもなく、ある人物が、「二つの基本点」を同列に扱うことはできないと示唆した。「四つの基本原則」は原則であり、改革開放は手段にすぎない、というのである。これを示唆した人物は、宣伝部理論局局長で、左派の立場をとる盧《ろ》

2　一九七七年に新聞の社説で最初に発表された極左原理。その信奉者は毛沢東が下したすべての決定を支持し、毛沢東の出したすべての指示に従うことを誓った。

之超《しちょう》である。鄧力群は盧を支持し、彼を宣伝部の副部長にすることを何度も提案した。しかし、そのたびに私が反対したので、盧は副部長になれなかった。私はその後、彼に宣伝部を辞めるよう求めた。宋平《そうへい》（党中央組織部部長）は鄧力群と話し合い、盧を中国人民政治協商会議の副秘書長に就任させた。

左派勢力は、中央党校［党幹部の研修機関］の教育長、江流《こうりゅう》［マルクスレーニン主義毛沢東思想研究所所長］を介して理論検討会を計画した。議題は四つの基本原則と改革開放の関係をめぐる「原則と手段」問題。検討会の狙いは、私が両者を同列に扱っている——すなわち手段である改革解放を過度に強調することによって四つの原則を軽視している——と指摘することであった。四つの原則を堅持すると称して、改革開放を後退させようとしたのである。理論検討会があると聞き、私は中央党校の校長に調査を依頼した。開催当日、江流は口実を見つけて欠席し、調査はうやむやに終わった。

このような左派勢力の抵抗に対して、私は一九八七年三月十三日の全国宣伝部長会議で演説し、われわれは党中央の通達である「四号文件」に関して意見統一を図らなければならないし、通達の趣旨を完全かつ慎重かつ正確に実現すべきである、と主張した。そして、四号文件は反自由化運動を抑えつけるものだとする意見を批判し、運動を経済領域にまで拡大しようとする動きに反対した。

当時はまだ機が熟していなかったので、そうした時代錯誤の考え方に対する私の批判は漠然としていて、さほど厳しいものではなかった。そのとき私は、事態を好転させるには、強力な反撃を加えるチャンスを見つけなければならない、と考えた。反自由化運動の拡大を食いとめるには、これらの勢力に対抗する必要があったのだ。

もう一つの問題は、運動に巻き込まれた人々をどうするかだった。反自由化運動はたんなる理論上の問題ではなかった。私にとって最大の頭痛のタネは、人々を処罰すべきかどうか、人々が受ける損害をどう軽減するか、損害を受けた人々にどう対応するか、といった問題だった。運動の開始当初から、一部の熱心な党長老は、多数の人間の処罰を求めていた。鄧小平も、党内で自由化を進める者は厳しく処罰すべきだという考えの持ち主だった。王震《おうしん》ら党長老も同様だ。鄧力群や胡喬木のような者たちはもっと過激で、この好機をとらえて特定の人々を破滅させてやろうと考えていた。

そんな状況では、特定の人々を庇ったり、処罰する人数を制限したり、また損害を軽減することさえ難しかった。そのため四号文件の起草にあたっては、反自由化運動によって、過ちを犯したと断定された人々に対する処罰について厳しい制限を設け、次のように規定した。「処罰は公表する。党として処分する場合は党中央の承認を受けなければならない。処分はブルジョア自由化を公然と促進し、度重なる勧告にもかかわらず態度を改めない、大きな影響力を持つ一部党員に対して実施される」「党員同志が党組織の会合において、誤った考えを持つ者を批判することは認められる。ただし、批判される者が自分の考えを固守することは認めるべきである。批判は穏便な形で行わなければならない」

私は全国宣伝部長会議などの機会に、思想文化領域の大多数の人々から支持を得るにはどうすべきかについて語った。偏向した、あるいは誤った考えを持つ人々とも協力するよう提案し、次のように指摘した。「思想文化領域で活動する党員のなかには、明らかに四つの基本原則を支持しているけれども、やや保守的で頭の固い人々がいる。いっぽう、改革開放を熱心に支持しているけれども、不適切な発言をしてしまう人々もいる。前者を教条主義者、後者を自由化分子と決めつけることはできない。われわれは彼らを教育し、協力すべきである」

私は反自由化運動を進めるにあたって、自由化を促進するような誤った行動をとった人々も、過度に保守的で厳格な人々も、偏向した考えを持つ者として、ひとまとめに扱うべきだと、わざと強調した。人々が受ける損害を回避もしくは軽減するのが狙いだった。

鄧小平は自由化分子のリストを作成して、一人ずつ処分していくことを提案した。最初に作成されたリストには、鄧が以前から党除籍処分にするよう望んでいた王若望《おうじゃくぼう》（反体制、自由主義の作家）と方励之（反体制の天体物理学者）のほか、鄧力群と胡喬木の提案で于光遠《うこうえん》（著名エコノミスト）も含まれていた。私は、四号文件の趣旨にのっとって、中央顧問委員会主催の党組織生活会で于光遠を批判すべきであるが、処分は避けたほうがよいと提案した。一九八七年三月二日、鄧の自宅に呼ばれて、張光年《ちょうこうねん》（著名な詩人・文芸評論家）の件はどうするつもりか、と尋ねられた。私は、于光遠の場合と同じように対処するのがいちばんよいでしょうと答えた。リストにはほかにも名前が挙がっていたが、処分は承認されなかった。

中央規律検査委員会のなかには、依然として自由化分子を処分しようと躍起になっている者がおり、鄧力群の支援を受けていた。支援は党中央書記局研究室を介して提供された。研究室はさまざまな資料のなかから、誤った考えを持っている証拠となるような発言記録を収集した後、氏名リストを作成した。リストは意見を求めるため中央規律検査委員会に送られ、その後、党中央書記局に数回に分けて転送された。

こんな調子で次から次へとリストが作成されていけば、どれほどたくさんの人間が処分されるかは誰にでも想像できた。私は時間稼ぎで対処するしかなかった。これらのリストは書記局で検討しなければならなかったので、私はあまり頻繁に会合を開かず、一回にほんの数人ずつしか検討しないようにした。検討しているときには当然ながら意見の相違が生じた。結論が出ないときには次回に持ち越しになった。そんなわけで、処分された人数はあまり多くなかった。一度も議論されなかった件は忘れ去られた。

運動中、書記局は劉賓雁《りゅうひんがん》（元人民日報記者、影響力のあるジャーナリスト）と張顕揚《ちょうけんよう》（自由主義知識人）を党から除名することを決めた。呉祖光《ごそこう》（劇作家・舞台監督）も当初は除名されることになっていたが、最終的には「離党するよう説得」された。王若水（「人民日報」副総編集）は当初、「離党するよう説得」される予定だったが、最終的には除名された。蘇紹智《そしょうち》（自由主義知識人）も当初は除名されることになっていたが、私の提案でマルクスレーニン主義毛沢東思想研究所の所長を解任するだけにとどめ、党籍は剝奪しなかった。

孫長江《そんちょうこう》（元中央党校理論研究室副主任）も除名されることになっていたが、聶栄臻《じょうえいしん》元帥が公然と擁護したため処分されなかった。聶元帥はまことに巧妙だった。孫長江の処分が書記局で検討されていることを知った元帥は、陳雲に短い書簡を送り、そのなかで孫の「科学技術日報」での活動を称賛したうえで、処分しないよう求めたのである。このとき党規律検査委員会書記を務めていた陳雲は、聶元帥に同意した。私はこの機会をとらえ、元帥の書簡を支持する見解を述べた。「他の件についても聶元帥の意向および陳雲の指示に沿って扱うものとする」。つまり孫長江と同様に扱うということである。その後、実質的に処分はなくなった。

批判の対象となっている人々の氏名を公表するかどうかについて、四号文件は次のような制限と優先事項を設けている。個人攻撃あるいは誹謗中傷を含む記事は認めない。無意味な主張がメディアにあふれるような事態は避けなければならない。以前の大規模運動で使われた文化大革命式の用語の不適切な使用を禁じる。批判された人々から具体的で合理的な反論が出た場合、これも公表する。運動とは関係のない刊行物は、この種の記事を発表してはならない。

ところが、運動の開始と同時に、鄧力群がグループを組織して、文化大革命方式の集中批判をやりはじめた。自由化という過ちを犯した証拠となる記事や発言を収集し、いわゆる「誤った考え」の要約を編集して小冊子を作成し、文脈を無視して発言を引用、非難した。さらに関連部署の編集委員に資料を配り、編集された要約に沿って独自の批判を書くよう要請した。こうして彼らは次から次に批判文を発表したが、それは文脈を無視して発言を引用したり、個人の罪状を誇張したりといった集中批判の形をとっていて、どれも恣意的で非道なものばかりだった。

私は書記局会議で鄧力群を非難し、このグループによるそのような行動をやめるよう求めた。その後に開かれた全国宣伝部長会議で、私が称賛したのは、陳俊生（黒竜江省党委員会書記）と鮑彤《ほうとう》（政治体制改革研究室主任）の書いた文章だけだった。二人の書いた文は物事を注意深く論じていて、好ましい効果が期待できたのに対して、それ以外の自由化批判文はどれも具体的な根拠を示しておらず、論理展開がひどく短絡的かつ粗雑で、レッテル張りによって人々に圧力をかけようとしていた。

私は言った。「今後、批判文を発表するときには、その効果を考慮する必要がある。すなわち、文章に説得力はあるか、国民が読むに堪える文章かを考えよ。鄧力群のグループが書いた文章は文化大革命期のような集中批判であふれており、総じて歓迎できないものばかりである」と。その結果、自由化を批判する文章は徐々に見られなくなった。

胡耀邦が辞任した後、反自由化運動にもう一つの問題が浮上した。「連座」である。以前から党長老を含む多数の人々が胡耀邦の決めた昇進人事に異議を唱えていた。人物の政治姿勢は問わず、能力のみを重んじていると非難した。胡は口がうまい者を重用していたほか、「団派［共産主義青年団出身者の派閥］」を要職に抜擢していたのだ。胡を批判するために開かれた組織生活会では、一部の長老が「団派」の問題をとりあげ、派閥を優遇したと胡を非難した。

私は、もしこの問題について議論が続くことを許せば、その影響は計り知れない、と考えた。そこで私は忠告した。理由はどうあれ「団派」の問題を持ちだして、派閥形成を試みたと胡耀邦を非難すべきではない、と。中国共産主義青年団が党の幹部を養成する機関であることを考えると、この問題は判断がきわめて難しい、と私は説明した。

しかし、問題はくすぶりつづけた。一九八七年三月、鄧小平までもが、胡耀邦は特定の派閥の人間を昇進させたようだ、と発言したのだ。四号文件や多数の演説で、私は次のように述べた。

けっして連座の罪を問うことはない。文化大革命のときのように、誰かと関係があったというだけでレッテル張りをすることはない、と。私はこの問題について鄧小平と話し合い、次のように提案した。反自由化運動では人事の変動は最小限にとどめるべきだ。現状が許容できるなら、人事再編は避けたほうがよい。再編が必要と思われる場合でも、なるべく先延ばしにしてゆっくり進め、影響を軽減しなくてはならない、と。鄧は同意した。

王蒙《おうもう》を文化相に指名したのは胡耀邦だった。鄧力群一派は以前からずっと王蒙を自由主義者の代表とみなしていたので、当然、彼を排除しようとした。胡耀邦が辞任して反自由化運動が始まるとすぐに、王の更迭が提案されたが、私は断固として反対した。私は鄧力群と王忍之に、王蒙を解任しないことを伝えた。人民日報社長の銭李仁《せんりじん》も「団派」出身で、かなり進歩的な考えの持ち主だったため、鄧力群はこの機会に彼を排除しようと考えていた。これにも私は反対した。薄一波は私にこう言った。山東省党委員会書記の梁歩庭《りょうほてい》は胡耀邦派の一員で、胡とは親密な関係を保っている。山東省は重要な省であるから、更迭する必要がある、と。私は口実を見つけて更迭に反対した。

人事異動をすべて阻止するというわけにはいかなかった。中央宣伝部部長の朱厚沢はきわめて微妙な問題を扱う地位にあったので、更迭は避けられなかった。中央組織部部長の尉健行《いけんこう》、公安部部長の阮崇武《げんすうぶ》も同様であった。長老たちはこうした微妙な問題を扱う機関には、親しい者を責任者に据えようと躍起になっていた。そんな状況では、人事異動は避けられなかった。そうして更迭された者がなんとか別の地位に就けるよう、私は最善を尽くした。このとき江西省の女性書記が解任されたが、これは反自由化運動とは無関係で、能力の欠如が主な理由だった。内モンゴル自治区党委書記の張曙光《ちょうしょこう》も解任された。度重なる不適切発言が問題視され、胡耀邦が辞任した後に反抗的な態度をとるようになって批判が集中していたからである。解任は慎重に行われ、全員に新しい地位が用意された。

反自由化運動では、甚大な被害、大規模な人事異動は回避された。以前のように、ただ関係があっただけで連座させたり、レッテルを張ったりすることはなかった。

反自由化運動そのものは実行するしかなかったが、前述のような手段を用いることによって、鄧力群、胡喬木をはじめとする長老たちが運動を拡大しようとする試みの大部分は阻止できた。だが、運動の名のもとに、改革に対する反対は公然と続けられた。国内メディアではあいかわらず反自由化運動の推進が叫ばれ、改革開放を支持する声はまだひじょうに弱かった。改革開放の先頭に立っていた幹部の大多数が難しい立場におかれた。第十三回党大会を数か月後に控えて、この状況では党大会を改革開放支持の方向に持っていくのは困難だと私は感じていた。断固として状況の転換を図るべき時だった。

一九八七年四月二十八日、鄧小平と時間をかけて話し合った。私は鄧に次のように報告した。数か月にわたる反自由化運動を経て、全体的な情勢は変化し、メディアが自由化支持の意見で占められていたかつての状況から百八十度変わった。しかし、一部の者たちが運動を利用して改革開放に抵抗している。このような姿勢は、第十三回党大会を改革開放の推進を訴える大会にするという目標と合致しない。党大会を成功させるためには、ただちにメディアを通じて改革開放の重要性を強調することが肝要だ。

鄧は私の意見を支持した。そして、この問題について、入念に準備を整えたうえで早急に演説を行うよう私に求めた。

一九八七年五月十三日、宣伝、理論、メディア、中央党校の幹部が集まる会合で演説した。その頃、鄧小平は海外からの賓客に対して、こう述べていた。社会主義が貧困をもたらすわけではない。問題は過度の左傾化だ、というのが、わが国が社会主義の追求において学んだもっとも重要な教訓だ、と。この鄧の発言のおかげで、私の演説はひじょうに大きなインパクトのあるものとなった。書記局と政治局それぞれの会議で、私は、反自由化運動のなかで左派が四号文件に定められた制限を無視して右派を攻撃しようとして混乱が生じたことについて厳しく非難し、くわえて次のように主張した。

第一に、数か月間の努力の結果、全体的な状況は変わった。自由化の拡大は首尾よく食いとめられた。今後は改革開放に力を入れるべきである。第十三回党大会は改革開放政策の推進を訴える大会にしなくてはならない。われわれは党大会を成功させるために準備を進める必要がある。

第二に、この運動は、自由化の拡大という問題を解決するのが目的である。自由化の拡大は最初から回避できたはずだ。指導部が対応を誤っただけのことである。つまり、解決が困難な問題ではないのだ。

しかし、自由化拡大の問題を解決した後は、次のステップとして長期的な努力に目を向けなくてはならない。第一に、われわれは教育をよりどころとすべきである。第二には、改革開放の継続的な努力をよりどころとすべきである。改革計画あってこそ、生産性は高まり、国民の生活水準は向上する。そうして国民は社会主義の利点を理解する――そうなれば自由主義の影響は自然に弱まっていく。このような観点から考えれば、改革によってこそ、四つの基本原則を堅持するという目的は達成できる。改革を実行しなければ、最終的には四つの基本原則を覆すことになるだろう。

だから、自由化という根本問題を解決するために何度も運動を展開するわけにはいかない。改革計画を通じて生産性を高めるというわれわれの決意が、自由化拡大の問題で揺らぐようなことがあってはならない。自由化拡大の問題を解決するため、右派の引き起こす混乱を根絶していくことは正しい。しかし、長期的かつ本質的な観点から見ると、改革を阻む障害となってきたのは左派勢力なのである。

第三に、四つの基本原則はわが国の政治体制の基盤である。改革開放は、中国独自の社会主義を建設するためのわが国の全体的な方針であり政策である。「重要なのは四つの基本原則であって、改革開放政策は単なる手段にすぎない」と位置づけるのは、四つの基本原則を堅持すると称して改革を逆行させようとするのと同じである。ということはつまり、十一期三中全会において四つの基本原則の堅持を謳った新政策を否定するのと同じである。改革開放が単なる手段であり、一つの戦術にすぎないとしたら、中国独自の社会主義とは何か。改革を自由化であるかのように扱うべきではないし、四つの基本原則を教条主義的に信奉すべきでもない。改革の概念を用いて四つの基本原則を解釈しなくてはならない。でなければ、改革は水泡に帰し、われわれは左派勢力の論理の罠に落ちることになるだろう。そうなれば、「四つの基本原則の堅持」という言葉には非現実的な意味しかなくなる。結果として実現されるのはソ連式の社会主義であり、中国独自のものではない。

第四に、われわれは生産力の重要性を理解しなければならない。生産力の向上は、社会が進歩しているか後退しているかを判断する基準である。とくに社会主義の初期段階にあるわが国では、生産力の向上は不可欠のものだ。左派的な意見が長期にわたって存続してきたのは、生産関係について議論するばかりで、じっさいには生産力の向上が図られてこなかったからだ。

社会主義の概念に関しては、長年にわたって多くの属性が付与されてきた。たとえば、ソ連式の経済モデルはじつは戦時用のモデルだったが、われわれはそれを社会主義固有の経済計画であるかのように考えた。理論研究においては、生産力の発展と社会主義的近代化に寄与する手段は資本主義的であり、生産力の発展を妨げる手段は社会主義的であるという考え方もある。このような非現実的で硬直した考え方は、理論の分野には根強く存在する。われわれはもっと思想を解放し、大胆な探求を提唱しなければならない。

私のこの演説の後、大多数の幹部が支持を表明し、全体的な形勢は改革開放に有利に傾いた。おかげで第十三回党大会報告の起草はうまくいった。

第三章　理論家たち

鄧小平の支持があったとはいえ、経済改革計画は政治的には脆弱なままだった。やはり、経済改革というものは根本的には共産党が主張するイデオロギーに反していたからである。影響力のある二人の左派理論家、胡喬木《こきょうぼく》と鄧力群《とうりきぐん》は、この改革の脆弱性につけこんで、党の有力長老の支持を得ようとする。趙は宣伝の分野から彼らを締め出そうと積極的に動く。しかし、そのために、党の保守派長老たちから第一の敵とみなされる。

反自由化運動の前から、胡喬木と鄧力群は厳しい立場におかれていた。一九八六年あたりから、鄧小平は胡喬木と距離をおくようになり、長いあいだ顔も合わせなかったのである。胡は何度か面会の約束をとりつけようと試みたが、そのたびに断られ、ひじょうに不安になった。楊尚昆《ようしょうこん》（国家主席）に頼んで、自分の意見を鄧に伝えてもらうしかなかった。

鄧小平は鄧力群に対してはそれほど冷淡な態度ではなかったが、左翼的な活動にのめりこみすぎだと語っていた。鄧力群が北戴河の会合で「精神文明の建設に関する決議」の草案を修正するよう提案したことについて、鄧小平は論評したことがある。鄧力群の主張の大半は自分（鄧小平）の発言の引用だが、じっさいには、左傾化を大きく推進しようとしている、と。鄧小平は一九八七年三月に私と話したときにも、そのことを語っていた。鄧小平は鄧力群について、湖南省のラバのように、とても強情な男だと評した。

当時は、胡耀邦《こようほう》の主導のもとで改革の気運が高まっており、朱厚沢《しゅこうたく》党中央宣伝部部長は、知識層にとって寛容で緩やかな環境作りを一貫して推し進めていた。知識人らは大胆にも自分の意見を表明し、左派勢力を黙殺した。この時期、胡喬木と鄧力群を代表とする保守・硬直・教条主義の勢力は軽んじられていたのである。

しかし、胡耀邦が辞任し、反自由化運動が本格的に始まると、彼ら（胡喬木と鄧力群）はたちまち反自由化の英雄となり、まるで勝者のように振る舞いはじめた。この機に乗じて、積もり積もった怒りを吐き出そうとしたのである。胡耀邦が党中央の業務を仕切っているあいだ、私は経済および外交の仕事に忙しくて、理論・思想分野の事柄にはほとんど関与していなかった。

はっきり言って、そちらの方面には無関心だった。私は、胡耀邦が鄧小平の指示を無視したのは間違いだと思ったし、彼の大局を考慮しない言動が、全体的な状況を悪化させていると考えた。それは胡耀邦自身にとっても、よくないことだった。そんなわけで、私は、胡耀邦と胡喬木・鄧力群とのあいだの争いについては、どちらかと言えば中立の立場にいた。

胡喬木と鄧力群が反精神汚染運動を経済の領域まで拡大しようとしたとき、私は反対を唱えた。しかし二人とも私を政敵とはみなさなかった。経済の領域では、私はいつも思想解放と大胆な探求、規制の撤廃を主張していた。しかし、文化の領域にはほとんど足を踏みいれなかったので、彼らと正面からぶつかることはなかった。

ところが、胡耀邦が辞任した後、私が党中央の業務を仕切ることになった。反自由化運動の沈静化を図り、事を穏便に運ぼうとすると、ほどなく状況は一変した。私は、運動による被害者の数を最小限にとどめようと努力し、改革開放を積極的に擁護した。胡喬木と鄧力群は反自由化運動の徹底実施を望んでいたため、直接対立を回避するのは難しくなった。ほどなく彼らは私を第一の政敵とみなすようになった。

三月、私は鄧小平に、李瑞環《りずいかん》（天津市党委員会書記）を天津から党中央宣伝部に異動させ、鄧力群の理論分野の仕事を手伝わせてはどうかと提案した。鄧小平は同意した。責任者が二人になれば、さまざまな意見が聞ける可能性があった。責任者が一人の場合とは異なり、下位レベルからいろいろと問題の報告があがってくるかもしれない。ところが、陳雲がこの提案に反対したため、けっきょく実現しなかった。

その後、私はなんとかしなくてはならないと思った。改革開放を推進するためには新たな理論と指針の確立が急務だったからだ。理論研究は改革の実践と並行して進めていく必要があった。ところが、鄧力群が責任者では、なんの進展も望めない。というより、鄧力群は改革を後退させようとしていたのである。私は鄧力群がこのまま理論研究を指揮しつづければ、新理論の構築は進むどころか、大きな壁にぶちあたるだろう、と主張した。そして第十三回党大会で、鄧力群を政治局委員のままにして発言と意見表明の機会をあたえるとともに、書記局書記の任を解いて理論・思想分野の責任者から外してはどうか、と提案した。

これがまだ計画の段階にあったとき、李鋭《りえい》同志（改革派支持の長老）から手紙をもらった。鄧力群は延安《えんあん》[1]にいた頃、恥ずべき不道徳な行いをしていたから、思想や宣伝の仕事を指揮する人物としてふさわしくない、というものだった。この手紙を鄧小平に転送したところ、鄧力群を党中央宣伝部部長から解任するとの決定が下された。手紙と決定書は陳雲《ちんうん》と李先念《りせんねん》にも転送された。二人は鄧力群を称賛する手紙を書いたが、部長解任という鄧小平の決定に直接反対することはできなかったので、一件は落着した。

一九八七年七月七日、鄧小平は自宅で「五人小組（第十三回党大会まで政治局常務委員会の権限を行使するために設立された組織）」の会合を開き、決定を正式に発表した。私が後任に胡啓立を推すと、全員が賛成した。鄧力群が主任を務める書記局研究室の解散も決まった。この研究室は改革開放を疑問視するような論評を発表していたからである。鄧小平は、第十三回党大会では鄧力群を政治局委員のままにしておくべきだと述べた。決定はただちに実施された。薄一波《はくいっぱ》（党長老）は、鄧力群に決定を伝える任務をあたえられた。すべては鄧小平の意向に従って進められた。

けっきょく、改革開放に反対する姿勢が嫌われ、鄧力群は第十三回党大会における党中央委員選挙で敗れた。これを知った鄧小平は、投票の結果を尊重すると述べた。そのため、鄧力群は政治局委員にはなれなかった。私は第十三回党大会の主席団に、鄧力群を党中央顧問委員会の委員候補にすることを提案した。そうすれば委員会の常務委員になれる可能性はあった。その結果、党中央顧問委員会の委員には選ばれたものの、常務委員会の選挙でふたたび敗北を喫した。

この第十三回党大会に備えて、われわれは選挙方式を少しばかり改革し、出席する代表者に民主的な権利を付与していた。鄧力群の敗北は代表者たちがその権利を行使した結果である。
鄧力群の党宣伝部長解任、書記局研究室の解体、理論誌「紅旗」の廃刊――これらの出来事が原因で、陳雲、王震、李先念といった長老たちは私に不満を抱くようになった。彼らには、胡耀邦が望んでいたけれども実行できなかったことを、ついに私が実行したように思えたのである。じっさい、私は胡耀邦ができなかったことをやった。だから彼らは私に敵意を向けるようになったのだ。

当時、こうした状況があれほど重大な影響をおよぼすとは思ってもいなかった。しかし、一九八八年に消費者物価の問題が起きて、パニック買いや銀行取り付け騒ぎ、インフレが発生したとき、私に対する反対運動が展開され、党長老たちは私が過ちを犯したと非難し、告発を求めた。それはすべていま述べたことと大いに関係している。

鄧力群は、陳雲《ちんうん》、李先念、王震《おうしん》ときわめて親密な関係にあった。彼らから大いに尊重され、高い評価を受けていたのだ。一九八〇年、鄧力群は自分の支配下にある書記局研究室を通じて、陳雲の経済に関する思想と提案を積極的に推進した。鄧力群が陳雲の経済思想を推進したのは、明らかに、それを利用して鄧小平の改革開放思想に対抗するためだった。

前述のように、私は一九八七年に、鄧力群のイデオロギー研究の補佐役として李瑞環を就けて

1　陝西省《せんせい》の山間部の都市。長征が終わった後、一九三七年から四七年まで共産党の指導者たちの根拠地となった。きわめて過酷な状況にありながら、党員たちの理想主義、自己犠牲、規律の精神が高まった時期として記録されている。

はどうかと提案した。陳雲はすぐには回答しなかったが、一日考察した後、秘書を通じて、この仕事は鄧力群一人にあたらせるべきだと私に伝えてきた。陳雲は私の提案を拒否したのである。

七月三日、陳雲は薄一波と協議し、「哲学の研究は重大な責任を持つ者の仕事」と題する演説を行った。私に聞かせるのが目的だった。薄一波がメモを添えて原稿を送ってきた。表面上は、弁論術の参考にせよ、ということだったが、じっさいは、私に対する批判だった。彼は私が反対意見を許容できないのだと考えていた。

批判の主な原因は、私が権力を掌握するとすぐに鄧力群を宣伝のトップから引きずりおろしたことだった。もう一つは、私が左派勢力を批判したことだ。とくに胡喬木と鄧力群の発言を非難した五月十三日の演説が問題視された。この演説を印刷したものが陳雲に送られた。そのとき彼は私の「一九五〇年代の経済モデルは、じつのところ戦時用の臨時モデルにすぎない」という主張に異を唱えた。

鄧力群が第十三回党大会の選挙で負けると、陳雲は鄧力群の政治的特権と生活環境を維持するよう特別な指示を出した。

鄧力群はまた、李先念（党長老）にとっても重要な仲間だった。鄧力群は李先念がかつて国務院第五弁公室の主任を務めていたときの部下で、意思決定および文書の起案にかかわっていた。一九八七年には、李先念の文選集を編集・発行するために設立されたチームの責任者を務めた。鄧小平が鄧力群を宣伝部長から解任する決定を下したことが伝わると、李先念はこんな手紙を書いた。「鄧力群は優れた同志である。われわれは今後も彼の力をじゅうぶんに活用しなくてはならない」

鄧力群と王震の関係はさらに深く、人民共和国の建国時代にまでさかのぼる。鄧力群は王震が書記を務めていた党中央新疆分局の宣伝部長だった。王震は後に、農業の集団化を強引に進めたとして党中央から非難されたが、そのとき鄧力群は王の側に立って擁護しようとした。それ以来、王震はつねに鄧力群を信頼し、二人はとても親密な関係にあった。十一期三中全会の後、発言したいことがあっても公表するのが難しかった鄧力群は、しばしば王震に自分の意見を代わりに発表してくれるよう頼んだ。

一九八七年の夏頃、葉選寧《ようせんねい》（葉剣英《ようけんえい》元帥の二男、後に解放軍総政治部連絡部部長）から電話があり、王震が私に話があるとのことで、私は王を自宅に訪ねた。王震は私に次のように忠告した。「君は総書記就任を受諾すべきではない。国務院にはなすべき仕事が山ほどあり、君がいなくてはどうにもならない。それに比べて書記局には、なすべき仕事はあまりない。総書記は姚依林《よういりん》に引き受けてもらえばよい」。この話し合いには葉選寧も同席していた。

そのとき私は総書記のポストにもあまり関心がなかったので、鄧小平を説得してくれるように王震に頼んだ。ところが後になって、王震が鄧力群を総書記の座に据えようと積極的に動いていることを知った。この動きに懸念を抱いた多数の人々から、何があろうとも総書記の座を鄧力群に渡してはならないと警告され、私は警戒感を強めた。そんなことがあったので、鄧力群が落選した後、保守派の長老たちが私に反感を抱くようになったのは驚くにはあたらなかった。

第四章　大舞台への準備

一九八七年の党大会——五年に一度開催される党の重要会議——に向けて準備を進める趙紫陽は、またしても政治家としての優れた力量を証明する。総書記就任によって新たに獲得した権力を利用し、経済自由化を支持する鉄壁の理論的根拠を打ち出して、自らの政策を推し進める。趙の巧妙な弁論術は輝きを増し、中国がまだ「社会主義の初期段階」にあるという考えを党大会に承認させる。この純粋に修辞的な発明によって、中国は従来の社会主義政策に固執する必要がなくなったのである。

第十三回党大会に向け準備を進めるにあたっては、二つの大きな課題があった。一つは政治報告の起草、もう一つは指導部の人事である。政治報告は、胡耀邦の辞任前に組織されたチームが起草することになっていたため、胡の辞任で作業は中断していた。私はチームを招集したうえで、私の監督下におくため、リーダーに鮑彤《ほうとう》を任命した。

五月二十一日、さっそく鄧小平に政治報告の草案に関する書簡を送り、「社会主義の初期段階」という概念を報告の理論的な根拠として用いることを提案した。報告には中国独自の社会主義を建設するための理論、原則、責務を系統的に盛りこむつもりだった。くわえて、十一期三中全会（一九七八年）で示された二つの基本点を強調する。すなわち、「四つの基本原則」の堅持と、経済の再活性化に向けた改革の推進である。この報告に鄧はすぐさま賛同し、概要について称賛した。政治状況は改善されていたので、起草は比較的円滑に進んだ。

この政治報告のなかにある「社会主義の初期段階」と「一つの中心、二つの基本点」という二つの表現について説明しておきたい。

「社会主義の初期段階」という表現は、私が第十三回党大会の報告で最初に使ったと思っている者が多いようだが、それは正確ではない。すでに十一期六中全会（一九八一年）における歴史問題に関する決議のなかで「わが国の社会主義体制はまだ発展の初期段階にあり……」という形で使われている。第十二回党大会（一九八二年）の政治報告でも、胡耀邦が再度、「わが国の社会主義体制はまだ発展の初期段階にある」と述べている。

しかし、どちらの場合も、言葉の真の意味については詳しく述べられておらず、ただ次の見解が強調されているだけだ。「われわれはすでに社会主義体制を確立し、社会主義社会の段階に入った。その現実を否定する考え方はすべて誤りである」。つまりこの表現には、「社会主義の初期段階にあるとはいえ、すでに社会主義体制そのものは確立しているから、高度な社会主義精神文明を建設すると同時に、物質文明の建設を進めることも可能になった」ということを示す意図があった。というのも、一部の人々のあいだで、わが国はすでに社会主義国家なのか、それともまだ社会主義を追求している最中なのか、という疑問が生まれており、その疑問に答える必要があったからだ。

党中央が一九七九年に開催した理論検討会では、党が犯した極左的な過ちについて再検討を進めるなかで、次のような重要問題が提起された。すなわち、「かつての中国は半封建、半植民地社会であった。革命が勝利したいま、社会主義体制を確立する条件は整ったのではないか。『新民主主義』を実現すべきではないか」と。党中央はこうした疑問には批判的だった。

「社会主義の初期段階」という表現は、そうした疑問に対抗するためのものだった。しかし、この概念はまだあまり注目を集めなかった。一九八六年九月、党中央の「社会主義精神文明建設の指導方針に関する決議」で、わが国は「社会主義の初期段階」にあるので、公有制を大前提としつつ、多様な経済要素を発展させることが可能であり、一部の人々が先に富裕になることも認められる、という発表がなされた。これには「社会主義の初期段階」にあるとする判断と、われわれが追求する改革政策とを結びつける意図があった。

この文書は、主として「社会主義精神文明の建設」に重点をおいているため、「社会主義の初期段階」の問題については詳しく述べていない。この表現が用いられた最初の三回に関して言えば、後で議論が交わされた記憶はないし、国民の関心を呼ぶこともなかった。この表現が初めて内外で強い反応を引き起こしたのは、第十三回党大会の政治報告のなかで改革開放の理論的な根拠として登場したときである。

第十三回党大会の政治報告の草案作成を準備しはじめたとき、私は改革開放のための重要な政策と戦略をさらに前進させるだけでなく、総力を挙げて改革を完遂するための理論的な根拠を明確にしようと考えていた。十一期三中全会の後、改革開放が実行に移されてから、生産性は高まり、発展は加速し、国民の生活水準は向上し、国力は増大していた。これらは広く認められた事実だった。

しかし、改革開放を実行する理論的な根拠は何か。それについてはなんの説明もなかったので、懸念を抱く党幹部や市民も多かった。彼らは最善を尽くして改革開放を支援し、積極的に実行していたが、その反面、政策が別の方向に転換するのではないかと恐れてもいた。改革開放には強固な理論的裏付けが必要だったのである。

はっきり言えば、当時の改革開放は、計画経済と排他的な公有制、そして一九五〇年代から強制されてきた、富の分配における単一の方式に対する拒絶であり修正であった。改革開放が実行されたことによって、改革開放の正しさと必要性は証明された。同時に、わが国のような社会経済的発展および生産力レベルで、旧来のソ連式の社会主義原則を導入するのは行きすぎであることも証明された。これは極左的な過ちであった。中国にとってよりふさわしい政策と取り組みを実施してこそ中国は救われる。これが問題の本質だった。

とはいえ、われわれは三十年以上にわたって社会主義を実践してきたのである。旧来の社会主義原則を順守してきた人々に対して、どう説明すればいいのか。考えられる説明の一つは、社会主義の導入が早すぎたから、簡略化した民主主義を導入する必要がある、というもの。もう一つは、中国は最初に資本主義を経験せずに社会主義を実行したので、部分的に資本主義を導入する必要がある、というものである。

どちらの説明もまったく不合理というわけではなかったが、理論上の大論争を引き起こし、混乱を招く恐れがあった。それに、こんな説明では、政治的な承認を得られなかっただろう。最悪の場合、改革開放は短命に終わっていたかもしれない。

一九八七年の春、第十三回党大会の政治報告を準備しているあいだ、私はかなりの時間を費やしてこの問題の解決策を考えた。そしてついに、「社会主義の初期段階」という表現を用いるのが最善の策だと信ずるに至った。この表現はわれわれが数十年にわたって社会主義を実践してきたことを是認し、肯定的にとらえている。と同時に、わが国が「初期段階」にあると規定することで、われわれは旧来の社会主義原則による制限から完全に解放されるのだ。そうなれば、これまでの立場から離れて、中国にとって、より適切な改革開放政策を実行できるようになる。

もっとも重要なのは、「社会主義の初期段階」が新しい表現ではなかったということだ。前述のとおり、すでに六中全会と第十二回党大会の決議で用いられ、論争を引き起こすことなく静かに受け入れられていたのである。それを今度は改革開放の意義を理論的に明確化する根拠として使うというだけのことなので、激しい論争を引き起こすことなく、容易に受け入れられるはずだった。

私がこれらの考え方を最初に公の場で明らかにしたのは、一九八七年五月の党中央書記局会議でのことであった。私はそこで、わが国が「社会主義の初期段階」にあるということに注意を向けるべきだ。改革開放の政策問題はすべてこの考え方に従って解決することが可能だ、と述べた。後に、第十三回党大会の政治報告の起草チームに、理論的な根拠として「社会主義の初期段階」という言葉を使うよう正式に要請した。それから、このことについて政治局常務委員会と五人小組にも手紙を書いた。これは、すでに述べた、私の考えの概要を伝えるため鄧小平に送ったのと同じ手紙である。鄧小平、陳雲《ちんうん》、李先念《りせんねん》は三人とも手紙か電話で回答し、賛意をあらわした。

中国独自の社会主義を建設するための基本的な取り組みは、次の三つの事項で表現された。経済建設を中心とする。四つの基本原則を堅持する。改革開放を堅持する。これらは三中全会以降の全体的な方向を定めた三つの要素である。報告の草案を作成する過程で、優先すべき三つの要素を「一つの中心、二つの基本点」という口にしやすい表現で盛りこむことが提案された。

経済建設を「中心」にするという考え方は、すでに一九七八年の十一期三中全会で主張されていた。「われわれは今後、階級闘争を放棄し、経済建設を中心に取り組んでいく」。この表現は党文書や演説で何度も使われた。

「四つの基本原則の堅持と改革開放の堅持」という考え方も、一九七八年の理論検討会および十一期三中全会以降、くりかえし強調されていたが、これら三つの事柄が党全体の方向性を示す要素として一つに結びつけられたことは一度もなかった。「四つの基本原則の堅持」と「改革開放の堅持」はすでに二つの別々の要素として、一九八六年の「社会主義精神文明建設の指導方針に関する決議」に登場している。大部分の人々は、[十一期]三中全会が示している原則は改革開放だという印象を抱いていた。私は、十一期三中全会の原則を見直して、そこに「四つの基本原則」を含めることを提案した。改革開放だけに注意を向け、四つの基本原則を無視するのはよくない、と。このときはまだ「二つの基本点」という表現は使われていなかった。

「四つの基本原則の堅持」と「改革開放の堅持」という二つの事柄が互いにつながっていて、どちらが欠けても成立しないと、私が初めて正式に述べたのは、一九八七年一月三十日の春節の祝賀式典のことだった。それ以前にも、一九八七年一月十九日に行われたハンガリー共産党の指導者たちとの会談のなかで同じ表現を使っており、会談の内容は報道機関に公表されている。

祝賀式典の演説には、反自由化運動によって三中全会が示した原則が覆されるのではないかという人々の不安を鎮める狙いがあった。そうした不安を鎮めるため、私は次のように述べた。三中全会の示した原則には「四つの基本原則」と「改革開放」の両方が含まれている。反自由化運動は、「四つの基本原則」の放棄に反対するために展開されているのだ。ゆえに、運動は三中全会の原則にいかなる変更も加えない。むしろ、原則を貫徹するために行われている。これら「二つの基本点」は、十一期三中全会が示した党の原則に「四つの基本原則」が含まれていることを強調するものであるから、われわれは改革開放だけを語るべきではない。

驚いたことに、祝賀式典における「二つの基本点」の演説に対して、保守的で硬直した考え方を持つ者たちから反対の声があがった。「四つの基本原則」を「改革開放」と同等に扱い、「二つの基本点」とするわけにはいかない。「四つの基本原則」がすべての基盤であり、「改革開放」はたんなる政策手段にすぎない、というのである。

前にも述べたが、宣伝部の幹部、盧之超《ろしちょう》は、中央党校の教育長に「二つの基本点」に関する理論検討会を招集するよう指示した。「二つの基本点」という考え方を非難するためである。この運動は大混乱を引き起こした。

私は宣伝、理論研究、メディア、中央党校の幹部が集まる会合で、この見解に反論しなくてはならなかった。それより前、私は党中央書記局と五人小組の会合で次のように述べた。われわれは社会主義全体の方向性ではなく、中国独自の社会主義の方向性について議論しているのだ。「四つの基本原則」はわが国の政治体制の基本原理および基盤となるものであり、「改革開放」はわれわれの全体的な取り組みである。どちらもわれわれの政策の基盤だ。いっぽうを原則、いっぽうを手段ととらえると、改革開放の重要性が損なわれる。四つの基本原則ばかりに目を向け、三中全会が定めた取り組みを無視すれば、中国独自の社会主義はどうなるのか。「改革開放」が加わったとしても、「四つの基本原則」はわれわれの基本原理の一つであることに変わりはないのだ。

五月十三日の私の演説の後、「二つの基本点」に対する批判は穏当なものに変わった。その時点で、「一つの中心、二つの基本点」という表現は、われわれの全体的な取り組みの三つの基本要素として第十三回党大会の政治報告に盛りこまれることになった。「一つの中心、二つの基本点」という表現は、鮑彤をはじめとする草案作成チームが考えたものだ。鄧小平は感心して「『一つの中心、二つの基本点』とは、じつにうまい表現だ！」と語った。

だが、政治改革という問題が残っていた。鄧小平は中国の政治指導体制を改革することについて、ひじょうに肯定的な発言をしており、一九八六年には政治改革の推進さえ提案していた。ところが、第十三回党大会の政治報告の草案を作成しているときに、鄧小平は「何があろうとも『三権分立』のような形にしてはならない」と再三警告し、「ほんのちょっとでも」そのような性質が含まれてはならないとまで言った。この期間、外国からの賓客を迎えるときにも、鄧は「三権分立ではそれぞれが互いを制約しあうことになる」とか、「そんな非効率な体制では、事を成し遂げることはできない」と語っていた。

率直に言って、第十三回党大会の政治報告において、政治改革に関する新しい事柄が何か含まれていたとしても、それは鄧小平の指示によるものではない。鄧はそれどころか、政治報告からなんとかして「議会政治」や「抑制と均衡」を暗示するものを消し去ろうとしたのである。われわれが草案を送って意見を求めるたびに、鄧は同じことを言った。草案の内容からそうした性格の事柄が完全に一掃された後になっても、毎回同じ警告をくりかえした。鄧の介入がなければ、政治改革に関する部分はもっとましなものになっていただろう。

第十三回党大会の準備を進めるなかで、もう一つ重要な問題は、指導部の新しい人事をどうするかだった。すでに胡耀邦が辞任する前に、鄧小平は第十三回党大会に向けて新たな人事案を策定する七人の責任者を任命してあった。最重要案件は、何人かの長老の今後の処遇と、新しい政治局常務委員の指名だった。

私を含む多くの者たちが、鄧小平に引き続き政治局常務委員を務めてもらいたいと考えていた。というのは、ほかにも多数の長老が健在だったので、鄧小平がいないと委員会の権威を保つのが難しかったからである。鄧小平が今後も党の最高指導者でありつづけるなら、外に出るよりは委員会にとどまって合法的に力を行使したほうがよい、と私は考えた。

だが鄧はこう主張した。「第十三回党大会において、陳雲が中央規律検査委員会第一書記に、李先念が国家主席に、彭真が全人代常務委員長にとどまれば、改革が後退したように見える。少なくとも海外メディアは『保守派の勝利』と報じるだろう。何があろうと、人々にそのような印象をあたえてはならない」。これは一九八七年三月に私が鄧から直接言われたことである。しかし、彼らに引退を勧告するとなれば、鄧小平が引き続き政治局常務委員を務めることを正当化するのは難しくなる。

鄧は、一人を完全に引退させて、あとの三人は半引退にすればよい、と提案した。つまり、彭真を完全に引退させ、自分（鄧）、陳、李を半引退にするということだ。鄧自身は政治局常務委員を退くが、引き続き中央軍事委員会主席を務める。いっぽう陳雲は中央顧問委員会主任に、李先念は中国人民政治協商会議主席に就任する。これらの地位のうち、実質的な権力を持つのは一つだけで、あとの二つは名誉職にすぎない。

最初は、陳雲、李先念、彭真《ほうしん》の三人はこの提案を受け入れようとしなかった。そこで鄧は（もう一人の長老）薄一波《はくいっぱ》に仲介役を頼んだ。交渉は難航したが、七月三日になってやっと陳雲が薄一波に同意し、党が出した人事案に従うと述べた。こうして陳雲が譲歩すると、あとの二人を説得するのは容易だった。提案は受諾された。

その後、鄧小平は薄一波、楊尚昆《ようしょうこん》と会談し、政治局常務委員を退任した三人の長老に、引き続きなんらかの権限を持たせたり、重要問題についての意思決定に参加させたりすべきかどうかを話し合った。私は議論の詳細は知らないが、次のような話を耳にした。政治局常務委員会の「義理の母」は一人であるべきだ。「義理の母」が何人もいるのはよくない。すなわち、三人が引退した後、「義理の母」としての役割を担うのは鄧小平だけ、ということだ。「義理の母」とは、その関係を正確に言いあらわしている。鄧の立場はいままでと変わらない。政治局常務委員会の「義理の母」は鄧小平ただ一人であり、他の二人がその役目を担うべきではない、というわけである。

ところが、その後、事態は新たな展開を見せ、鄧は重要な問題については陳雲や李先念（とくに陳雲）に相談しなければならなくなった。仲介役の薄一波が陳と李にどう説明したのか、私は知らない。長老たちに引き続き権限を持たせるかどうかの問題についに結論が出たのは、一九八七年七月七日、鄧の自宅で開かれた五人小組の会合でのことであった。

この会合の席で、薄一波は私に、十三期一中全会の演説では、重要問題については鄧小平同志の指導を求め、最終決定も鄧同志に委ねることを発表するよう提案した。薄一波がそう言うと、鄧小平が意見を述べた。自分が引き続き意思決定者だとわかれば、国際社会も安心するだろう。自分が権力の座にとどまることで、中国が安定している証拠になるからだ、と。そんなわけで、私は十三期一中全会で、今後も鄧小平に指導を求め、最終決定を委ねる、と発表したのである。

鄧小平の自宅で開かれた五人小組の会合では、政治局常務委員、国家主席、国務院総理［首相］、全人代委員長の新人事も決まった。政治局常務委員会に関しては、当初の提案では七人の候補があがっていた。この会合の時点まで、委員の人数は七人だったからである。

万里《ばんり》に対して反対の声があがった。万里は軽率なところがあり、彼を腹立たしく思っている者もいる。そのため長老たちは万里を常務委員にすることに反対していた。政治局常務委員の候補リストが作成されているとき、姚依林《ようい りん》は万里について、重大な局面では優勢な側につこうとする男だ、と言ったそうである。つまり、不安定要因になるということだ。五人小組の会合では、薄一波が人事チームの七人を代表して、チームとしては「万里を政治局常務委員に任命することを承認しない」と述べた。その後、姚依林が田紀雲《でんきうん》を常務委員にするのも問題だと言った。田が問題のある親戚を昇進させた、という報告が入っているとのことだった。薄一波も、田紀雲はほかにもいくつか問題を抱えている、と述べた。しかし、それ以上詳しく調査する時間はなかった。これらの意見を聞いた後で、鄧小平は言った。「万里と田紀雲は政治局常務委員に選ばないこととする。したがって、常務委員会は七人から五人に変更する」

この会合で気づいたのは、いつもは廉潔かつ誠実な印象で、何事にも客観的で公正な立場をとっているように見える姚依林が、じつは計算高い策士であり、卑劣な策略をめぐらしている男だということだった。彼は、田紀雲には問題があるなどという話を後にも先にもしたことがなく、決定を下すこのときにだけ持ちだしたのである。なんであれ物事に疑問が生じれば、棚上げにするしかなくなるのだ。

この会合では、楊尚昆を国家主席に任命する決定も下された。鄧は万里を全人代委員長に推薦した。万里は、自分は法律の専門家ではないと謙遜した。鄧は、「勉強すればよい！　誰かに手伝ってもらってもよい」と言った。この決定が下された後、万里の全人代委員長就任を認めない者もいるかもしれない、と鄧は心配した。長老の多くが反対していたからだ。鄧は万里と話し合い、長老たちを一人ひとり訪問して、自己批判を行い、支持を得てくるよう勧めた。万里は鄧の言葉に従った。

誰を首相に任命するかについては、なかなか結論が出なかった。李鵬《りほう》は、とくに経済改革の観点からすると、適任ではないと不安視されていた。工学、技術、電力の分野で働いていた李鵬は、経済分野での経験がほとんどなかったからだ。経済改革に携わった経験は皆無だった。しかし、陳雲と李先念の二人は李鵬を強く支持した。

もう一つ、姚依林に二年間だけ首相を務めてもらうという案も検討された。李鵬よりは経済問題に詳しく、人々が抱く印象もよかったからだ。しかし、鄧はこの案を認めなかった。姚依林は健康に問題があるし、経験の幅が狭すぎる、というのがその理由だ。金融・貿易分野の経験しかなかったのである。当時は、新たな候補を見つけるのは難しく、見つけたとしても陳雲と李先念に拒否される可能性が高かった。というわけで、けっきょく李鵬を任命する以外に選択の余地はなかった。

李鵬は経済運営に精通しておらず、経済改革に携わった経験もなかったので、鄧小平は次のように決定した。「当面のあいだ、趙紫陽が総書記就任後も引き続き経済問題を扱い、中央財経指導小組を指揮すること」。鄧はさらに、李鵬が一部の人々のあいだで評判が悪く、かつて留学していたソ連に好意的だと非難されている、と述べた。かつてヨーロッパを訪問したさい、誰にも相談せず、勝手にソ連に立ち寄ったことがあるという。李鵬は評判が芳しくないし、ソ連に好意的だと考えていた鄧小平は、李鵬に対して、首相に就任したらすぐに、人々の疑念を払拭する公式声明を発表するよう指示した。

私の知るかぎりでは、私が首相のとき副首相を務めていた万里は、一度も首相に推されなかった。理由は二つ。第一に、万里は多くの人の怒りを買っていた。第二に、もっと若い者を首相に任命したいという鄧小平の意向があった。

第十二回党大会の準備では、胡耀邦の指導のもとで、余秋里《よしゅうり》（副首相、国家計画委員会主任を歴任した党幹部）が指導部人事検討チームの責任者を務めた。このときは、問題はすべて書記局に報告され、胡耀邦が直接対処し、それから長老たちに伝えられた。しかし、第十三回党大会の指導部人事検討チームは様子が違っていた。薄一波が責任者を務め、楊尚昆、王震、姚依林、宋《そう》任窮《にんきゅう》、伍修権《ごしゅうけん》、高揚《こうよう》が参加していた。チームは鄧小平の直接支配下にあった。辞任前の胡耀邦は、新たな人事には干渉しなかった。胡の辞任後に党務を任された五人小組も新人事には関与していない。おそらく、党長老の引退が重要問題になっていたので、第十二回党大会とは事情が違ったのだろう。だから鄧小平は、七人の人事検討チームを掌握し、彼らを通じて自分の考えを実行したのだ。

胡耀邦が辞任した後、政治局常務委員会に代わって五人小組が組織されたが、人事検討チーム（七人小組）はそれと並行する形で存在した。五人小組は日常業務を担当し、七人小組は第十三回党大会に向けて新たな指導部人事を発表する準備を進めた。ところが七人小組はその権限を拡大し、党中央の役割である一般の人事まで握るようになった。

一九八七年、大興安嶺《だいこうあんれい》地区（黒竜江省）の森林大火災の責任を問われ、林業部長が解任され、後任人事が提案された。ところが、七人小組の介入で、人事案は通らなかった。このとき、私は海外を公式訪問中だったので、万里が責任者だった。万里は七人小組の介入に抗議し、鄧小平に報告した。

鄧は七人小組に対して、五人小組の指導に従うよう求め、通常の人事は引き続き書記局と国務院が担当する、と述べた。薄一波は同意するしかなかった。だが、彼の越権行為は止まらなかった。中央組織部部長（宋平《そうへい》）にしばしば報告を求めた。その後、自分の意見を伝え、それに従って実行するよう要求した。薄一波は言った。第十三回党大会の指導部人事には、省と市の首長、閣僚級幹部の評価まで含まれているのだから、組織部は幹部人事の再編を検討する前に、七人小組に意見を求めるべきである、と。

薄一波は第十三回党大会の前に、宋平を通じて私に次のような提案を伝えてきた。「第十三回党大会終了後も、党中央の人事業務を支援するため、なんらかの形で七人小組を存続させたほうがよい」。七人小組が組織された当初の目的は、第十三回党大会に向けて、指導部人事を調整することだったが、それを大会終了後も残すべきだ、というのである。無期限に人事権を握ろうとしているのは明白だった。

私はその提案に同意できなかったので、宋平を通じて次のようなメッセージを伝えた。「われわれは当初の決定を順守する。すなわち、第十三回党大会の閉幕と同時に、七人小組の任務は終了する。人事管理に長老同志の影響力を活用する件については、後日改めて検討すればよい」。いつも、なんとかして権力を握りたいと考えている薄一波にしてみれば、自分の考えを私に否定されて、ひじょうに不快に思ったことだろう。

第五部　動乱の年

第一章　党大会以後

趙自身の話では、一九八八年は彼の政治家人生のなかで、もっとも困難な年であり、すべてが急激な下降線をたどる。第十三回党大会は成功のうちに閉幕し、趙は、政治改革計画についてもなんとか賛同を得る。しかし、その先には、一連の対立と危機が待ち受けていた。

──────

第十三回党大会の評判は上々で、国の内外で高く評価された。とくに、国民全体に希望を抱かせた。国民の熱意をよみがえらせたと言ってもいいだろう。

さらに、一九八七年の経済状況は、それ以前の数年間と比べると、ひじょうに好調だった。国民経済は急速な成長を続けており、円滑で堅実な発展を示す兆候も見られた。国民経済のさまざまな分野のバランスもとれていた。ただ、農業だけは別だった。豊作だったが、ここ数年の農業不況で、いろいろと問題が生じていた。しかし、通貨供給量は予定内におさまっていて、外貨準備高は大幅に増え、対外貿易は順調だった。

マクロ経済を制御しつつミクロ経済を自由化する取り組みも進んでいた。マクロ経済が暴走することもなければ、ミクロ経済が抑えこまれることもなかった。経済の過熱、通貨の過剰供給といった問題はすべて解消された。

過去数年、マクロ経済を制御しながら、その機構を改善しようとすると、問題が起きた。一九八七年の経験でわかったのは、経済の安定を図りつつ、一定のペースで成長を持続させることは可能だということだ。マクロ経済を制御しながら、ミクロレベルの経済活動を自由化することは可能なのだ。

第十三回党大会以後、全体的な政治・経済状況は良好だった。過去数年の成功から学んだ手法や政策を継続していたなら、一九八八年はさらに良好な状態が続いていただろう。

ところが、そうはならなかった。それどころか、状況は悪化し、ついには最悪の事態に陥った。そこからは多くの教訓を引き出すことができる。

第二章　パニック買いと銀行取り付け騒ぎ

商品価格の自由化は、中国の経済改革論者にとって、もっとも困難で、もっとも重大な課題の一つだった。なぜなら、価格が自由化されれば、商品の実質需要を示すきわめて重要な情報がすぐさま伝達されるからである。これは市場システムの有効性の基礎となる機能だ。改革初期の中国には、二重価格制度が存在した。同じ商品に公定価格と市場価格という二つの価格があったのだ。この価格差を利用して儲けようとする者が多数あらわれ、それが腐敗の蔓延につながった。改革者たちは、この危機的状況を早急に改善しようとするが、成果を急ぐあまり、いくつかの致命的なミスを犯す。その結果、国民のあいだに将来への不安が広がり、パニック買いや銀行取り付け騒ぎが発生する。

一九八八年、物価の上昇が議論の的になった。それは、改革のプロセスでは避けて通れないことだった。一九八七年の七パーセント上昇は、それほど急激な高騰ではなかったが、過去数年に比べれば、大幅な上昇だった。

一九八八年の第一・四半期に、物価、とくに食品価格が上昇しつづけた。原因は過去数年の農業生産があまり好調ではなかったことだ。と同時に、われわれの取り組みにも問題があった。市場ルールに従っていなかったのだ。穀物価格は引き上げられたが、肉と卵の価格はそのままだった。その結果、供給不足になった。一九八八年の春節期間中、いくつかの都市では配給制の復活が検討された。このときすぐに農産物価格を調整して農業を支援し、同時に、都市住民に補助金を交付していれば、問題は解決できたかもしれない。

しかし、懸念があった。物価は毎年上がっていたので、累積的な上昇幅はかなり大きくなっており、国民は不満を募らせていた。われわれはさらなる調整を断行した。だが、全体的な価格決定システムを整備するところまではいかなかった。われわれは二年か三年のあいだに物価をいっきに適性レベルまで引き上げることを考えた。しばらくは苦しみに耐え、制度改革にともなう困難を乗りきろうというわけである。同時に、労働者の賃金も引き上げるつもりだった。

しかし、いま考えると、このアイデアは実際的ではなかった。当時は二つの市場が同時に存在し、二重価格になっていた。それが多くの摩擦や腐敗を生み、市場を制度化することができなかった。われわれとしては、できるだけ早く市場の統合計画を提案し、この二重システムを解消したかった。

われわれは、これまでのところ改革は比較的順調に進んできたと考えていた。結果は良好だった。しかし、そのいっぽうで、達成すべきより困難な課題も残されていた。当面の任務は、やっかいな問題に取り組み、局面を打開することだった。ここで尻込みして問題に立ち向かわなければ、状況は改善するどころか、悪化するかもしれない。

計画経済から市場経済へと移行するさい、われわれはつねに段階的なアプローチをとってきた。新しい要素を適応させる場合はとくにそうだ。国民経済は二つに分かれていた。われわれは市場経済を拡大し、計画経済を徐々に縮小していった。これら二つの取り組みは同時並行的に行われた。

政府は市場経済部門には直接介入せず、とくに行政手段を用いることもしなかった。生産は自発的に行われ、価格は市場動向に応じて自由に決められた。市場経済部門では、家族経営企業、民営企業、合弁企業はすべて自発的に生産活動を行い、自らの損益に責任を負った。

計画経済の部門は、基本的に国の管理下にあり、価格は国によって決められた。この部門の製品も市場には出されたが、たいていの場合、市場メカニズムに従うことはなかった。国営企業に真の自主権はなかった。

市場経済部門では、企業は自由に価格を設定できた。計画経済部門では、企業の製品価格は国によって決められるか、少なくとも国に価格決定プロセスの権限を握られていた。賃金についても同様だ。市場経済部門では、企業が自由に賃金を設定できた。計画経済部門では、賃金は国家が決めるか、あるいは、その権限の一部を企業に委譲していたとしても、最終決定権は握っていた。幼年期から成長期にあった当時の市場経済部門は拡大の一途をたどり、いっぽう計画経済部門は徐々に縮小していた。とはいえ、一九八八年の時点では、計画経済部門が（経済全体の）六〇パーセント以上を占めていた。

この二重システムは摩擦の原因、腐敗の温床ではあったが、そのいっぽうで、経済全般、とくに市場経済部門に活力をあたえたのである。

大規模、中規模の国営企業をたった一回の制度・価格・賃金改革で、いっきに市場経済型企業に変えるのは無理だった。計画、価格決定、所有などのシステムに対して段階的な改革を加えていかなければならない。段階的なアプローチは、いっきに改革を断行するよりも、安定性があり、危険も少ないので、社会に受容されやすい。われわれは、ずっとそのように進めてきたのだ。もっとも、意識的にそうしたわけではなかったが。

われわれは、価格改革の重要性を理解していた。いつか条件が整えば、いっきに、もしくは、いくつかの段階を踏んで、国営企業を市場経済型企業に転換させようと考えていた。われわれにとって、市場経済部門の発展こそ、究極の進歩への序曲だったのだ。

一九八八年五月、私は政治局会議で「新たな経済秩序の確立：社会主義市場経済」と題する報告を行い、そのなかで、われわれの任務は、今後数年で価格制度を改革し、同時に労働者の賃金を適正なレベルまで引き上げることだと述べた。われわれはこの改革こそが、市場経済への転換において、天下分け目の闘いになると考えていた。つまり、この改革によって二重制度と二重価格を終わらせるのだ。

これらの懸案の存在は、価格改革が一筋縄ではいかない問題であることを意味していた。私は八月以後、価格改革、賃金改革の成功は、改革全体の深化にかかっているという結論を下した。価格改革を実行するためには中規模、大規模の国営企業をすべて市場経済型企業に転換させる必要があるとしたら、実現の可能性には疑問が残る。それでは計画の遂行は困難だった。

戦術的な問題もあった。とくに価格改革についてはそうだった。当初の計画にはさまざまな問題があった――しかし、実施前から大々的に宣伝され、国民心理への配慮はなかった。景気は一九八七年は良好だったが、八八年になると市場は緊張した。

これは海外ではインフレ心理として知られている。国が物価を引き上げることを国民が知れば、たとえ政府から補助金が支給され、生活水準は低下しないとわかっていても、預金の価値が下がるのではないかと心配になるだろう。

われわれは、預金の価値を維持するために銀行の預金金利を引き上げる、という方策をとらなかった。そのため国民はパニック買いに走り、預金の価値を守ろうとした。これは主として心理的な現象だった。われわれは、物価が上昇しても生活水準は下がらないことを再三告知していたが、国民の預金の問題は見落としていたのだ。預金に配慮することは常識だったが、当時のわれわれには経験が不足していた。

八月、われわれは北戴河で価格改革の問題について討議した。ただちに新聞が大ニュースとして報じ、価格引き上げの決定がなされたことを伝えた。パニックを起こした国民が、銀行に殺到して預金を引き出し、狂ったように商品を買いまくった。突然、品不足が発生し、あたかも経済状況が悪化したかのような事態となった。

だがじっさいには、一九八八年の経済状況は悪くなかったのだ。通貨供給量も過剰ではなかった。問題は心理的な要因、すなわち、国民がパニックに陥ったことだった。もちろん、以前の経済過熱と通貨過剰の影響がまだ残っていた。国民の購買力は、巨額の貯蓄という形ではまだ実現していなかった。おそらく、銀行の預金総額は一兆元程度だっただろう。パニックを起こした国民がいっせいに預金を引き出し、商品を買いはじめたのである。

問題は、価格改革についての公表の仕方がまずかったことだ。もしも価格改革を中止すると発表して、その後、預金金利を引き上げて価値の保証を約束していたら、国民は安心しただろう。インフラ整備に投入する数百億元もの予算を縮小し、数百万トンの鉄鋼を温存していたら、経済にはなんの問題も起きなかっただろう。

当時、中央財経指導小組は国務院に対して、できるだけ早期に預金金利を引き上げて、預金価値の保証を実現するよう提案していた。ところが国務院の李鵬《りほう》と姚依林《よういりん》が、預金金利を引き上げても、国営企業への融資金利を引き上げられないとなると、銀行の負担が大きくなりすぎると心配した。なかなか結論が出なかったが、最終的には預金価値の保証は実現した。

じっさい、預金価値の保証が実施されると、すぐに預金額はふたたび増加した。増加は一九八八年の第四・四半期に始まり、八九年の第一・四半期に加速した。状況は急速に安定した。これにより、経済が深刻な問題を抱えていないことが証明された。インフレ率も上昇しなかった。しかし、パニックを起こした国民が、長年の預金を引き出して商品を購入したときには、インフレが悪化したように見えた。じつのところは、一九八七年以降、インフレ率は低下していた。もっとも、完全に沈静化していたわけではないが。

第三章　一連の失策

趙紫陽は、一九八八年のパニック買いと銀行取り付け騒ぎにつながる出来事についてさらなる分析を加える。この事件の政治的影響は、経済がじっさいにこうむった影響よりも、はるかに大きかった。国民の多くが、改革は失敗した、経済はふたたび、国家による統制を望む指導者に支配されてしまう、と考えた。立ち直るまでには何年もかかることになる。

銀行取り付け騒ぎと商品買い占めが、全国的なパニックと、世論の大きな高まりを引き起こした。全国の大都市が緊張した空気に包まれた。党内外からの批判が大きくなり、あらゆるレベルの当局者が非難を浴びた。

そのせいで、われわれは経済問題の深刻さを過大に評価し、インフレが急速に進行していると思いこんだ。この状況について、われわれは「悪性インフレ」という用語は使わず、「高インフレーション」と呼んだ。じっさいには、インフレに対して具体的な分析を加えていなかった。

一九八八年、われわれは経済秩序の回復を図ることにした。まず、改革から「調整と立て直し」へと重点を移した。その意図は国民のパニックを沈静化することにあったのだが、まったくと言っていいほど効果がなかった。いまにして思えば、そのような対応をすべきではなかったのである。

インフラ支出と通貨供給量を制御して、経済を安定させるべきだった。そうしていれば、経済の安定を図ることができたはずだ。大幅な再編や縮小など必要なかった。改革を深化させ、つまり、計画経済部門を縮小しつつ市場経済部門を発展させていれば、状況は順調に改善していただろう。提案された「調整と立て直し」の目標の一つは、価格改革および賃金改革に再度取り組み、二重価格システムを解消するための条件を速やかに整えることだった。しかし、いま考えてみると、この案は現実的ではなかった。

改革に対していつも不安を抱いていた李鵬や姚依林のような人々は、「調整と立て直し」というスローガン——および経済を自分たちの支配下におき直接管理すること——が提案されると、すぐさまあらゆる方面で統制を強めた。古い手法を復活させ、行政手段を通じて改革を大幅に後退させた。下位レベルに委譲されていた権限を取り返した。市場メカニズムに大きく依存する措置は廃止された。

この数か月後に経済は減速した。不況はそれから二、三年続くことになる。このことからもわかるように、中国経済に問題はなかったのである。そうでなければ、管理統制が実施されたとたん、不景気になるはずがない。

「調整と立て直し」では、けっきょく、よい結果は得られなかった。私の意図は、スローガンを用いて状況を速やかに安定させ、価格改革・賃金改革を再開する条件を整え、当初の計画を継続することにあった。だが、いまにして思えば、それが間違いだったのだ。

中国経済がふたたび活力を取り戻す兆しを見せたのは、一九九二年に鄧小平が南部地域を視察したときである。このとき鄧は「調整と立て直し」を批判し、あらゆる機会を利用して開発と改革を加速させるべきだと述べた。この発言は国民の支持を得た。そして、縮小や後退ばかりの政策は中国の現実にそぐわないことを証明した。もしも中国経済が危機的状態にあり、インフレが深刻だったならば、鄧小平の南巡講話［南部視察における一連の発言］だけで、あそこまで急速に回復するはずがない。

この時期に関して、再考すべき重要な問題が二つある。一つは改革開放についての問題だ。二重システムのもとで改革を進める唯一の方法は、徐々に市場調整メカニズムを拡大しつつ、計画経済部門を少しずつ縮小していくという、段階的移行を図ることだった。市場経済部門を段階的に拡大していかなければならなかった。計画経済を一挙に市場経済に転換させることは不可能だっただろう。いま考えてみると、何もかもいっぺんにやってしまおうというやり方は適切ではなかった。基本的なアプローチの仕方が間違っていたのだ。

もう一つの問題は、銀行取り付け騒ぎとパニック買いが発生したときに、その状況が実際以上に重大視されたことだ。適切な対応策を講じることもできたはずだ。だが、それまでとはまったく異なる方向へ舵を切ってしまった。これがよくなかった。もっと正確に言えば、改革開放を深化させる行動をとって、状況を安定させるべきだったのだ。そうしていれば、一九八八年のパニック買いや、その後数年間の景気低迷は回避できただろう。

価格改革に対するわれわれの考え方に問題があったのだ。われわれは過去数年間に通ってきた道から外れ、力ずくでいっきに解決しようとした。そうすれば、その後、市場経済への移行は完了するだろうと思っていたのだ。それはじっさいのところ、ショック療法だったのである。

次に、価格改革政策を実施する時期と発表の仕方が間違っていた。一九八八年の春、物価上昇が全国的な問題になっていたが、これは一九八七年の経済過熱のせいでもなく、通貨供給が過剰だったせいでもない。主な原因は、われわれが農産物価格を設定したときに、適切な対応を怠ったことである。肉と野菜と卵の価格が引き上げられ、物価の上昇はすでに注目されていた。だから、われわれが価格改革の計画を打ち出したタイミングがまずかった。パニックが発生したのは当然の結果だったのだ。とくにまずかったのは、計画を公表してしまったことである。結果として、われわれは甚大な被害をこうむった。この公表が引き金となって、パニック買いが発生したのである。国民は消費するためではなく、預金の価値を維持するために商品を買いまくった。

価格改革の計画を立案し、討議し、最終結論を出すまでの全過程が、新聞で継続的に報道された。ある記事では鄧小平の発言が、ある記事では私の発言が紹介された。それで価格改革に注目が集まった。改革の容易な部分はすでに完了した。次に取り組むべきは物価問題だ、と新聞は報じた。

これらの要素が一つになって国民をパニックに陥れた。つまりそれは、われわれの不適切な対応が引き起こした事態だった。銀行取り付け騒ぎとパニック買いが発生したとき、われわれは冷静な分析を加えることなく、あわてて「調整と立て直し」というスローガンを打ち出してしまった。それが改革反対派にチャンスをあたえる結果となり、その後数年間続く景気低迷の原因となったのである。

第四章　価格問題

趙紫陽は、価格制度の抜本改革をめぐる政治状況を説明する。改革プランは鄧小平から強い政治的支持を受けていた。鄧は、二重価格制度を支えていた数十億元もの補助金をなくしたかったのである。だが、趙はさまざまな圧力を受けて、けっきょく価格改革から手を引く。そしてこの失敗について、全責任を負うことになる。

価格改革の突破口を開く試みは次のようなものであった。

一九八八年五月、私は政治局拡大会議において、「新たな経済秩序の確立——社会主義市場経済」と題する報告を行った。そのなかで私は、毎年の物価上昇という代償を払ってでも、五年以内に物価および不適切な賃金レベルを正しく調整すべきであると提案した。その会議で、国務院が計画を作成することに決まった。姚依林《ようい りん》（副首相）らが詳細なプランを練った。プランは北戴河で一度討議された後、修正が加えられ、ふたたび政治局で検討された。

われわれがこの問題を話し合っているあいだに、パニック買いが広範囲に広がっていた。討議に参加した人々から、価格改革はいろいろと問題を引き起こすのではないかという懸念の声があがっていた。私は政治局会議で次のように述べた。この改革は、少しずつ段階を踏んで進めていかなくてはならない。同時に、インフラ支出を数百億元単位で削減し、鉄鋼その他の資源の市場需要を抑える必要がある。

時期としては比較的都合がいいように思われた。経済は成長し、国民の収入は増加していた。さらに、予備の手段もいくつかあった。たとえば、国は公営住宅を大量に保有していたので、それを売却して、通貨を回収することができたし、中小の国営企業を売却することもできた。

価格改革の主たる目的は、物価水準を修正し、企業を公正な競争を通じて市場の条件に適応させて、効率を改善することにあった。

八月、地方当局、とくに天津と上海の当局は不安を感じていたが、どこもそうした意見を明確にしなかった。だから北戴河の会合で計画は承認された。計画を実行する過程でも、明確な反対意見は出なかった。姚依林ら国務院の面々からも反論はなかった。詳細な計画を策定したのは彼らだったのだから。

鄧小平同志は価格改革をいつも支持していた。一九八八年、鄧は何度か次のような発言をしている。「価格改革を進めるのが遅すぎた。もう二年か三年早く始めていれば、もっと状況はよくなっていただろう」と。

五月の政治局拡大会議において、私は、今後数年間で価格改革をいっきに推し進めるべきだと提案した。これについては事前に鄧小平と話し合い、鄧は大いに賛成した。その後、鄧は「価格改革を飛躍的に前進させせなければならないし、それにともなう困難を克服しなければならない」

と公式に発言した。さらにこうも言った。「問題は、大胆すぎる一歩を踏みだすことではなく、二の足を踏むことである。問題に直面して、ためらったり、引き下がってしまうことである」

鄧小平が価格改革に理解を示した背景には、主に、国営企業の損失に対する懸念や、補助金削減への期待があったのだと思う。間違った価格設定が原因で、われわれは何百億元もの補助金を支出している、と鄧はよく言った。姚依林に対して、「改革を進めたら、補助金を何十億元節約できるのか。進めなければ、どれくらい補助金が増えるのか」と幾度か尋ねていた。

鄧は価格改革を断固支持した。思いきった策を講じることを望み、改革につながることなら何でも奨励した。

もちろん、われわれが実現困難と判断したことについては、無理にやらせようとはしなかっただろう。ゆえに、一九八八年の価格改革の試みに関して、第一の責任は鄧小平ではなく、この私にあった。すべて私が提案したことだった。計画立案から国務院での討議まで、その全過程において私が議長を務め、私が承認をあたえたのだ。いよいよというときになって困難に直面したため、私が改革の延期を提案し、鄧の同意を得たのである。

けっきょく、私は価格改革を中止し、「調整と立て直し」へと方向転換することに決めた。九月にこの決断を下す直前、私は姚依林と話し合った。私は、価格改革の実施を延期するには全員の合意が必要だと述べた。姚は、一九八九年後半までの数か月延期して、そのときまた再検討することにしよう、と答えた。その後、パニック買いや銀行取り付け騒ぎが広がり、各地で緊張が高まったため、私は改革の実施を延期し、景気の回復と国民不安の解消に集中することを決めた。

改革の闘いは後回しにできる。延期を決めた後、ふたたび李鵬および姚依林二人と話し合った。彼らは同意した。

私は、鄧小平同志にも報告したほうがいいと思った。私が延期を決める直前、鄧小平は李鵬との会談で、「恐れるな」と、われわれを鼓舞していた。彼は言った。「価格改革にはリスクがあるが、それは不可避のリスクである。何か起きたら自分が責任をとる」

このことを考えると、価格改革を中止するなら、鄧にも報告しないわけにはいかないと思ったのだ。しかし、ひじょうに説明の難しい問題だった。とくに方針転換に関する部分は、簡潔に説明しにくかった。おまけに、鄧小平は耳が遠かった。そこで私は王瑞林《おうずいりん》（鄧の秘書）をオフィスに呼んで、状況を詳細に説明した。計画を延期する理由と、延期しなければ事態が悪化する理由を述べた。そして鄧に伝えてくれるように頼んだ。王は鄧小平の側近で、問題を明確に伝えられる人物だったからだ。価格改革の延期は、鄧に報告された後、最終的に政治局会議で決定された。

第五章　改革への打撃

価格改革の試みは失敗した。党内保守派はこの機に乗じて、それまで成功していた数々の経済自由化の試みを覆そうとする。沿海地域の開発戦略のような野心的な計画はすべて中止される。趙紫陽は、李鵬一派が時計を逆戻りさせるのを、なすすべもなく見守るしかなかった。

われわれは一九八八年に改革開放を大きく進展させる計画だった。

一九八七年末、広東省に属する海南島を独立の省にして、行政組織を備えた中国最大の経済特区にする提案がなされた。企業法の法案起草も始まった。一九八八年三月、全国人民代表大会［全人代］において、海南省の設置と、企業法および民間企業に関する規定を設ける提案が承認された。全人代はさらに、土地利用権と民間企業の発展に関する憲法の条文を修正した。

企業法では、所有と管理の権限が分離された。ポイントは、土地を利用・管理する権限は、所有権とはまったく別のものであるということだ。企業を法的主体と認めたのである。国家が企業に土地をあたえ、企業はその土地を利用・管理する。この新法によれば、国家はもはや企業の業務に対して過度に干渉することは許されないので、国家の所有権の重要性は縮小した。われわれはさらに、「工場長責任制」を確立した。この制度は、企業の法律上の代表者として、工場長の中心的な役割を重要視するものである。

企業法では、家族経営企業および民間企業が存在し、成長していくことを正式に認める方針がとられた。つまり、企業は正当な地位をあたえられたのである。憲法の修正には土地利用権に関するものも含まれており、土地を賃貸することが認められた。これらはみな改革の深化の一部であった。

このとき、企業改革に関する多くの重要なアイデアが考え出された。一九八七年、われわれは請負方式を促進した。これもまた、所有権と経営権を分離する狙いがあった。一九八八年には、この請負方式に競争メカニズムを導入した。その後、われわれは、郷鎮企業（国の統制をあまり受けていない中小企業）のやり方を、中規模・大規模企業に導入することを提案した。中規模・大規模企業で持ち株制度を実施した。海外の金融、技術、経営およびマーケティングのシステムを導入するため、「接ぎ木方式」を提案した。そして、じっさいに中規模・大規模の国営企業で、合弁事業方式を取り入れた。すなわち、海外のやり方を拝借し、それを国営企業に「接ぎ木」して、変革を図ったのである。

後に、浙江省の蘭渓《らんけい》にある国営企業五社が、自由な経営を行っているという、ひじょうに触発的なニュースを目にした。その後、私は中型・大型企業に自由な経営を認め、自らの損益に責任を持たせることを提案した。

いわゆる「自由な経営」とは、もはや政府機関は企業の経営に干渉しないということであった。企業がすべてを決定する。価格、作るべき製品、収益配分、その他、事業展開に関するすべての事柄を企業自身が決めるのだ。法に違反しないかぎり、事業を自主的に運営することができる。

八月と九月、「自由な経営」と「損益に責任を持つ」という発想は、企業改革の重要な側面であり、これら二つの考え方は不可分のものだと私は主張した。自由な経営を認められて初めて、企業は損益に責任を持つことができるし、損益に責任を持ってこそ、本当の自由な経営ができるのだ。そうでなければ、「企業が利益を享受し、国が損失をかぶる」ということにもなりかねない。

そんな企業は「権威のない企業だ」と言う者もいた。その言い方は間違いだ。これらの企業は政府行政の枠組みの外にあるのだ。これらの取り組みには、価格改革を進めるあいだに、事業効率を改善し、企業が適切な経営を行い、適応能力を高めることを可能にする、という狙いがあった。

価格改革が提案された後、私は、改革が成功するかどうかは、企業の経営効率と柔軟性にかかっている、と考えた。効率と柔軟性があって初めて、旧来の価格決定方式に逆戻りせずにすむのである。われわれは改革、とくに企業改革を深化させる必要があった。

この時期、私は持ち株制度にもたいへん興味をもった。一九八八年九月、アメリカの著名なエコノミスト、ミルトン・フリードマンに会う機会があった。私は言った。「われわれの最大の問題は、すべてが国家に所有されていることです。そのため経営権がどこにあるのか判然としません。自分のものなのか、それとも他人のものなのか。これはつまり、誰も責任を持たないということです」。当時、企業改革は所有権の問題に直面していた。そして、この問題に取り組み、改革を深化させるために、持ち株制度が提案された。

一九八七年の冬には、沿海地域の開発戦略も提案された。それはひじょうに重要な問題だった。私は、広東省全体を改革政策の実験場にして、そこであらゆる試みを最初に実施するよう提案した。

もしこれらの努力を円滑に進めることができていたならば、改革開放政策はもっと進展していただろう。あらゆる条件が整っていた。本当なら、第十三回党大会の後に、改革は大きな一歩を踏みだしていたはずだ。

遺憾なことに、価格改革の失策の影響で、すべての改革努力が進展しないどころか、後退を余儀なくされ、とうとう「調整と立て直し」へと方針転換せざるをえなくなった。かえすがえすも、残念でならない。

「調整と立て直し」が提案されてから、状況は意外な展開を見せた。国務院の李鵬《りほう》と姚依林《よういりん》が「調整と立て直し」というスローガンを利用して、あらゆる古い手法を復活させ、改革を全面的に後退させようとしたのである。

彼らは多くの規定、法律、制限を発表し、インフラ支出を統制下においた。近年、企業を活性化するために講じられた措置の大部分を廃止した。そして、地方当局や企業に委譲されていた権限を取り戻した。

一九八九年における消費者物価指数の上昇率は、前年ほど大きくなく、私が設定した目標どおりだった。ところが、李鵬と姚依林は「目標」を「命令」に変えて、行政のあらゆるレベルに責任を持たせた。つまり、自由化されていた一部の商品価格が、ふたたび厳しく統制されるようになったのである。

農村地域では、国の統一買い付けの割当量を満たせば、あとは何を栽培してもいいことになっていた。何を植えるか、植えないか、どれだけ植えるか、自由に決められたのだ。その権利も廃止された。すべて国家計画の枠に戻されてしまった。提案されたばかりで、着手目前だった沿海地域の開発戦略も、完全に白紙に戻された。

それは、旧制度の完全な復活と、改革開放の大幅な後退を意味していた。権力は国務院の一握りの者たちと、党中央の少数の機関に集中した。たとえば、融資や貸し付けを規制するため、一般国民の預金の引き出しを凍結し、預け入れのみ認めた。

このような形で「調整と立て直し」が進められるうちに、経済は急速に悪化した。市場は低迷し、生産は停滞した。もしも民間の家族経営企業や合弁企業がなかったら、中国経済はきわめて困難な状況に陥っていたかもしれない。

第六章　趙紫陽、退場

改革にブレーキがかかると同時に、趙紫陽の権力は衰えはじめる。趙は引き続き経済運営の実権を握ろうとするが、周囲から黙殺されるようになる。そして、もうすぐ解任されるとか、家族が汚職にかかわっているといった噂が広まった。趙は、自分が組織的な排斥運動の標的になっていると判断する。権力の座から退けられ、政敵から嘲笑されるのだ、と。鄧小平でさえ、救いの手をさしのべることはできない。二人が推し進めてきた経済改革は危機に瀕していた。

「調整と立て直し」が進む過程で、国務院の一握りの者たちに大きな権力が集中し、私や中央財経指導小組の力は弱まっていった。私は引き続き、この小組で経済問題の解決策を探ろうとした。ところが、国務院は私の提案を実行することはおろか、検討さえしようとしなかった。

最初に中央財経指導小組の設立を提案したのは鄧小平である。その目的は、私が首相を退任した後も、引き続き経済建設と経済改革を指揮させるためだった。李鵬《りほう》が首相に就任したとき、多くの人々が不安を感じた。李鵬は私ほど経済に精通していなかったからである。そのうえ、李鵬は経済改革に対してずっと曖昧な態度をとりつづけていたので、誰もが疑いを抱いていた。だからこそ鄧小平は、私に引き続き経済問題を担当するよう指示し、中央財経指導小組の設置を提案したのである。

「調整と立て直し」が始まると、経済運営における私の立場は弱まったと判断された。国務院の李鵬らが実権を握った。つまり、政治局常務委員会も、中央財経指導小組も、私も、もはや経済運営には参加できないということである。こうして彼らは、「調整と立て直し」の名のもとに、いくつもの古い手法を復活させることができた。それは、政治局常務委員会や中央財経指導小組なら、けっして同意しなかった手法ばかりだ。

前に述べたように、国民は銀行に殺到して預金を引き出し、その価値を維持するために商品を買いまくった。すぐに預金金利を引き上げていれば、問題は解決していたかもしれない。中央財経指導小組の会議で、私はくりかえし、銀行預金の金利を引き上げるべきだと提案した。張勁《ちょうけい》夫《ふ》や杜潤生《とじゅんせい》など、小組の他の同志も賛成した。

しかし、国務院はなかなか態度を明確にしなかった。金利も引き上げず、預金の価値を保証する措置も講じなかった。最終的には金利を引き上げたが、上げ幅はごくわずかで、ほとんど無意味だった。国務院は行政手段を用いて融資を削減するという方策をとった。その結果、流動性不足が発生し、農産物の買い付けや工場設備を改善する資金がなくなった。生産は停滞した。

もう一つの問題は、国民の預貯金が減るいっぽうで、通貨供給量が増大していたことだ。そのため、一九八八年の下半期から翌八九年初頭には、厳しい貸し渋りが大問題になり、生産と流通が混乱に陥った。通貨の供給量も流通量も増大していたまさにそのときに、である。国務院の施策が間違っていた証拠だ。

私は提案した。融資は規制すべきだが、あまり厳格にすべきではない。生産に必要な融資ができるようにしておかなくてはならないからだ。同時に、預金の価値を維持する策を講じて国民の不安を解消する必要もある、と。だが、私の提案は採用されなかった。

党幹部のなかには、私はもはや首相ではなく総書記なのだから、党や政治理論の仕事に集中して、経済問題は国務院に任せておけばいい、と苦情を述べる者もいた。それどころか、国務院が私の仕事を妨害し、中央財経指導小組による決定を無視しようとしていることは明らかだった。それと並行して、あちらこちらで、私に経済運営の仕事を減らすか、やめるかするように求める発言が相次いだ。これら二つの出来事が同時に起きたのは、偶然ではありえない。

排斥運動は強力だった。香港の新聞各紙は、私が実権を奪われ、もはや経済運営にはまったくかかわっていないと報じた。私がまもなく総書記の座を追われ、中央軍事委員会主席か国家主席に就任するという噂も流れた。噂の意味は、私がもはや指導者ではなくなったということだ。懐仁堂で開かれた全人代代表者らとの写真撮影会の席で、鄧小平から質問された。「なぜ香港の新聞は、君がもう経済運営にかかわっていないなどと書いたのか。どうして経済運営の仕事をできなくなったのか」

もう一つの問題は、「調整と立て直し」への方針転換によって、国民に経済改革が深刻な困難に直面したという印象をあたえたことだ。でなければ、なぜ経済を安定させる手段として、「改革の深化」が強調されないのか。そしてこのことが、一部の者たちに経済改革を後退させ、それまでの成功を否定し、私の排斥運動を展開するチャンスをあたえた。

党幹部のなかには、政治局常務委員会――実質的には私――に対して、責任をとって罪を認めろと要求する者もいた。王任重《おうにんじゅう》（副首相）は、政治局会議で、責任の所在を明確にすべきだと、一度ならず主張した。このような深刻な事態になったからには、責任者に自己批判させなくてはならない、というのである。

この時期、私はいくつものルートを通じて、ある長老グループが連名で、私を非難する書簡を鄧小平に送ったという話を聞いた。私には総書記の資格はないので、退任を求める、というのである。その間、鄧小平は何度も、「中央指導部の構成を変えるべきではない」と述べていた。

一九八八年の終わり頃、ある香港の新聞に、上海に滞在中だった鄧小平に、李先念《りせんねん》が、私を退任させるよう提案したが、鄧はその提案を退けた、という記事が載った。これを読んだ私は、王《おう》瑞林《ずいりん》（鄧の秘書）に数行の短い手紙を送り、鄧に渡してくれるよう頼んだ。「ご存じかどうかわかりませんが、内外ではいろいろな噂が流れています」というような内容だった。

この排斥運動で、国の内外の人々は、私が「第二の胡耀邦」になるかもしれないと心配した。

国務院と一部の党幹部は経済問題を誇張し、きわめて深刻な危機であるかのように喧伝した。国務院は、「二つのこと」について成果を急ぎすぎていると非難した。一つは「建設」、もう一つは「改革」である。「建設を急ぎすぎている」という非難には、インフラ支出が大きくなりすぎたという根拠があった。しかし、「改革を急ぎすぎている」という非難にはなんの根拠もなかった。彼らはこの表現を用いて、ただ改革に反対し、それまでの政策を覆そうとしているだけだった。

党長老のなかには、李鵬、姚依林、国務院と協力する者もいた。一九八九年の新年休暇の直前に、政治局常務委員会は生活会を開催し、そこで李鵬と姚依林が先頭に立って私を批判した。そのときすでに、彼らは私の影響力を抑えこんでいたにもかかわらず、私が過剰に干渉し、首相である李鵬の仕事を妨害していると批判した。

さらに彼らは改革について多くの奇妙な質問をした。姚依林は、「『価格改革を一挙に推進する』とはどういう意味か。それはどのようにして提案されたのか」と尋ねた。彼はこれが私ではなく、鄧小平が提案したものであることを知らなかった。私の発案だと思いこみ、それをあげつらって私を非難しようとしたのである。

彼らは恨みを晴らしたかったのだ。生活会の狙いは、経済改革の影響で生じた問題について、私を非難することにあった。

生活会での出来事を鄧に報告すると、鄧はひじょうに不愉快そうだった。そして、改革を全面支持し、確信に満ちた言葉を述べた。改革なくして中国の未来に希望はない。彼はそう信じていたのだ。

姚依林はそれまで、はっきりとした意見を表明することもなく、率先して何かをするということもなかった。ところがこのときは、明確かつ率直に意見を述べ、まったく何も恐れていないようだった。姚依林と李鵬の態度は、当時の長老、強硬派の考え方を象徴しているようだった。背後に誰かの支持があったのだ。排斥運動はなおも続いた。

私と私の家族を非難する噂も流れた。私の子供らが、カラーテレビ、自動車、穀物、合金鋼などの取引で不当な利益を得ている、というのである。すべて根も葉もない作り話だったが、広範囲に広まっていた。その後、私が退任した後、彼らはこの件について調査に乗り出したが、じつのところ、こちらとしてはありがたいことだった。どこをどう調べても、不正の証拠は見つからなかったのである。

それ以前には、私に関するそのような噂が流れることはほとんどなかった。一九八八年の後半になって、突然、私の家族が不正を働いているかのような噂が流れはじめたのはなぜだろう。この排斥運動が始まったのは偶然ではない。それは、私の改革者としてのイメージを汚し、傷つけようとする組織的な企てだった。

第七章　排斥運動

党の長老たちは、毛沢東が築いた経済システムを解体しようとする鄧小平に、長いあいだ反発を抱いてきた。しかし、鄧の絶大な影響力の前で、公然と異議を唱えた者はめったにいなかった。かわりに、改革の補佐役に集中攻撃を加えた。最初に倒れたのが、一九八七年に失脚した胡耀邦だ。そして次なる目標が趙紫陽だった。本章で趙は、排斥運動について自身が知っていることを詳細に語り、一九八九年の騒乱の後で表面化した対立についても述べている。

排斥運動は党内で勢いを増した。改革反対、「打倒、趙紫陽」が唱えられ、世論に訴えるキャンペーンが始まった。これらの動きの背後には、計画経済を信奉する同志たちがいた。彼らは、改革は失敗した、銀行取り付け騒ぎやパニック買いなどの問題が起きたのは改革のせいだと考えていた。こうした諸問題とあいまって、排斥運動はあっというまに広まった。

しかし、ここで一歩引いて考えてみよう。一九八七年以前、首相を務めていた私は、主に経済問題を担当していた。言うまでもなく、政策は改革開放政策であった。政治問題――政治およびイデオロギーに関する問題——は胡耀邦同志の担当だった。私にはやるべきことが山ほどあった。外国を訪問し、あるいは外国の賓客をもてなす機会も多かった。政治問題にはあまりかかわらなかった。

胡耀邦と私は、経済運営に対する考え方が違っていた。私のほうが慎重だと思われていたし、不用意な発言をすることもなかった。無制限な開発は奨励しなかったし、大規模なインフラ計画には反対だった。一定の方式順序に従って進めるほうがよいと思っていたからだ。だが胡耀邦は違った。イデオロギー的には自由主義者で、楽天的な人物だった。

共産党内には、自由化と改革に頑強に反対する保守派が存在した。長老のなかでは、李先念と王震がその代表格だった。イデオロギー分野の代表格は胡喬木《こきょうぼく》、そして鄧力群《とうりきぐん》であった。彼らとその仲間や組織が一大勢力を形成していた。

胡耀邦が第一の標的だったとき、私は標的にされていなかった。どちらかというと中立の立場だと見られていたからだ。いくつかの領域では保守派に近いと思われていたのかもしれない。だから、胡耀邦が辞任した後、私の総書記就任が決まったとき、誰も反対しなかったのである。

とはいえ、李先念《りせんねん》（影響力ある党長老）は最初は反対していた。私について、外国のことを学びすぎだと言い、考え方を変えるよう要求した。考え方を変える気があるなら、胡耀邦の後任となることを支持する、というわけだ。それ以外には明確な反対意見はなかった。

王震《おうしん》（もう一人の党長老）は、私を説得して首相に留任させようとし、かわりに姚依林《よういりん》（国家計画委員会主任）を総書記に推した。私は総書記の地位を望んだことなどなかったし、首相の仕事を続けたかったので、誰が総書記になろうが、私はかまわなかった。当時の私には、王震の提案に疑いを抱く理由がなかった。後で聞いた話では、王震は本当は鄧力群（超保守的な理論家）を総書記に据えたかったのだが、なかなか支持を得られなかったのだという。

私が総書記代行に就任して最初に取り組むべき仕事は、反自由化運動だった。運動は厳しい制限のもとで、適用範囲を限定し、冷静に進めるべきだと私は考えた。全面的に展開し、範囲を拡大しようとする保守派の計画には異議を唱えた。彼らは批判の対象にしたい人物のリストを作成していた。私はそうした動きを抑え、リストに載せられた一部の人々を擁護する演説を行った。保守派はまた新聞各紙で胡耀邦に対する大々的な批判運動を展開しようとした。私はそんな文化大革命のような行動が好きではなかったので、最初からルールを設けた。反自由化運動では連座制を適用しない。つまり、広範囲な「関係者」狩りはしない、と。さらに、運動が経済領域にまで拡大することを阻止した。

その結果、六月四日（一九八九年）［天安門事件］の後、私は反自由化運動に制限を加えたと非難された。運動を制限したのは事実である。このとき党中央は、運動に厳しい規則と制限を設ける文書を出し、いわゆる「自由化」について、共産党の指導に反対し、全面的な西洋化を主張することと定義した。これは、過去の運動の過ちを、ふたたびくりかえさないようにするためであった。

万が一、反自由化運動が第十三回党大会まで続いたら、党大会は失敗する。われわれはこの党大会を、改革開放の推進を訴えるものにしなければならないのだから。

左派勢力――鄧力群一派――はありとあらゆる手を使って、運動の範囲を拡大し、かつての左翼的手法を復活させようとした。なんとかして運動を経済領域にまで拡大しようとした。彼らの言葉を借りれば、自由化を説く者だけでなく、「自由化を実行する者」も批判の対象としたかったのである。「自由化を実行する者」とは、改革を推進する人々のことだ。鄧力群の示唆のもと、中央党校の何人かが「一つの中心、二つの基本点」という表現に反対を唱え、「四つの基本原則」の堅持を改革と同等に扱うことはできない。前者はすべての基盤であり、後者はただの手段にすぎない、と主張した。さらに彼らは、農家の戸別請負制が集団農業の基礎を揺るがし、農村の集産化をダメにした、とも述べた。

私はこれらの問題について鄧と話し合い、自分の意見を述べた。党長老のなかには、反自由化運動に乗じて改革に抵抗しようとする者がいる、と私は思った。世論を動かすために、適切な対応をとる必要があった。でなければ、第十三回党大会で改革推進を主張することは困難になる。私は演説の準備をした。鄧に意見を求めると、私の考えを全面的に支持してくれた。

一九八八年（じっさいは八七年）五月十三日、思想理論分野で働く同志たちの前で次のような演説を行った。「反自由化運動の実施後、全体的な状況に変化が見られたので、運動を終わらせてもよい。今後の任務は、主として教育分野での活動になる。自由化によって生じた混乱は一時的なものだが、左派勢力が引き起こす混乱は長期的かつ本質的なものだ」。さらに私は、思想理論分野で聞かれた、改革に反対する誤った多数の発言を列挙した。

六月四日の事件［天安門事件］の後、私は、闘争の性格を反右派から反左派へ、そして五月十三日の演説では、反自由化から反左翼教条主義へと変えた、と非難された。これもまた事実だった。

このことからもわかるように、反自由化運動を進めるにあたって、趙紫陽はきっと自分たちの考えを取り入れるだろう、と左派勢力は期待していたのである。ところが私は、五月十三日の演説で、自由化を批判するどころか、左派勢力を批判した。その後、第十三回党大会で、私は改革推進の基調を打ち出した。鄧小平には「社会主義の初期段階」および「二つの基本点」という表現を含む報告書を送った。そして、総じて左派勢力に対抗する姿勢を示した。こうしたことが、彼らの敵意をさらにあおることになった。

第十三回党大会における私の政治報告には、市場経済に言及した部分があった。ただし、はっきりと「市場経済」という言葉は使わなかった。私は「国家が市場に介入し、市場が企業を動かす」と強調した。これは市場経済のメカニズムである。国が担うのは調整する役割だけで、そのさい経済的な手段のみを用いる。市場が企業と生産を導くのだ。私はさらに、市場メカニズムは社会のすべての側面に及ぶ、とも述べた。

これらの点を、第十三回党大会の政治報告に盛りこむ前に、鄧小平に手紙で伝えた。だが、陳雲と李先念にはコピーを送らなかった。二人は私の考え方が気に入らなかったのだが、公然と反対することは難しかった。

いくつかの出来事が、とくに彼らを怒らせた。一つは、党大会の前に、鄧力群を思想理論分野の仕事の責任者から外し、胡啓立と交代させたことだ。私は、鄧力群が引き続き政治局員として政治局の会議に参加できるよう提案した。彼は本をたくさん読んでいたから、意見を表明する資格はあった。私はさらにこう言った。「鄧力群にこのまま理論の仕事を続けさせたとしても、マルクス主義が中国で発展する見込みはないし、その理論が改革にとって有益になる見込みもない」。私のいまいましい発言は、すぐに鄧力群の耳に入った。

私はまた、左翼理論家たちの牙城であった書記局研究室を解体し、雑誌「紅旗」も廃刊にした。もちろん最終決定を下したのは鄧小平だが、最初に提案したのは私だった。

こうした一連の行動で、改革への国民の支持は強化された。鄧力群ら保守左派は、改革に反対する姿勢を、突然、内外の人々の目にさらすことになった。彼らは孤立した。第十三回党大会において、われわれは鄧力群に政治局委員になるチャンスをあたえるため、党中央委員の候補に指名した。ところが鄧力群は落選した。その後、党中央顧問委員会常務委員の候補にも指名されたが、またも落選。左派勢力は私が投票結果を操作したと思ったようだ。その結果、李先念、王震、胡喬木、さらには陳雲《ちんうん》同志までもが、私にずっと反感を抱きつづけた。

王震同志は自由化には積極的に反対していたが、開放政策には賛成だったので、私をあれほど嫌うようになったのは意外だった。第十三回党大会の後、李先念は上海や湖北省で、地元の幹部らの前で、公然と私を非難した。趙紫陽は社会主義を実行していない、外国のことを学びすぎている、というのである。李はこうも言った。「あいつには経済がまるでわかっていない。中国経済に混乱をもたらした」。いっぽう陳雲同志はもっと慎重で、発言は理路整然としていた。

後に彼らは私のことを「胡耀邦よりも胡耀邦的だ」と思うようになった。胡耀邦でさえあえてしなかったこと、できなかったことをやってのけたからだ。

パニック買いが起き、「調整と立て直し」が提案される前から、彼らは私を失脚させようとひそかに画策していた。方針転換が決定的になると、彼らはこれを好機とみた。私が経済政策を台無しにし、改革をダメにしたと考えたからだ。私に関する否定的意見を広め、「打倒、趙紫陽」運動を展開した。

しかし、私にはよくわかっていなかった。長年、地方レベルで仕事をしていて、中央指導部に移ってきたばかりだったので、情報ルートがほとんどなかったのである。裏で何が行われていたのか、いまでも私にはよくわからない。たとえば、あるグループが私を非難する手紙を鄧小平に送ったが、グループに誰がいたのか、私は知らない。

六・四事件［天安門事件］以前、「打倒、趙紫陽」運動のさなかにあっても、鄧小平は私を断固支持し、左派の説得工作にも気持ちを動かされることはなかった。このことは一連の出来事を見ればわかる。

たとえば鄧は、中央指導部の構成を変えることはできない、とくりかえし述べている。これは明らかに、指導部の変更を望む者たちを牽制する発言だ。鄧は直接、私や他の同志たちに、あと二期は私が総書記を務めるべきだとまで言っている。もちろん、これは鄧の個人的意見だ。

一九八九年の元旦の後、李鵬と姚依林は政治局の生活会で改革批判を展開した。これを知った鄧小平が激怒したため、李鵬は鄧を自宅に訪ね、説明と弁明を試みた。李鵬との会話のなかで、鄧は「趙にはあと二期は総書記を務めてもらう」と述べ、そのことを政治局常務委員会の他のメンバーにも伝えるよう求めた。むろん李鵬は鄧の言葉を私に伝えざるをえなかった。

六・四事件の前、北朝鮮訪問に発つ直前に、私は鄧を訪ねた。彼は、私の帰国後、私が引き続き二期にわたって総書記を務める件について話し合いたい、と言った。話し合いに参加するメンバーのリストが準備されていた。政治局常務委員に加えて、何人かの党長老も含まれていた。鄧はまた、陳雲と李先念の同意も得ている、とも述べた。話し合いがどのように進んだのかについては、私は知らない。

一九八九年の春節休暇中、上海に発つ直前の鄧小平をふたたび自宅に訪ねた。例の話し合いはまだ続いていたようだった。彼は言った。このところずっと考えていたことがある。まだ誰にも話していない。最初に君に話したかった。じつは、中央軍事委員会主席を退任しようと思っている。ついては君に後を引き継いでもらいたい、と。完全に引退した後も、引き続きその地位にとどまっていたら、他の長老たちに対して、干渉するなとは言いにくい。だから、これが唯一の道なのだ、というのだ。鄧は明らかに、長老たちがでしゃばりすぎて、私の仕事の邪魔をしていると感じていたようだ。鄧がそう考えたのは、おそらく、長老たちがやってきて、私への反対を表明したからだろう。鄧は私が心おきなく仕事ができるように、地位を譲ることにしたのである。

鄧が引退をほのめかしたとき、私は断固反対した。私は言った。「いまわれわれが直面している経済問題をめぐって、議論が沸騰しています。もしあなたが完全に引退してしまったら、この難局を乗りこえることはきわめて困難になるでしょう。東洋の政治は西洋のそれとは違います。たとえあなたが引退しても、長老たちの干渉は止まらないでしょう。彼らは公的立場を離れても、干渉をやめません。共和国建国の英雄たちが健在であるかぎり、国政に口を出さないように説得することは不可能でしょう。あなたが引退して政治に口出ししなくなったとしても、彼らは口出ししつづけます。そうなれば、国政の運営はいよいよ困難になります。あなたが最高責任者としてとどまっていてくれたほうが、われわれとしては、はるかに仕事がしやすいのです」。そしてこう提案した。「何があろうとも、少なくともあと一年は、この話は持ち出さないでください」

私がそう言った後、鄧はしばらく考えていたが、やがて答えた。「わかった。君の言うとおりにしよう。向こう一年、この話は持ち出さない」

鄧との対話でわかったのは、多数の長老たちが鄧に圧力をかけ、私を中傷していたということだ。鄧は、自分はそのようなことで左右されない、と公言し、彼らの圧力を退けた。一九八七年に私が総書記に就任した直後から、保守派は徐々に私への抵抗を強めていった。彼らはありとあらゆる手を使って激しく抵抗したが、鄧小平の支持が得られず、うまくいかなかったのである。

こうした状況は、一九八九年の政治変動を境に一変した。私は学生運動への対処をめぐって鄧小平と対立し、鄧の決定を実行することを拒んだ。そのため鄧の私に対する態度は変わった。このとき、一年以上にわたって私に抵抗してきた長老たちは、ついに鄧小平と意見が一致したのである。鄧小平と長老らはそろって私の解任を決めた。

ここで、李先念と鄧力群の関係について話しておこう。鄧力群は思想・理論・宣伝分野の保守派の総帥だった。彼を陰で支えていたのは、李先念、王震、陳雲同志らである。もちろん、改革に反対する長老はほかにもいたが、とくにこの三人と鄧力群はきわめて密接な関係にあった。

鄧力群と王震の関係は、解放後のかなり早い時期にまでさかのぼる。王震が党中央新疆分局の党書記だった時代に、鄧力群は分局の宣伝部長を務めていた。李先念とも親密な関係にあり、長いあいだ彼の補佐役を務めた。李先念が国務院第五弁公室主任を務めていたとき、鄧力群は彼の顧問だった。

陳雲同志も鄧力群とたいへん親しい間柄だった。鄧力群は、経済に関する陳雲同志の見解を大いに尊重していた。鄧力群自身は、むろん文化大革命期のやり方には反対だったが、それ以前の、とくに第一次五か年計画時代の経済運営をひじょうに高く評価していた。鄧力群は、少なくとも一九八〇年代初頭には、陳雲同志の経済思想は、新たな経済政策を推進するうえでも、立派な指針になる、という意見を主張していた。

鄧力群は宣伝の責任者としての地位を利用して、党長老たちの論文を刊行し、彼らのご機嫌をとり、好感を得た。『陳雲文集』や『李先念文集』などがその例である。だから、鄧小平が鄧力群を思想理論分野の責任者から外すと決めたとき、陳雲と李先念は反対した。二人はこのとき公然と、「鄧力群は優れた同志である」と発言していた。しかし、鄧小平がすでに決めたことであり、彼らにそれを覆す術《すべ》はなかった。

鄧力群は第十三回党大会の選挙で敗れたが、その直後に、陳雲同志が鄧力群の給料その他の報酬を維持することを求める書簡を書いている。鄧力群はいまでも党中央書記局書記や党中央顧問委員会常務委員と同じ額の報酬を受けとっている。しかも後者の選挙には落選しているのに。これはきわめて異常なことである。

じっさい、鄧力群は鄧小平の改革開放政策に反対する者たちのなかでも最強の書き手である。彼の影響力を侮ってはならない。雑誌「紅旗」が廃刊され、書記局研究室が解体された後も、鄧力群は、自分の仕事を支持してくれる人々に手を回した。彼はいまでもさまざまな機関の役職に就いており、思想理論分野、とくに党史その他の党刊行物を支配している。

李先念は鄧小平の改革開放政策に反対した長老のなかでも突出していた。彼は鄧小平の改革を実行する私を憎んでいた。公然と鄧小平に反対することは難しかったので、私を標的にしたのである。李先念は私が鄧小平の話ばかりに耳を傾け、自分を無視していると主張した。彼はそのメッセージを、王任重（副首相）に伝え、王任重はそれを王全国《おうぜんこく》（湖北省党委常務書記）に託して私のところへ派遣した。「一人の長老だけでなく、長老全員の話に耳を傾けるべきだ！」。じっさい、私は李先念の話に耳を傾けることはできなかった。彼は改革に反対していたのだから。

もう一つ問題があった。陳雲が第一次五か年計画時代の方式を取り入れるよう迫り、この方式を批判すべきではないと主張したのだ。彼は、多くの点で、改革が第一次五か年計画時代のやり方を否定していると考えていたため、しばしば改革に異を唱えた。

それとは対照的に、李先念の反対は、第一次五か年計画に基づいたものではなかった。かわりに、文化大革命期およびその後三年間の不況の時代に用いられた政策を提唱したのである。李は当時の経済政策の責任者だったのだ。一九五八年に陳雲同志が毛沢東主席の支持を失った後、李先念は国務院常務副首相として長く経済政策の責任者を務めた。李は、文化大革命期とその後三年間の不況時代の経済政策の成功が評価されていないことに気分を害した。彼はよくこう言った。「経済の成功はすべて改革の結果というわけではない。過去にも成功はなかったのか。いまの成功の基礎は過去に築かれたのではないのか」

第六部　中国はどう変わるべきか

第一章　政治体制改革　鄧小平の視点

一九八七年の第十三回党大会で可決された緩やかな政治体制改革は、天安門の弾圧で棚上げにされた。その影響はいまも色濃く残っている。中国では、経済的自由は広範囲に認められているが、政治的自由はほとんどない。自宅軟禁下で鬱々とした日々を送る趙紫陽は、死産に終わった中国の政治的発展に思いを馳せる。

記憶の旅路は、天安門事件以前の、指導者たちの意見の相違をふりかえることから始まる。まず最初に、かつての師であり、現代中国の針路を定めた鄧小平を分析する。

最初に、鄧小平の考え方について検討しよう。一九八〇年から一九八九年の六月四日直前まで、鄧小平はくりかえし反自由化を唱えていた。そのいっぽうで、たびたび政治体制改革の必要性も語っていた。それでは、政治改革に対する鄧の考え方に従えば、正確にはどのように改革を実行すべきだったのだろうか。

鄧は既存の政治体制に多少の不満があったのだと思う。本心から政治改革が必要だと考えていた。だが、鄧の考える政治改革は、政治の近代化や民主化ではなかった。どちらかと言えば一種の行政改革であり、具体的な規定、組織、方法、全体の士気に関するものだった。共産党の一党支配を維持することが、鄧の考える改革の前提条件だった。改革とは、まさしく共産党一党支配をより強固にするためのものでなければならなかった。鄧は一党支配を揺るがす改革を断固として退けた。

政治改革に関する鄧小平の考え方について、大半の人が抱いている印象は、彼が一九八〇年八月の政治局拡大会議で行った「党および国家の指導体制改革」と題する演説に基づいている。鄧は演説のなかで、官僚主義、過度の権力集中、家父長制といった当時の体制が抱える問題を批判した。そして次のように指摘した。これらの問題は既存の体制に根ざしたものだ。健全な体制であれば、いくら無節操な者でも、したい放題はできないはずだ。逆に、不健全な体制では、善良な者でも、よい行いができない、あるいは、悪事に走るものだ、と。この演説で鄧は、かつて毛沢東主席が語った、「スターリンがやったような社会主義法制の破壊は、イギリス、アメリカ、フランスのような西洋諸国ではありえないことだ」という話を引用した。そして、現体制の欠陥の根源に分析を加えるさいに、とくに封建主義思想の影響に言及した。そしてこう指摘した。われわれは二十八年間にわたって新たな民主革命の建設に取り組み、封建土地所有制とともに封建主義支配を打破してきたが、政治思想から封建主義を一掃するのはけっして容易なことではなく、その任務はまだ完了していない、と。

鄧小平は政治の近代化、民主化を推進し、政治体制を根本から変える覚悟なのだ、と国民が信じてもおかしくない内容の演説だった。しかし、じっさいはそうではなかった。既存の体制の欠陥を指摘した後に鄧が提案したのは、具体的な規定、組織、方法、全体の士気に関することにとどまり、体制の基本には触れなかった。彼の改革の本質は行政改革だったのである。

さらに、鄧小平の演説には次のような背景があった。当時、鄧小平は華国鋒《かこくほう》（毛沢東が選んだ後継者）にどう対応すべきかを、いつも考えていた。鄧小平と陳雲《ちんうん》の二人は、十一期三中全会（鄧小平の改革が始まった一九七八年に開催）が示した政策を実行するには華国鋒が障害になると考えていた。陳雲は、毛沢東思想に忠実な「造反派」から権力の頂点にのぼりつめた華国鋒は信用できない、と思っていた。華国鋒が指導者の地位に就いていること自体、鄧と陳には容認できないことだったのだ。

当時（一九八〇年）、華国鋒は党主席、国務院総理（首相）、中央軍事委員会主席を兼任しており、党、国家、軍すべての権力を握っていた。ゆえに、鄧が過度の権力集中に異を唱えたのは、華国鋒の持つ権力を分散させる狙いもあった。なによりもまず、首相の地位から降ろそうとしたのである。

その頃、文化大革命の教訓について検討する文書、「若干の歴史問題に関する決議」が起草されているところだった。毛沢東がその家長的独裁政治によって、自分を党の上におき、その結果、文化大革命という大災難をもたらすに至った過程について、党全体が必死に理解しようとしていた。鄧小平自身、文革時代に激しい迫害を受けた直接的な被害者だったのだ。だから、李維漢《りいかん》（党中央顧問委員会副主任）同志が、封建主義思想の影響を一掃すべきだと提案したとき、鄧は躊躇なく同意した。

一九八六年六月、鄧は経済情勢の報告会で、さらには政治局拡大会議でも、政治改革推進の必要性を説いた。「政治改革を始めなければ、新たな状況に適応できない。政治改革を改革開放の重要な一歩とすべきである。他のすべての改革の成否は、政治制度改革にかかっている」。同じ年の九月、中央財経指導小組の報告会でも、鄧はふたたび政治改革に触れ、青写真が必要だと述べた。一九八七年六月、中国を訪問したユーゴスラビアの要人と、同じく七月にはバングラデシュの要人と会談したさいにも、政治改革を重要課題とすべきだとくりかえした。政治改革は第十三回党大会における二つの最重要課題の一つである、とも述べている。

しかし、鄧の言う「政治改革」は、一九八〇年に語った改革よりもずっと後退したものになっていた。行政改革、つまり行政の組織や規定に関する改革に限られていたのだ。鄧小平の定義によれば、政治改革でもっとも重要なのは党と国家の分離である。これには、どうすれば党が優れた指導力を発揮できるかという問題を解決する狙いがあった。重要なのはそれだったのだ。二番目に重要なのは、行政の下位レベルに権限を委譲することだ。これにより、中央と地方政府との関係が抱える問題を解消し、さらには地方政府が行政の末端レベルまで権限を付与するようにするのだ。三番目に重要なのは、行政組織の規模縮小、もう一つは効率の改善である。

一九八六年九月十三日の演説で、鄧小平はこう言った。「私は三つの課題があると考える。第一に、党と行政機関、および国家機関全体の活力を高めなければならない。すなわち、組織を硬直化させてはならない。新たな問題に対応するためには、新たな考え方を取り入れるべきだ。第二に、効率を根本的に改善しなければならない。第三に、国民、企業、あらゆる地方行政組織の熱意と士気を高めなくてはならない。なかでも重要なのは、幹部に若手を起用することである。人々の意欲を高め、下位レベルにもっと多くの権限をあたえることも重要だ」

鄧の政治改革に関する発言は、国民に好印象をあたえるための口先だけの主張だ、と感じている者もいた。また、鄧の政治改革は、いまの（政治的）状況が障害になって、あるいは抵抗勢力の反対があるので、けっして実現しないと考える者もいた。私に言わせれば、どちらの意見も根拠に乏しい。

問題の本質は、鄧小平がどのような政治改革を思い描いていたかである。鄧の頭のなかでは、政治改革は「四つの基本原則の堅持」や「反自由化」と矛盾するものではなく、共存可能なものだった。だからこそ、政治改革について語っていた同じ時期に、あるいは同じ演説のなかでさえ、「反自由化」、「人民民主独裁の強化」などを唱えていたのである。

一九八〇年八月の「党および国家の指導体制改革」と題する有名な演説を行う前、鄧小平は一九七九年三月の理論検討会において「四つの基本原則の堅持」を訴えた。これは孫悟空の頭の輪を締めつける呪文のようなものだった。当時、思想理論分野で自由な風潮が広がりつつあったからだ。

八月の演説の後、十二月に行った「調整政策を貫徹し、安定と団結を保証する」と題する演説のなかで、鄧小平は、政治的な安定と団結の維持、国家機構および人民民主独裁の強化を訴えた。階級闘争はもはや主たる社会対立ではなくなったが、いまなお存在しており、軽視できないと指摘したうえで、次のように強調した。「国家機関は適切な法と規則を活用し、労働者や学生のストライキに事前に介入、対処し、街頭デモはこちらが指定した場所と時間でのみ認めるようにせよ。デモを実施するための組織間、地域間の協力はいっさい認めてはならない。非合法組織の活動、非合法な出版は禁止する。深刻な事態に発展しそうな事件が起きている地域では、必要に応じて戒厳令を敷いてもよい」

一九八六年と八七年は、鄧小平が反ブルジョア自由化に集中的に取り組んだ時期であった。と同時に、前に述べたとおり、さまざまな機会に政治改革を主張した時期でもある。このことからもわかるように、鄧小平の思い描いていた政治改革は、大多数の人々が思い浮かべる改革、すなわち「国家の近代化と民主化」とは異なるものだった。鄧が考えていた政治改革とは、共産党と国の活力と効率を高めること、言い換えれば、行政改革だったのである。

一九八七年六月に、ユーゴスラビアの要人と会談したさい、鄧は中国の政治改革についてこう述べている。「一般的に言えば、政治改革に民主化は付きものだが、『民主化』の意味は明確ではない。民主主義は改革のための重要な手段だが、厳密にどこまで民主主義を実行してよいのか、ということについては、われわれはまだよくわかっていないのだ」

鄧は、西洋諸国のような複数政党制、三権分立、議会制度にはとくに反対しており、絶対に認めなかった。政治改革について語るときはかならずと言っていいほど、西洋の政治制度を採用することはできない、と述べていた。それは、彼が反対する「ブルジョア自由化」の第一の要素だったからだ。一九八〇年九月、党と国家の分離こそ政治改革における第一の課題であると説いたとき、鄧小平は、自由化を求め、西洋の模倣をすることは断じて許されない、と強調した。一九八七年六月にユーゴスラビアの要人と会談したときには、こう述べている。「ブルジョア民主主義というのは、じつのところは独占資本家のための民主主義であり、複数政党制、議会選挙、三権分立と同じだ。どうしてそのような制度を取り入れることができるだろうか」

第十三回党大会の政治報告を起草しているとき、鄧小平は私に何度も忠告した。「政治体制改革は、西側の議会政治思想に絶対に影響されてはならない。そのような要素が少しでもあってはならない！」。また、全国人民代表大会（全人代）と中国人民政治協商会議（政協）の機能について語るときには、これらを二院制議会、つまり全人代を下院、政協を上院にしようと考えている人々を毎回のように批判した。

一九八八年に、私が共産党以外の民主諸党派による政治参加を拡大することを提案したときには、鄧小平は、全人代の会期中に諸党派が会派を形成したり活動することに反対した。民主諸党派から人材を選び政府要職に起用することについては、「個人として政府に参加することは認めるが、党派の代表として参加することは認めない」と述べた。鄧はこれについては一歩も譲ろうとしなかった。

鄧は、少数の者に権力が集中する社会主義国の政治体制をひじょうに高く評価し、たいそう気に入っていた。抑制と均衡によって権力が分散した体制を嫌悪していた。ユーゴスラビアの要人との会談ではこう言った。「社会主義国家の最大の長所の一つは、決定が下され、結論が出たら、何の制限もなく、すぐさま実行に移せるところだ。それにひきかえ議会制民主主義はまことに複雑で、なかなか先に進まない。実行しないで議論ばかり、けっきょく何もしないで終わってしまう。その点、われわれの体制のほうが効率がいい。やると決めたらすぐに実行する。すべてが効率的なのだ。それがわれわれの強みだ。われわれはこの長所を維持しなければならない」。さまざまな制限や、抑制と均衡がなく、権力が極度に集中している体制は、あらゆる点で優れている、と鄧は考えていた。

「西側の三権分立を絶対に取り入れてはならない！　われわれは社会主義体制の長所を保持しなければならない」。鄧は一度ならずそう述べた。

一九八〇年代の初め頃だったと思うが、ソ連によるアフガニスタンへの軍事介入について、鄧小平はこう言った。「アメリカはソ連にはかなわないだろう。ソ連なら、政治局会議で決まればすぐに実行に移せる。そんなことがアメリカにできるかね」

またあるとき、外国からの賓客との会談のなかで、鄧はこう言った。「アメリカには三つの政府がある。アメリカと何か交渉するときは、じっさい誰に決定権があるのかわからない。彼らは互いに競い合い、議論をする。そんなことをしていたら、物事をなしとげるのはかなり難しい」

そんなわけで、鄧小平が政治改革について語るときにはかならず、社会主義体制の長所を維持し、活用せよ。権力が互いを制限し合う、西側の三権分立のような制度を取り入れてはならない、と説くのだった。鄧小平は最高指導者の座に就くと（一九七八年）、政治的安定の維持に重点をおいた。安定は他の何よりも優先された。不安定で、混乱した状態では、何も達成できない、というのが鄧の信念だった。安定を維持するための最後の手段が独裁政治だった。

鄧は独裁的手段を重視する点において、党長老のなかではつねに際立った存在だった。しばしば独裁的手段の有用性を人々に説いた。安定について語るときには、かならず独裁政治の重要性を強調した。

鄧小平は、政治体制の内部に抑制と均衡を確立することに反対しただけではない。国民が街頭デモや嘆願書や抗議行動を通じて意見を表明することをひどく嫌っていた。それどころか、そのような活動を禁じる法律を作るべきだと考えていたのだ。抗議運動が発生するたびに、鄧は「快刀乱麻を断つ」が如き事態収拾を求めた。強圧的な手段を用いて鎮圧せよ、ということだ。鄧の政治改革において、独裁的手段は変更してはならないものだったのである。

鄧小平は、スターリンや毛沢東の晩年から、あるいは文化大革命時代の自身の経験から苦い教訓を学んでいた。とすれば社会主義国の政治体制の欠陥に気づいていないはずはなかった。だからこそ、党内および社会の民主化拡大、家長制の廃止、ソ連の影響の一掃をしばしば主張していたのである。

しかし、これらの問題を完全に解決するためには、政治体制における過度の権力集中を改める必要があった。だが、「共産党一党独裁に異議を唱えてはならない」というのが鄧の信条だった。それだけではない。鄧は過度の権力集中と独裁政治をひじょうに重要視し、それを保持すべきだと考えていたのだ。

だから、鄧が語っていた民主主義、指導者の特別な地位の廃止、封建思想の影響の一掃は、どれも実現するはずのないものばかりだった。すべては空虚な言葉にすぎなかったのだ。

第二章　政治体制改革　胡耀邦の視点

趙は次に、前任の党総書記、胡耀邦を分析する。そして、もし胡が一九八七年に権力の座を追われていなかったら、中国は急速に民主主義の方向へ導かれていただろう、と推測する。

胡耀邦はブルジョア自由化の拡大を許したと、たびたび鄧小平から非難され、そのため、ついには辞任させられた。彼は国民一般から民主改革派の一人と見られていた。政治体制改革について、いったいどのような考えを持っていたのだろうか。どんな提案をしたのだろうか。

胡耀邦はまことに寛容にして寛大な人物だった。とくに知識層に対する寛容な政策の実施を唱えた。彼は知識人にはつねに同情的で寛大だった。過去数十年間、階級闘争がくりひろげられ、政治運動の嵐が吹き荒れるなかにあっても、強硬な手段をとることはほとんどなかった。

十一期三中全会以後、党中央組織部部長と党中央秘書長を務めていた時代には、右派分子に対する有罪判決を次々に撤回させ、彼らに張られた「地主」、「富農」のレッテルをはがし、冤罪を受けた多数の人々の名誉を回復させた。反対や抗議の声も顧みず、その種の判決は、時代を問わず、すべて撤回するよう主張した。総書記を務めていたときには、デモなどの社会問題が起きるたびに、緊張緩和を訴え、強硬措置には反対した。暴力行為や軽犯罪への対処についても、総合的な取り組みを行うよう促した。多数の人々を一斉に検挙、拘留するような「犯罪撲滅」運動には異議を唱えた。独裁的な手段を頻繁に用いることには大反対だった。

胡耀邦は政治体制改革について、とくに明確に意見を表明してはいなかったが、彼が追い求めた理想は、中国の社会主義に、より多くの民主と自由を導入すること――国民が民主的で自由な環境で、意欲に満ちた生活を送れるようにすることだった。辞任する直前、胡耀邦は「社会主義精神文明建設の指導方針に関する決議」の起草を自ら担当していた。その文書には次のような一節がある。

人類の歴史において、新興資産階級と労働者階級が封建独裁政治に対する闘争を続けるなかで、民主、自由、平等、友愛という概念が形成され、その結果、人間精神は大いに解放された。社会主義の発展の過程で得られたもっとも重要な（負の）教訓は、第一に、経済建設をおろそかにしたこと、第二に、真の民主政治を確立しなかったことである。十一期三中全会以後、わが党はこう強調してきた。民主なくして社会主義的近代化はありえない。いまや党および国政の民主化を本格的に推進する準備はできている、と。最近、党中央は政治体制改革を重視しているが、その目的は、社会主義的民主主義を拡大し、社会主義法制を整備することである。

この文章からもわかるように、胡耀邦は明らかに民主主義を求めていた。その具体的な仕組みやモデルはまだ考えていなかったとしても、引き続き党と国家の指導者を務めていたならば——内外の情勢の変化や、国際的な民主化の流れを考えると——胡耀邦は中国の政治体制改革を近代化と民主化の方向へ推し進めていたに違いない。

第三章　趙紫陽の認識の変化

権力を握った当初は、政治改革のことなど考えもしなかった、と趙紫陽は認めている。だが、中国の政治体制が経済変革のスピードを阻害していることに気づくと、考えが変わりはじめた。そして、「人治」ではなく「法治」を訴えるようになる。

十一期三中全会（一九七八年）以降、私はしばらくのあいだ、経済体制改革にかかりきりで、政治改革の問題など眼中になかった。四川省時代にさかのぼってみても、実験的に企業の自主権を拡大する方針をとっていたけれども、政治改革の進め方などはまったく考えもしなかった。歴史はわれわれにいくつかの教訓をあたえてくれた。一九五七年以降、文化大革命期を通じて党と社会に異常な事態をもたらした政策を転換する必要がある。そんな思いを抱いてはいたが、政治体制に根本的な変革が必要だとは考えなかった。

かつて陝西省の労働者から手紙をもらったことがある。手紙には、あなたの演説をたくさん読んできて思うのは、あなたは経済問題の面では改革派だが、政治問題に関しては保守派だということだ、と書いてあった。まさしく一九八〇年代中頃までの私の考えを正確に言いあらわしていた。だから、鄧小平が一九八〇年に行った党および国家指導体制の改革に関する有名な演説でさえ、私の注意を引くことはなかった。ましてその演説で私の姿勢が変わることなどなかったのである。認識が変わりはじめたのは一九八五年か八六年のことだった。世界情勢の変化や東欧諸国で表面化していた問題に多少注意を向けるようになったのだ。だが、私が変わった主な理由は、経済改革の観点から見て政治改革が必要だという認識に至ったからである。

それまで私は、中国の政治改革について、進めすぎてもいけないし、かといって経済改革と比べて遅れすぎるのもよくないと考えていた。経済改革が深化するにつれて、党内保守派の抵抗が激しくなった。だが、政治改革を断行しなければ、経済改革の継続は困難だ。また、政治分野の改革がなければ、どの分野の改革も本来の力を発揮できないだろう。それに、改革の過程でさまざまな社会問題が起きていたが、これらの問題は政治改革なしで取り組むことは困難だった。たとえば、市場経済が発展するなかで、権力を金で買ったり、権力を利用して私腹を肥やす者が出てきた。

私は一九八七年から党総書記代行を務め、後に正式に総書記に就任した。そして、政治問題に深くかかわるにつれ、党と知識層のあいだの緊張を解く必要がある、と強く確信するようになった。しかし、知識層の政治参加がなければ、根本的な関係改善は不可能だった。

言うまでもないことだが、その頃から一九八九年まで、私が思い描いていた中国の政治改革は、複数政党化や西洋式議会制度の導入、といったことではない。共産党一党独裁を改めるべきだとも思わなかった。

共産党による支配体制そのものは変える必要はないけれども、統治の方法を変える必要がある、と私は考えた。さらに言えば、「法治（法による統治）」を実現するためには、「人治（人による統治）」という現状を変えなければならなかった。社会主義国家もまた法治国家であるべきなのだ。

私はゴルバチョフの回想録を読んでいないが、聞いた話では、一九八九年に中国を訪問したとき、会談のなかで私が複数政党制と議会制への移行を示唆した、と述べられているそうだ。私はそんなことを言ったつもりはない。私が指摘したのは次の二つだ。一つは、共産党の支配政党としての地位は変わらないが、統治の方法は変えなければならない、ということ。もう一つは、社会主義国家は「人治」ではなく、「法治」によって統治されるべきであること。私は意図的に「制度」とは言わず、「治」という言葉を使った。これらの考え方は、政治改革に対する、当時の私の立場を正確かつ端的に言いあらわしている。それは、過去二年間の構想を経て形作られたものだった。

統治の方法を変えなければならないが、では、どう変えるべきか。それを達成する方法について、私は少しずつ構想を練っていった。

共産党が支配政党だとしたら、どのような統治を行うべきか。私の構想では、統治の手法を近代化すれば、党そのものが現代的、文明的、開明的、開放的になるはずだった。当時は気づかなかったが、いま考えてみると、私は統治の手法とともに、長年の「プロレタリア独裁」体制まで変えようとしていたのである。私の構想には次のようなことが含まれていた。

第一に、党および国の意思決定プロセスの透明度を高める必要があった。ゴルバチョフはこれを「公開性」（グラスノスチ）と呼んだが、われわれは「透明度」と呼んだ。党と国の重要な行動や決定に至る過程は公表しなければならない。公表すれば、国民には最終決定を知らせるだけ、という長年の密室政治は改まるはずだった。政府は決定を発表するとすぐに政策を実施するが、国民はその決定に至るプロセスをまったく知らされていないのである。プロセスの公開はとても重要なことだ。国民には知る権利があるのだから。

次に、社会のさまざまな方面、勢力、利益集団とのあいだに複数の対話チャンネルを確立する必要があった。主要問題に関する決定は、各社会集団との継続的な協議と対話を通じて行うべきであって、共産党内だけで、あるいは他の民主諸党派幹部と一度協議しただけで行うべきではない。

当然ながら、社会団体の存在を認めなければならない。でなければ、どうして対話することができようか。重要なのは、労働組合、青年団体、婦人団体、商工団体など、あらゆる社会団体が共産党の支配下で一つに統一されてしまっている状況を改めることである。これらの団体を共産党の下部組織のように扱うべきではない。彼らがその本来の目的に従って、各社会集団の代表として発言、活動できるようにしなければならない。

本当に意味があるのは、こうした団体との対話だけである。言いかえれば、これらの団体の中間組織としての働きをフルに発揮させるべきなのだ。共産党はすべてを支配すべきではないし、彼らの問題にあまり介入すべきではない。社会団体がある程度、自主的に活動できるようにすべきである。このような条件のもとで、党は各社会団体との対話と協議を通じて、彼らの真の政治参加を可能にしなければならない。

選挙制度を改革し、民主選挙や「差額選挙」[1]の範囲を拡大する必要もあった。当時、われわれは全国人民代表大会（全人代）の指導者の選挙に複数の候補を立てることを考えていた。共産党が何人かの候補者を提案し、全人代代表による投票で指導者を選ぶのである。その頃、差額選挙は補佐的な役職の選挙でしか用いられておらず、党中央指導部の選挙は信任投票だった。西洋式の選挙方式を導入できないにしても、少なくとも全人代委員長や国務院総理（首相）の候補者の数を増やすことはできるはずだ。候補者が複数になれば、国民は真の選択権を持つことになる。

さらに、支配政党は、党と国家の区別を尊重しなければならない。党指導部は基本的には政治問題にのみ関与すべきであって、他の分野にはあまり介入すべきではない。とくに文化・芸術の分野に対しては寛容な姿勢を示すべきである。党が文化・芸術を支配したり、厳しく管理したりすべきではない。

さらに、他の民主諸党派との協力を深め、対話と相互監督を通じて彼らに真の政治参加を促す必要もあった。私は、民主諸党派が全人代の会期中に独自に活動することや、党組［指導グループ］を設立することも認めようと考えていた。国民の権利を保護する具体的な措置を講ずる必要もあった。これはひじょうに重要なことだった。わが国には優れた憲法があったが、国民の権利

1　「差額選挙」とは、共産党内で実施される、定数より多い候補者が立つ選挙のこと。不人気な候補者は効果的に排除される。この方式の導入は、共産党の基準に照らすと、ひじょうに民主的な大改革だった。

保護に関して具体的な規定を定めた法律は整備されていなかったのである。そのため、憲法で保障されているはずの多くの権利が実現されていなかった。

このことについてはゴルバチョフとの会談でも述べている。私は言った。「憲法ではさまざまな権利が規定されているが、具体的な形では実現されていない。だから、われわれは、結社、集会、デモ、請願、ストライキといった活動の自由を保障する法律を制定しなければならない。これらの権利は個別の法律によって保護されるべきなのだ」

また、管理と指導を維持しつつも、報道の自由を大幅に認める必要もあった。一九八九年、私は独立した新聞を認めるべきかどうかについて、胡績偉《こせきい》（人民日報総編集）と話をした。現在、報道機関はすべて共産党と国家によって独占されているが、これは正しいことではない。当時私は、報道の自由を全面的に認めるべきだとは考えていなかったけれども、一定の規制のもとに自由化を進めたいと考えていた。少なくとも、党や国の支配下にあるメディアが報道しようとしないニュースを、その他のメディアが報道できるようにするのだ。蔣介石《しょうかいせき》の時代（共産党が政権を握る前）でさえ、独立した新聞は存在した。報道の自由を全面的には認めないにしても、一般の意見を伝えることは認めるべきである。

そのとき私は、さまざまな社会団体、利益団体、とくに知識層の幅広い政治参加を――引き続き共産党の指導のもとで――認めるにはどうすればよいか考えていた。複数政党制ではなくても、できるだけたくさんの社会勢力の政治参加を実現すべきだと思っていたのだ。

これらの考えのうちのいくつかは、文書や談話の形で記録され、第十三回党大会の政治報告に盛りこまれている。もちろん、公然と発表できないもの、文書に盛りこめないものもあった。

これらは、一九八六年から八九年までのあいだに、私のなかで次第に形作られた考えである。共産党による支配体制は変わらないが、統治の方法は変えなければならない。すなわち共産党の指導という基本的枠組みのなかで、多種多様な社会集団からのより幅広い政治参加を認める。「人による支配（人治）」から「法による支配（法治）」へ、少しずつ移行させていく。そして、憲法で規定されているたくさんのすばらしい事柄を、一つ一つ実現していくのだ。

第四章　保守派長老たちの反撃

この章で趙紫陽は、一九八七年に改革への気運が高まったにもかかわらず、その後は政治改革への取り組みがいっこうに定着しなかった理由を分析する。一つは、改革気運が高まった後、社会が安定した時期に、勇気づけられた知識人たちが政治について自由に発言するようになり、それが党長老たちの反発を呼んだことだった。そうした反発は経済改革、とくに、事業の経営責任を地域の党委員会書記から工場長に移譲する試みの妨げになった。敵対者たちから、西洋文化を礼賛して物議をかもしたテレビ・シリーズと関係しているという不当な非難を受けたことについても語る。

第十三回党大会（一九八七年）では、経済改革だけでなく政治改革についても議論された。社会主義的民主主義をどのように発展させていくか、という文脈でとりあげられたのである。当時の政治環境は以前ほど厳しくなくなっていて、思想・理論研究、文化、芸術といった分野はどれも活気に満ちていた。改革開放の十年間に、西洋の価値観や概念、政治制度に関する知識が流入し、われわれはその影響を受けた。さらに、ソ連の反体制派に対する政策はグラスノスチで変化

していた。これらすべてがあいまって、中国の知識人、若者、若い労働者たちはさらなる民主化を求めるようになった。

われわれはこの機に乗じて第十三回党大会で承認された政治改革の手段を実行しておくべきだった。党と国家を分離し、公務員制度を導入し、重要な情勢変化を国民に告知し、主要問題については国民に賛否を問い、知識人で構成される組織で民主的手続きの実験を行い、知識人の政治参加要求に応える、といったことを実行に移すべきだった。党大会で決定済みの項目を実行できていたら、これらの手段を通じてさらなる民主化を願っていた大多数の人々の支持を得られていたはずだ。第十三回党大会で承認された段階的なアプローチを実行していれば、民主化を拡大し、民主政治の発展を促進できただろう。ごく一部の過激論者を除く大多数の人々の要求に応えられたにちがいない。

ところが、第十三回党大会以後、政治体制改革を実行することは困難だった。第一に、鄧小平同志を含む党長老たちは、経済改革については意見が一致していなかったが、政治改革については一致していた。すなわち、既存の体制の基本を変えることには反対だったのだ。彼らは、どんな政治改革であれ、それが共産党権力への挑戦となって、その結果、党の力が弱まり、あるいは支配的地位を失うことを恐れた。

第十三回党大会の政治報告の草案を作成しているとき、何度も鄧小平から、三権分立という西洋の概念に影響されてはならないと忠告された。政治報告にほんのわずかでもその影響がうかがえるようなことがあってはならない、とまで言った。鄧の意図する「政治体制改革」とは、じつのところ、人事の合理化、官僚主義の解消、効率の改善といった、たんなる行政改革だった。これらの改革は、政治体制が抱える根本的な問題にはまったく触れていなかった。

それから私は、「共産党の指導のもとに民主諸党派と協議を通じて協力する」制度〔政治協商制度〕の強化と改善を考えた。この制度が名前だけでなく、本当に機能して、民主諸党派が真の政治参加を認められるようになれば、彼らは間違いなく有益な存在になれる。民主諸党派を監視役として政治参加させれば、彼らを活発で真に有益な政治勢力にすることができる。そうすれば、政治参加を強く願う一般の人々が、民主諸党派に入ることによって、その願いを実現できる。これは共産党に反対することにはならない。たんに既存の枠組みの外での活動である。これにより権力が分配され、共産党が権力を独占することはなくなる。けれども、だからといって共産党の支配体制が脅かされるわけではない。これを実現するために、私は「共産党指導下での多党協力体制」を、「共産党指導による多党協力体制」に変更することを提案した。大きな変更ではないのだが、「指導」は政治的な問題であり、「指導下」となると組織の問題になる。

さらに私は、民主諸党派の有能な人材を国務院の各省庁の副大臣、場合によっては大臣クラスに起用することも提案した。これは中華人民共和国の建国初期の数年間、じっさいに行われていたことだ。いくつかの問題については、最終決定が出るまで民主諸党派には何も知らせないという状態を改めるべきだ。決定を下す前に諸党派の意見を聞けるようにしなくてはならない。そうしてこそ、名ばかりではない、本当の「協商（協議）」になるのである。民主諸党派から大臣を選ぶという案に鄧小平は賛成し、「できるだけ早く実現せよ」と言った。

さらに、民主諸党派の潜在能力をどうやって発揮させるか、という問題もあった。政党であるからには、真の政治参加を実現しなくてはならない。つまり、たんに全人代の一代表ではなく、本当の政党として機能しなければならないのだ。

確信があったわけではないが、とにかく、それが私の考えていたことだ。

次のような疑問を抱く者もいた。共産党が全国人民代表大会の開催中に党員組織を設立できるなら、民主諸党派も同じように独自の党員組織を設立してもよいのだろうか。この問題が鄧小平にどう伝わったのかわからないが、鄧毛毛《とうもうもう》（小平の娘）が私の秘書である李勇《りゆう》を通じて、次のようなメッセージを送ってきた。「鄧が民主諸党派の参加を拡大することについて語ったのは、ただのおしゃべりにすぎない。そんなことをどうして真に受けるのか。われわれは、全人代において民主諸党派が党員組織を設立することを断じて認めてはならない」。鄧は私の案に反対だったのである。

すでに承認を受け、設置が決まっている制度でさえ、完成させ実質をあたえることもできなくなったのだ。他の改革を成し遂げることがいかに難しいか、想像してもらいたい。

党と国の権力を分割する問題については、多くの党員が難色を示し、工場長に経営責任を移譲する案に、彼らは激しく抵抗した。とくに大きかったのが地方の党委員会の反対だった。党委員会がすべてを管理し、すべての権限を独占し、党と行政を牛耳るのがあたりまえだと思っていた。最終決定を下すのは党書記なのだ。

党と国の権力を分割するというのは、党書記から実質的な権力を奪うことだった。そのため、地方の党幹部は、工場長を第一の経営責任者とし、企業の法的代表者とすることを拒んだ。そんなことをすれば、党書記は工場に関する決定を下すことはなくなり、主に党と政治に関することだけに責任を負うことになるからだ。

党と国の権力分割および工場長責任制は、権力の分配の問題に触れることであり、すでに権力を掌握している者がそれを進んで手放そうとするはずがなかった。それゆえ改革の実行は困難をきわめた。

私は以前に、政治宣伝を強化、改革する必要があり、これはひじょうに重要な問題だと述べたことがあった。政治宣伝を強化しつつ改革を実行するのは、むろん正しいことであるが、問題はどうやって強化するかだった。

もしこれを旧来の方式で実施すれば、意図したのとは反対の結果になるだろう。われわれの政治宣伝は一九五七年以降――二十年近くにわたり――成果をあげてきたけれども、それはすべて階級闘争に焦点を合わせたものだった。階級闘争を中心とした政治宣伝は、国民を改造と管理の対象として扱ってきた。そのため政治宣伝で、論証や説得といった手法が用いられたことは一度もなく、威圧とレッテル張りに終始した。階級闘争に基づいた政治宣伝は、社会に深刻な損害をあたえ、いくつかの悪しき慣習を生んだ。同時に、政治が極度に官僚化するという問題も生じた。組織は肥大化し、直接生産に関与しない人間がその大部分を占めるようになった。

そこで私は政治宣伝の改革を提案した。それは、これまでのやり方を根本的に変えるということだった。戦争中に形成された一部の良き伝統は継承しつつ、政治宣伝の新しい手法を考案するのである。何よりもまず、いままでとはまったく異なる新しい方法を見つけなければならなかった。

私がこの問題を提起すると、たいへんな騒ぎになった。多数の党長老のみならず、あちこちの地方党委員会の同志たちが反対したのである。工場で政治宣伝を担当していた人々や、政治宣伝を職業としていた全国の多数の人々は、自分がお払い箱になると思ったらしい。

当時私は、中国における経済改革は、一歩進むごとに困難に遭遇する、ほんのわずかな危険も冒すことができないのだ、と感じていた。ちょっとした問題に対しても、大きな反対が起きるのである。

しかし、政治改革は、一歩進むごとに、より大きな困難に遭遇した。政治改革とは、ある意味で、共産党による統治、権力の行使、問題の扱い方、そして最終的には権力および権力の独占に対する党の考え方そのものを変えることだった。そのため、すさまじい抵抗が起きた。

政治改革に最初に抵抗を示したのは、党内のあらゆるレベルの指導層だった。言ってみれば、経済改革は「諸侯」[1]の協力を容易に得られたのに、政治改革は同じ「諸侯」の抵抗と反対に遭ったということである。私が痛切に感じたのは、上意下達方式の段階的改革は経済改革ではうまくいったのに、政治改革では状況を困難にしただけだった、ということだ。

1　「諸侯」とは地方の有力な指導者たちのこと。中国の歴代王朝では、地方の諸侯が中央政府よりも大きな実権を握っていることが多かった。

しかし私は、もし政治体制が改革されなければ、経済改革も進むにつれて困難に陥るだろう、とも感じていた。たとえば、幹部昇進の基準は変わっていなかった。中国はすでに十年にわたって改革開放政策を推し進めてきたのに、われわれはその改革を支持した人々をさまざまなレベルの幹部に起用するという重要な義務を果たそうともしなかったのだ。そのため改革は、ちょっとした波風にも耐えられなかった。

一部の地方当局は改革開放に対して現実的な態度をとった。自分たちの利益になることなら実施するが、自分たちの利益を損なうことには抵抗したのだ。自分たちの利益になる施策は拡大し、利益に反することはごく限られた範囲でしか実施しない、というわけである。

腐敗の問題もあった。一九八八年、私は春節休暇を広東省で過ごした。地域の状況について詳しく知るにつけ、経済改革によって地域が活性化したことがよくわかった。が、それと同時に腐敗が起きていることも明らかになった。そのとき私は、「経済は繁栄しなければならないが、中央、地方政府は清潔さを維持しなければならない」と提言した。「政府」とは、この場合、権力の座にある幹部たちのことだった。後に、「清潔さを維持すること」がいかに大きな難題であるかが、だんだんわかりはじめた。

経済の旧制度から新制度への移行期間に、腐敗は放置され、拡大するいっぽうとなり、権銭交易で役人が暴利を貪り、事業を独占し、賄賂を受けとった。この種の腐敗問題を解決するために重要なのは、透明性と民主的な監視の目、すなわち、報道、世論、そして独立した司法機関による精査である。

言いかえれば、これは政治改革の問題だった。司法の独立がなければ、裁判官は公平な裁きを下せないし、検察官も独立した権限を行使できない。法律そのものを正しく実施することさえできないのだ。それを改革するということは、司法と党の関係に踏みこむことであった。私はこうした問題を解消するためにも政治制度を改革する必要があると考えた。もちろん、欧米の制度をそっくりそのまま導入するのではなく、中国の状況に適した改革を行う。共産党支配を段階的に民主化し、監視体制を導入していくのである。権力は絶対に独占することはできない。権力には監視が必要だ。

この種の改革を、党の長老はほとんど誰も支持しなかった。実質的に、政治改革は行き詰まった。そこで問題が生じた。国民が民主化と政治改革の加速を強く求めているのに、第十三回党大会以後、政治改革に向けた行動がまったくとられていなかった。国民の要求、とくに知識層の要求と共産党の意思のあいだには大きな隔たりがあった。

政治環境はまだ比較的寛容だったため、人々は大胆な発言をするようになっていた——極度に抑圧的になった六・四事件以後とはまったく違っていた。現実と国民の願いとの隔たりは、民主化への要求を強める結果となり、過激な意見が表明され、行動が起こされて、政府との対立が激化した。西側の議会制度を導入せよという主張もあった。アメリカ留学から帰国した陳軍《ちんぐん》という学生が、著名知識人を結集し、魏京生《ぎきょうせい》（著名な反体制派知識人）の釈放を要求した。アメリカでは嘆願署名運動が起き、鄧小平に魏京生の釈放を求める公開状が発表された。同様の運動は香港でも起きていた。一九八九年、全人代開催中に、香港代表団が魏京生の人権を尊重し、釈放するよう求めた。各地の大学でもさまざまな活動が行われた。あちこちの集会やフォーラムでは過激な意見が表明された。極論を主張する知識人のなかには、各地の大学に出向いて演説し、不満をぶちまける者もいた。外国にいた方励之《ほうれいし》（反体制の天体物理学者）は鄧小平を名指しで非難した。

これらすべてが、反自由化の名のもとに改革に反対する者たちに口実をあたえることになった。彼らはこのような動きを利用して党長老や鄧小平の怒りと不安をあおり、政治の領域においてはいかなる規制緩和もすべきではないと確信させた。

このような複雑な状況が生じたのは、第十三回党大会の後、政治環境が緩和された一九八八年以後のことである。一部の知識人と党とのあいだの緊張が高まっていた。一九八九年の政治騒乱はまったくの偶然ではなかったのである。騒乱について鄧小平は、内外の全般的情勢によって引き起こされた、と述べていなかっただろうか。だとすれば、前述のような国内情勢が、六・四事件につながったと言える。たしかに国民は物価上昇に不満を募らせていた。しかしそれ以上に、とくに知識人や若者たちが不満を募らせていたのは、経済改革が行き詰まり、旧時代の手法が復活したからだった。

彼らは経済改革の未来に疑問を抱いていた。そのいっぽうで、政治改革は鳴りをひそめ、なんの進展も見られなかった。腐敗に怒る国民は、政治改革を推進して共産党支配を監視する体制を作らなければ腐敗の問題は解決しないと思っていた。学生デモの基本精神は、改革推進の要求と、保守派への反対だったのである。このことを示す強力な証拠がある。当時、インフレが国民の関心事であったのにもかかわらず、学生たちはこの微妙な問題に触れることを慎重に避けた。インフレ議論は改革への反発を招くと考えたからだ。学生運動の主たる目的は、改革を促進し、非民主的な手法に反対し、私腹を肥やす役人を非難することにあったのだ。

李先念《りせんねん》（党長老）は、「打倒、趙紫陽」運動の先頭に立ち、舞台裏でも活発に動いていた。一九八八年十月の十三期三中全会では、「調整と立て直し」への方針転換が承認されることになっていた。ところが、王震《おうしん》（党長老）が突然、テレビ番組「河殤《かしょう》」［113ページの脚注参照］に対する非難を展開し、党中央が公式に批判するよう要求した。私はどうにかその要求を退けた。

そんなことがあった後、葉選寧《ようせんねい》（葉剣英《ようけんえい》元帥の息子）から、王震が鮑彤《ほうとう》を、「河殤」の制作を支援した悪党だと、面と向かって非難したと聞かされた。李先念が王震にそう吹きこんだのである。じつのところ、それは根も葉もない作り話だった。鮑彤は「河殤」の制作にはいっさいかかわっておらず、私にそんな話をしたこともない。

王震が言わなかったこともある。李先念が「鮑彤」の名前を出したのは、暗に私が「河殤」を支持したことを示唆しようとしたのである。王震自身が「河殤」に反発を覚えていたのかもしれない。李先念はそれを利用して、私を「河殤」と結びつけ、王震の怒りを私に向けさせたのだ。一部の長老たちの怒りを私に向けさせるため、李先念は積極的に根も葉もない噂をでっちあげていたのである。

六月四日［天安門事件］の後、私に対する批判が新聞各紙に掲載されたが、その多くが「河殤」問題をとりあげていた。批判のほとんどは完全な作り話だった。私が「河殤」の制作を支援し、ビデオを作らせて全国に配布し、作品への批判は抑えこんだ、というのである。どれも真っ赤な嘘だった。

第五章　中国の未来

生涯、共産党員として過ごしてきた趙紫陽だが、最終的には、中国の体制が民主の理想からはほど遠い状態にあることを認め、議会制民主主義こそが近代国家の最善の道であり、中国が目標とすべきものであると結論づける。さらに、いくつか台湾から学ぶべきこともあると示唆する。

一九八九年に解任された後、内外でさまざまな変化が起きるうちに、中国の政治改革に対して、私のなかで新たな認識が生まれた。

かつての私は、国民が主役になれるのは、欧米先進国のような議会制民主主義ではなく、ソ連など社会主義諸国の代表大会制度だと信じていた。われわれの制度のほうが、より進んだ、より民主主義を実現した形態だと思っていたのだ。

だが、それは事実ではない。われわれ社会主義国家の民主主義はすべて表面的なものにすぎない。国民が主役の制度ではなく、国民が一握りの、あるいはたった一人の人間に支配されている制度だ。

二十世紀に存在した多種多様な政治体制のうち、専制君主制や、ドイツとイタリアのファシスト独裁体制は排除された。軍事独裁体制は存在するが、一時的なものであり、いずれ支持を失うだろう。かつてはひじょうに遅れた国々によく見られた――たとえば南アメリカ諸国の軍政――が、どの国の場合も、議会政治への過渡期にあらわれる一時的な状態にすぎなかった。二十世紀の数十年間、いわゆる「新民主主義体制」、すなわちプロレタリア独裁体制が西側の議会制度と競いあっていた。だが、その後、そのような国の大多数が歴史の舞台から消えていった。

じっさいのところ、西側の議会制民主主義体制ほど強力なものはない。現在、実施可能な最高の体制である。民主主義の精神をはっきりとあらわし、現代社会の要請に応えることができる、たいへん成熟した制度である。

むろん、議会制民主主義も完璧ではなく、多数の問題を抱えている。しかし、他の政治体制に比べると、これほど現代文明に適した体制はない。世論の変化に対応し、民主主義を実現するという点で、他のどの体制よりも優れている。そのうえ、きわめて安定している。議会制民主主義の強さは、歴史を通じてますます明らかになってきた。先進国のほぼすべてが議会制民主主義を採用している。

この数十年間に急速な発展を遂げた新興諸国を見ればわかるように、議会制民主主義は明らかに時代の流れだ。これは偶然ではない。そう私は確信している。先進国がどこも他の制度を採用していないのはなぜか。これはつまり、国家の近代化と現代市場経済の実現を望むなら、政治体制として議会制民主主義を実行しなければならないということだ。

もちろん、将来、議会制民主主義よりも進んだ政治体制が登場する可能性もあるが、それは未来の話だ。現代においては、他に優れた体制は存在しない。

これに基づいて言えるのは、国家の近代化を望むなら、市場経済を導入するだけでなく、政治体制として議会制民主主義を採用すべきだ、ということだ。でなければ、この国は健全かつ現代的な市場経済を持つことはできないだろうし、現代的な法治社会にもなれない。それどころか、中国を含む多くの開発途上国で起きているような問題に直面するだろう。権力と金が取引され、腐敗が蔓延し、社会は富裕層と貧困層に分裂するだろう。

しかし、議会制民主主義が主として先進国と新興国で存続しているということに注意しなければならない。開発途上国のなかには、早期に議会政治を実施したものの、その力を発揮させることができず、問題が生じた例もある。政府が権限を行使できず、社会が不安定化し、それが軍事クーデターの口実になったのである。このことからもわかるように、議会制民主主義は、現代的で、高度で、文明化され、成熟した体制だが、それを実行するには一定の条件が整っていなければならない。つまり、どんな国でも議会制民主主義を採用し、円滑に運用できる、というわけではないのである。

中国の現状を考えると、われわれは政治改革の究極の目標をこの高度な政治体制の実現に定めなくてはならない。この目標を目指さなければ、不健全な市場、権力の市場化、社会に蔓延する腐敗、貧富の差の拡大といった中国市場経済の異常な状態を解消できないだろうし、法治も実現しないだろう。これらの問題を解決するためには、議会制民主主義の実現を目標として本格的な政治改革を進めなければならない。

とはいえ、中国の現実を考えると、かなり長い移行期間が必要だ。この点で、他のアジア諸国の経験は、注目に値する。たとえば台湾や韓国は、古い体制から議会制民主主義へと段階的に移行した。彼らの有意義な経験は、大いに参考になるはずだ。

中国では、より円滑な移行のために、少なくともしばらくのあいだは、共産党の支配を維持しなければならない——同時に、党による統治の手法を変えていくのである。いまの時点ではそれが正しい方法であろう。

これはよい出発点になるだろう。第一に、社会の安定を維持し、経済、社会、文化の発展にとって良好な環境を作れるからだ。第二に、より成熟し、文明化され、民主的な政治体制への円滑な移行が容易になるからだ。言いかえれば、あわててそっくりそのまま（新しい政治体制を）導入すべきではないということだ。しかし、目標に向かって着実に進んでいかなければならない。絶対に逆方向に進んではならない。目標達成のためにならない、あるいは目標達成を妨害するような行動は慎むべきである。

この移行期間がどのくらい続くのかは、社会の発展段階によって決まる。党指導部はそれを忘れないことが肝要だ。そうすれば、新たな状況に巧みに対応し、正しい優先順位に従って、段階的に物事を進めることができる。

最終目的地が議会制民主主義だとしたら、支配政党は二つの壁を打破しなければならない。一つは複数政党制と報道の自由を認めることである。段階的でもいいが、かならず実現しなければならない。

二つ目の壁は党内の民主化を図ることだ。すなわち、民主的な手続きを導入し、民主的な手段を用いて党を改革するのだ。

かつて戦争中から共和国建国初期の数年間にかけては、権力集中と規律に重点をおく必要があった。しかし、共産党がその内部において徹底した民主制を実践しなければ、革命の党から統治する党に変わることも、社会を議会制民主主義へと移行させることもできないだろう。党内においては、理にかなった異論は認めなければならない。毛沢東主席でさえ、少数派を保護すべきだと語っていた。異なる意見が存在することを認めるべきであり、さまざまな党派を合法的な存在として認めるべきである。党内で議論したり、競いあったりするときには、立場は違っても、同じ規則を守るべきである。

戦時体制の国から、より民主的な社会へと変わらないのはおかしい。これは絶対に必要な転換である。もちろん、人民解放軍の国軍化という問題もあるが、それよりも重要な、法制度の改革と司法の独立を優先すべきである。

われわれの願いは、共産党による支配が長期的に維持されることだ。党の指導のもとで新制度への移行の準備が整然と進められるからである。共産党の支配がどのくらい長く続くかは、社会が政治的に開放され、共産党と他の勢力が競合するようになった結果を見て判断すべきである。われわれが主導権を握り、事をうまく運べば、共産党の支配は長く続くだろう。しかし、その支配的地位を維持するために憲法を利用し、地位の独占を狙うようなことがあってはならない。共産党はこの地位を競いあって勝ちとらなければならない。けっきょくのところ、それは無視できない世界的な流れなのだと思う。

われわれが率先して行動すれば、共産党のためにも、社会のためにも、国民のためにもなるだろう。それ以外の方法は、どれも害になる。世界の流れには逆らえない。適応した者だけが生き延びる。孫文はこう言った。「世界の流れは巨大で強力である。従う者たちは栄え、抗う者たちは滅びる」

いまこそ問題に真剣に取り組む時なのだと、私は思う。

趙紫陽の政治生命は一九八九年の天安門事件で終わりを迎えたが、その後も改革をめぐる議論は続いた。天安門の弾圧の後に起きるのではないかと趙が恐れていた反自由化運動の復活は、けっきょく起きなかった。しかし、党の評判はぼろぼろに傷つき、行きすぎた武力鎮圧は世界中から非難を浴びた。

鄧小平が党長老らと手を組み、趙紫陽を失脚に追いこんだ結果、新指導部に混乱が生じ、改革は行き詰まった。天安門事件後の二年間、実質ＧＤＰ成長率は急降下し、一九七六年以来の激しい景気後退が続いた。鄧は自分の遺産が危険にさらされ、このままでは経済改革で手に入れたもののすべてが無駄になると悟った。それはなんとしても避けたかった。

鄧の最後の重要な政治活動は、一九九二年の経済特区視察、いわゆる「南巡」である。これによって経済改革プログラムが再開された。南巡は、その年の後半に開かれる第十四回党大会で、さらなる改革の推進を再確認させるのが狙いだった。経済改革を妨害するために策略をめぐらした連中も、鄧の南巡に追従せざるをえなかった。彼らはソ連の崩壊を目にした。天安門の虐殺で中国国民の信頼を失った。経済を回復させることができなかった。だが一九九二年には、自由市場経済への転換をめぐる議論に決着がついた。その結果、中国は二十一世紀の経済大国へと変貌を遂げた。しかし、権威主義的な独裁政治は形を変えてそのまま続いた。

依然として自宅に軟禁されていた趙紫陽は、二〇〇五年一月十七日に死去した。

エピローグ　鮑樸《ほうぼく》（バオ・プー）

趙紫陽の政治家としての数奇な人生を理解するためには、彼が一九八〇年に北京の最高指導部に上りつめたとき、どのような問題に直面したかを正確に知ることが重要である。

指導部の主なメンバーは「共産党の長老たち」で占められていた。毛沢東の急進的な計画を受けいれることを躊躇し、排除された男たちである。毛沢東によって二十年近くのあいだ政治的影響力を奪われていた長老たちは、今度は自分たちが権力を掌握し、毛沢東後の中国を作りあげようとしていた。

もっとも大きな力をふるっていたのが鄧小平だった。鄧は、最高指導部の二つの派閥を仕切るには、まさにうってつけの経験を持つ人物だった。政治的保守派として、党の崩壊を阻止したい長老たちの支持を得ていた。いっぽうで経済問題に関しては自由主義的立場をとっていたので――それゆえ一度ならず二度までも毛沢東によって追放された――、古い集産主義体制から脱却したいと望む人々から信頼されていた。改革の方向をめぐる党指導部の分裂を収拾するには、一人の最高指導者が必要だった。年長者であり、有能であり、軍の後ろ盾もある鄧小平は、中国の最高指導者として浮上し、偉大なる舵取りを失っていた強権支配体制の穴を埋めることになった。

もう一人の影響力のある長老は陳雲だった。彼は副首相だった一九五〇年代に、戦争で混乱した国家経済を速やかに安定させたことで、永続的な敬意を獲得していた。

このグループが政権を握ると、何が政策課題の中心になるかは明らかだった。経済を復興させ、中国の国際的孤立を終わらせることである。一九七八年の十一期三中全会［中国共産党第十一期中央委員会第三回全体会議］において、共産党は、「階級闘争」から「経済建設」へと重点を移す決議を採択した。これにより、党が三十年間主張しつづけた「階級敵」の撃破という妄想は終わった。毛沢東時代は終焉を迎え、改革の時代が始まった。

政治の世界に新しい星たちがあらわれはじめた。一九七七年十二月、党の人事を握る党中央組織部の部長に胡耀邦が就任し、毛沢東時代に追放された人々をただちに復権させた。彼らの感謝の気持ちは、胡耀邦を任命した鄧小平に対する確固たる支持の形であらわれた。

もう一人の新星が趙紫陽だった。それより二年前、鄧小平は自分の故郷で、農業災害の危機にあった四川省に趙を派遣した。すでに広東省の行政官として長年経験を積んでいた趙は、その手腕を発揮して、四川省の農村経済を立て直した。一億の人口を抱える四川省では、それからわずか数年で、農業生産高と平均収入が劇的に増大した。四川省といえば、かつて毛沢東の大躍進政策によって一千万人が餓死したといわれる地域である。趙紫陽の政策は「資本主義」に近いように見えたが、その成功によって彼の初期の名声は確立された。

趙は長年、省の官僚組織に身をおきながら、あまり目立ちすぎない政治術を身につけていた。おかげで、大した騒動も起こさず、あるいは強硬派を刺激することなく頂点に上りつめることができたのだ。趙は一九七七年八月の第十一回党大会で突然頭角をあらわし、政治局委員候補になった。

鄧小平は、胡耀邦を党総書記に、趙紫陽を党副主席および国務院総理に任命して、権力の基盤を速やかに強化した。こうして鄧は党と国家行政にその影響力をふるった。

鄧の二つの新星は仕事にとりかかった。胡耀邦は汚名を着せられていた党員たちを復権させ、趙紫陽は農業改革で国に恩恵をもたらした。これによって鄧小平は党と国の両方に対する支配を確立した。と同時に、海外から幅広い称賛を浴びた最初の中国共産党指導者になった。中国の新たなキャッチフレーズは「改革開放」だった。党の宣伝機関の助けによって、「改革開放」はあらゆる希望、あらゆる幸福の代名詞になった。

ただし、一つだけ問題があった。改革をどういう形で進めるべきか、という点について、なんの合意も得られていなかったのである。現実主義者たちにとって、マルクス主義の教義など、どうでもよかった。彼らは、インセンティブと市場要素が機能することを、経験から知っていた。だが、陳雲のような党長老たちは、共産党はその創立の理念を守り、ソ連式社会主義を追求すべきだと考えていた。彼らにとって経済改革は、毛沢東がもたらした災難からの復興という意味しかなかった。これら保守派のあいだには、改革に反対する個人的な理由もあった。毛沢東時代の重要な時期に経済運営の責任者だった李先念は、改革は自分の過去の仕事を暗に批判するものだと考え、隅に追いやられることを恐れた。数十年間にわたって「資本主義」は究極の悪だと教えられてきた生え抜きの官僚たち——行政組織の基盤——は、改革開放という新たな政治文化に混乱をきたし、恐怖を覚えた。

これはみな、改革者たちにとって多くの困難が待ち受けていることを意味した。一九八〇年に首相に就任したとき、趙は北京指導部ではまだ新参者だった。最初に取り組んだ重要課題は一九八一年の「経済調整」だった。これは保守派長老の陳雲が打ち出した政策である。趙はやむをえず、経済調整を指揮することになったが、このとき、あらゆる分野で生産ノルマを課す中央計画経済の問題点をすぐに理解した。そして、改革を迅速に進めようとした。

多難な時期だった。鄧小平は、指導部で「論争」があってはならない、と明言した。言葉の意図は詳細に語られなかったが、それは、誰にも干渉されずに自分の望みどおりに事を運びたい、ということだった。しかし、鄧のお気に入りの経済特区が、あまりにも資本主義的に見えるようになると、陳雲は一九八二年に「経済犯罪撲滅キャンペーン」を開始した。その裏には、経済特区が認めている自由主義政策を無効にしようという狙いがあった。陳は、政治的な「論争」を起こさずに自分の意志を押しとおす方法を見つけていたので、鄧小平はこの策略を察知できなかった。そんなわけで、胡耀邦も趙紫陽も、陳雲の政策に従わざるをえなかった。

このときすでに、趙紫陽は自分が地雷原にいるような、政治的にきわめて危険な状況にあることはわかっていたが、それでも経済近代化の取り組みに邁進した。たとえば、食料輸入を認める案は、そもそも陳雲が提案したものだったので、問題なく進められた。陳雲は毛沢東の「全面自力更生」政策から脱しようとしていたのだ。かくして中国はあっというまに世界有数の穀物輸入国になった。穀物自給の重圧から解放された中国は、かつて八億人の農民を貧困に追いこんだ規制や割当を緩和できるようになった。その後中国は、すでに趙が四川省で実施し、安徽省でも行われていた農村改革を全国的に展開することにした。この政策に対して一部の省の行政官が抵抗を示した。しかし、すぐに成果があらわれはじめたので、ほどなく多くの地域が自発的に採用するようになった。農村に人民公社を建設するために、毛沢東は情け容赦ない強圧的な運動を展開したが、同じ制度を解体するには、なんの強制も必要なかった。

沿海地域の開発も進み、東部の経済特区は発展を続けていた。しかし、改革のための実験的地域として設置された経済特区は、一般の地域とは別のものとして扱われていたので、鄧小平としては、「社会主義」にふさわしいかどうかで、党指導部内に大きく激しい論争を引き起こさずにすんだ。

さらなる改革に必要な条件が整ったいま、もっとも重要なのは、中央指導部が明確な方向性を持つことだった。新首相として趙紫陽は、いまの経済の最重要課題は、中国の慢性的な非効率を解消することだと結論した。趙は、世界最大の共産主義官僚組織のなかでは孤立していたかもしれないが、それでも中国が発展するためには、計画経済を捨て、市場経済を受け入れなければならないと悟ったのだ。それは良識の勝利であった。

しかし、依然として保守派の反対が強い政府内でそれを実行するには、従来の政策をねじ曲げたり、自分の政策を新しい婉曲語法で表現したり、鄧小平からの支持を前面に押し出したりしつつ、他の有力長老たちの抗議を無視した。趙の弱点は、自分の考えが党の公式路線とは明らかに矛盾しているという事実に関しては、いつも無防備だったことだ。

胡喬木《こきょうぼく》や鄧力群《とうりきぐん》ら保守派の理論家をはじめとする反対勢力は、趙のこの弱点を利用しようとした。彼らは胡耀邦と趙紫陽ら改革派にとって、つねに目の上の瘤《こぶ》だった。「思想理論戦線」における保守派の攻撃を防ぐ最大の力となっていたのが鄧小平であったが、彼は社会主義の理念に無関心ではなかった。党総書記に就任した趙紫陽は、その権力を行使して、改革反対を唱える左派勢力の牙城となっていた諸機関を解体した。

中国の市場経済への転換は、一九八〇年代半ばには、もはや後戻りできないところまで進んでいた。だが、政治の世界においては、党はその権威主義的な手法を捨てていなかった。党はある程度まで毛沢東の「階級闘争」至上路線を脱したが、これが政治体制や党指導体制まで変わったかのような誤った印象を国民にあたえてしまった。だがじっさいには、権威主義的な支配体制はいまも続いている。いまの中国には、説明責任が欠如しており、共産党は法の適用を受けない。変革なくしてこのような状況から脱することはできないであろう。

政府がこれから何度も反乱に見舞われるであろうことはほぼ確実である。批判に対してどこまで寛容であるべきか、という問題は党にとって長年の悩みのタネであった。毛沢東は一九五六〜五七年に百花斉放・百家争鳴運動で知識層から自由な意見を求めたが、一年後には反右派闘争で同じ知識層を弾圧した。その指揮をとったのが鄧小平だ。一九七九年にも鄧は批判者を抑えつけた。何千人もの知識人や若者が政治的自由を求める壁新聞を壁に張った「民主の壁」運動を禁止したのだ。一九八三年には、反「精神汚染」運動を容認し、一九八六〜八七年には反ブルジョア自由化運動を提案した。「精神汚染」とは主として外国の影響をさす言葉である。

鄧小平は、この運動を実行しなかった胡耀邦を辞任させた。こうして政治改革の推進役が、一人姿を消した。胡はより寛容で開かれた党作りを目指していたようだが、鄧小平の不満は募るばかりだった。党長老たちはこの二人の断絶を利用した。彼らは、鄧の承認を得て、改革派の幹部の力を弱めようとした。胡の後任に、自分たちの仲間を据えようとまで試みた。

だが、この後任について、鄧は断固たる態度を示した。たしかに胡を辞めさせはしたが、だからといって鄧力群のように経済改革に反対する人物を後任に据えるつもりはなかった。そこで、趙紫陽を総書記に昇進させた。同時に、保守派の長老、陳雲の子飼いの部下である李鵬の首相就任に同意した。しかし、鄧小平は李鵬に経済運営は無理だと判断した。そこで、引き続き趙紫陽にその分野で采配をふるわせるために、中央財経指導小組を設立し、趙を責任者にした。

鄧が公式の制度を無視したのはこれが初めてではなく、また最後でもなかった。一九八七年一月、胡耀邦の退任にともなって「五人小組」を設置し、政治局常務委員会の仕事を引き継がせた。その後、「七人小組」を作り、第十三回党大会に向けて、指導部の新人事案の策定にあたらせた。鄧は頑迷固陋な一部の長老を無視して事を進めることができたけれども、同時にそれは、将来の騒動のタネをまくことにもなった。結局、李鵬首相は縮小された役割に満足しなかった。役目を逸脱した李鵬の行動は、経済の不安定とあいまって、深刻な問題を引き起こした。

決定的な打撃となったのは、一九八八年の高インフレの発生だった。価格制度改革を大胆に推進しようとする試みは、不運と(趙も認めているように)計画不足が重なって、インフレを悪化させた。政府は物価引き上げを実行前に公表してしまうという致命的なミスを犯した。その結果、全国でパニック買いと銀行取り付け騒ぎが起きた。深刻な状況を目にした趙紫陽は、すぐさま価格制度改革を断念した。

趙の政治的立場は損なわれた。反対派は一致協力して趙の失脚を画策しはじめた。趙の仕事はいよいよ困難になった。改革の初期においては、着々と計画を推し進め、いくつもの大成功をおさめた。一九八七年には反自由化運動を抑えこんだ。「社会主義の初期段階」というフレーズを考えだし、発展の第一段階にある中国に自由市場政策を導入する論拠とした。

しかし、政治改革はより困難な問題だった。あるとき、趙紫陽は鄧小平に、「切望される指導体制の確立」を訴え、既存の独裁的体制の問題点を示唆する書簡を送った。鄧に書簡は届いたが、訴えは届かなかった。鄧はかつて「政治改革」と党内民主化の必要性を語ったことがあるが、それは、政敵である華国鋒に権力が集中していたときだった。自身が最高指導者になってからは、政治改革や民主化について一度も口にしたことがない。鄧の思い描く「政治改革」とは、概して党の効率化を図る行政改革にすぎなかったのである。

趙紫陽はほとんどの場合、鄧小平の支配を受け入れていた。そのほうが、経済問題に関する他の長老たちからの批判をかわすのに有益だったからだ。あるとき鄧が政治局常務委員を退任することをほのめかすと、趙は必死で引き止めた。彼には鄧が必要だったのだ。しかし、趙が第十三回党大会で一連の政治改革を提案しようと準備を進めているとき、鄧小平はいくつもの制限を課した。趙はそれを受け入れざるをえなかった。鄧は西側の制度を取り入れることを望まなかった。「ほんのわずかでも三権分立の要素があってはならない」

党は統治の方法を変える必要がある、と趙は悟った。そして、鄧の逆鱗に触れぬように、「党と国家の権力の分離」を提案した。提案は党大会で承認されたが、その後、権限を手放したくない、あらゆるレベルの幹部たちが抵抗を示した。本格的な政治改革は実現しなかった。

一九八九年の学生運動の勃発で、趙にはもう時間がなくなった。鄧が軍を動員することを決めたとき、趙はそのような決定には関与できないと明言した。指導部内で鄧の決定に同意しなかったのは趙だけではなかった。鄧は五名からなる政治局常務委員会の過半数を説得できなかった。だが、必要とあれば躊躇なく党や政府の正式な手続きを無視することに慣れていた彼は、今回もまた、老将軍、楊尚昆の支持を得て、軍を掌握した。

抗議運動が鎮圧された後、鄧は自分の遺産を残そうと必死になった。もしも強硬路線の勝利が、最終的に経済改革を頓挫させるようなことになれば、擁護すべからざる体制を擁護し、初期の経済発展で得た威信を乱用した天安門の虐殺者として歴史に名を刻むという、おぞましい未来が待っている。

かくして鄧は、事態を好転させるべく行動を開始した。一九九二年、南部沿海地域の発展著しい諸都市を視察する、かの有名な「南巡」に出発する。それは、中国の指導者たちに対して、改革を推進せよ——誰もそれを阻もうとしてはならぬ——と告げる明確なシグナルだった。この南巡を受けて、その年の後半に開かれた第十四回党大会は、さらなる改革の推進を再確認することになる。

当時、すでにソ連は崩壊していた。その崩壊が頭にあった中国の保守派は——天安門の虐殺の後、国民の信頼を失い、経済改革を脱線させておきながら、経済を改善させる能力がないことを自ら露呈していたため——改革の推進を受け入れざるをえなくなった。同時に彼らは、虐殺によって共産党一党独裁がより強固なものになったことを知る。新たな安心感のなかで、保守派はなんの不安もなく、わが世の春を謳歌した。

あれから二十年。今日の中国では、経済改革が怒濤の勢いで進展し、資本主義——株式市場、不動産市場、民間企業——がすっかり定着した。しかしそのいっぽうで、趙紫陽が世間から隔絶された中庭付きの邸宅に幽閉されていた晩年に気づいたように、腐敗によって制度は損なわれ、政府の国民生活を向上させる能力に対する信頼は揺らいでいる。政治改革は実施されず、抑制と均衡のない現在、市場は腐敗した役人と汚い取引によって歪められている。国は依然として法ではなく人によって支配されている。自宅軟禁中に趙紫陽は結論した。中国が進歩するためには、西洋の議会制度を取り入れたほうがよい、と。しかし、そうした思考の大転換が起きたのは、彼が沈黙を強いられた後のことだった。

趙紫陽は理想を追い求める人ではなかった。現実の問題を解決しようとする現実主義者だった。混乱と無秩序のなかで祖国を導き、国民の生活を改善するために困難な決断を下した。彼は自分の義務を果たしたのだ。ここに記録された言葉は趙紫陽の遺産であり、この遺産があるかぎり、彼の名が歴史から消え去ることはないだろう。

趙紫陽年表

＊趙紫陽の元秘書、李樹橋《りじゅきょう》が作成した中国語版に基づく。

一九一九年一〇月一七日　河南省滑県に生まれる。

一九三二年　中国共産主義青年団に入団。

一九三三年八月　河南省立開封初級中学に入学。

一九三五年二月　共産党活動に参加し、学生の抗日デモを組織。政治活動の第一歩を踏みだす。

一九三六年八月　湖北省立武昌高級中学に入学。

一九三七年七月　日本軍による中国への全面侵攻が始まると同時に学校を中退、故郷の河南省に戻る。同地はほどなく日本軍に占領され、中国共産党が抗日活動を展開する。

一九三八年二月　中国共産党に入党。
一九三九年一月　滑県党書記。党組織内における文民行政官としてのキャリアをスタートさせる。
一九四九年三月　河南省南陽地域党委員会書記。
一九五一年　故郷の河南省を離れ広東省へ。その後、長く同省の行政官を務め、数々の成功をおさめる。
一九五八～六〇年　毛沢東による大躍進運動。
一九六二年　広東省党委員会第二書記として、「七千人大会」として知られる幹部会合に出席。このとき、古参党員の劉少奇が主要な政治問題をめぐって毛沢東に公然と反対を表明。
大躍進政策でこうむった大打撃から農村を回復させるための「一時的」手段として、実験的に人民公社制をやめ、戸別請負制を実施。

一九六五年　四六歳で広東省党委員会第一書記に就任。最年少の省指導者となる。

一九六六〜七六年　文化大革命。

一九六七年　広州市軍司令部に一時的に拘留される。「修正主義的」政策（毛沢東ほど急進的ではない控えめな政策）を支持する官僚を一掃するための粛清の一環。

一九七〇年　湖南省の湘中機械工場で組立工として働く。

一九七一年四月　内モンゴル自治区党書記兼革命委員会副主任に任命され、復権を果たす。

一九七二年四月　革命委員会副主任として広東省に戻る。

一九七三年八月　中国共産党中央委員会委員。

一九七四年　広東省党第一書記。

一九七五年一〇月　鄧小平の要請を受け、四川省党第一書記に就任。そこで実施した画期的な農村改革は、人民公社解体の成功例となる。

一九七七年八月　政治局候補委員。最高指導部への階段をのぼりはじめる。

一九七九年九月　政治局委員。

一九八〇年二月　政治局常務委員会委員。

一九八〇年三月　中央財経指導小組のリーダーとして国の経済運営の責任者となる。

一九八〇年四月　国務院副総理。

一九八〇年九月　国務院総理。

一九八二年九月　十二期一中全会で政治局常務委員に再選。

一九八四年一二月一九日　北京においてマーガレット・サッチャー首相とともに中英共同宣言に署名。これにより香港の主権は一九九七年七月一日に中国に返還されることになった。

一九八六年一〇月　政治改革の総合計画を立案するためのグループ、中央政治体制改革検討小組のリーダーとなる。メンバーは胡啓立《こけいりつ》、田紀雲《でんきうん》、薄一波《はくいっぱ》、彭沖《ほうちゅう》。

一九八七年一月　中国共産党総書記代行。

一九八七年一〇月　第十三回党大会において、中国は「社会主義の初期段階」にあると宣言し、さらなる市場変革への活路を開く。また、党史上唯一の政治改革計画を提案。党と国家の権力の分離など、「党による統治のあり方」を変える試み。

中央委員会総書記、中央軍事委員会第一副主席に就任。政治局常務委員に再選。

一九八九年四月一五日　胡耀邦の死去により、学生運動が発生。

一九八九年四月二二日　三点からなる学生デモへの対応策を提案。1．授業に戻るよう呼びかける。2．対話を維持する。3．犯罪行為を働いた者のみを法によって処罰する。

一九八九年四月二六日　人民日報が学生デモに対する鄧小平の非難の言葉を公表。これにより事態は緊迫の度を増し、深刻な政治危機へと発展する。

一九八九年五月四日　アジア開発銀行総会での演説で、学生運動について「民主主義と法の原則に基づいた」対処が必要であると示唆。

一九八九年五月一七日　鄧小平の自宅での会合に出席。鄧は戒厳令の実施を決定。趙はそのような決定を実行するのは難しいと答える。

一九八九年五月一九日　天安門広場のデモ学生たちを訪問。即席の演説を行い、広場から退去するよう訴える。武力弾圧が近いことを知っていたからである。これが公の場に姿を見せた最後となる。

一九八九年六月　政治局拡大会議が開催される。そこで趙は非難を浴び、すべての職を解任される。これ以後、十六年間にわたって隔離され、自宅に軟禁されることになる。

一九九七年二月一九日　鄧小平死去。

一九九七年九月一二日　自宅軟禁下で第十五回党大会あてに書簡を送り、一九八九年の天安門広場における学生運動の武力鎮圧について再評価するよう指導部に訴える。
二〇〇五年一月一七日　北京で死去。

人名録

（読みの五十音順。ただし中国名は姓ごとにまとめた）

安志文《あんしぶん》（一九一九～）

国家経済体制改革委員会副主任。一九八七～九二年、中央財経指導小組のメンバー。改革支持派の一人。

尉健行《いけんこう》（一九三一～）

一九八五～八七年、党中央組織部部長。八七～九二年、国務院監察部部長。

イワン・アルキポフ（一九〇七～九八）

旧ソ連の第一副首相。一九五〇年代に対中技術支援の責任者を務めた。第一次五か年計画の策定に協力、中国の友人とされた。

于光遠《うこうえん》（一九一五～）

一九八〇年代の著名エコノミスト。中国社会科学院副院長。

袁木《えんぼく》（一九二八〜）

李鵬首相弁公室主任。国務院研究室主任。一九八九年の天安門事件当時、政府の公式スポークスマンだった。

閻明復《えんめいふく》（一九三一〜）

一九八五〜九〇年、党中央統一戦線工作部部長。八九年の天安門事件で、武力鎮圧を積極的に支持しなかったため、地位を追われた。

王維澄《おういちょう》（一九二九〜）

一九八七年、党中央宣伝部副部長。後に、全国人民代表大会法律委員会主任委員。

王鶴寿《おうかくじゅ》（一九〇九〜九九）

中央規律検査委員会第二書記。林彪、江青（毛沢東未亡人）、劉少奇らにかかわる、党の歴史上、重大な事案を多数扱ったことで知られる。

王紀寛《おうきかん》（一九三一〜二〇〇七）

一九八〇年代、国務院経済技術社会発展研究センター上席研究員。

王建《おうけん》（一九五四〜）
国家計画委員会計画経済研究所の研究員。中国の研究者のあいだでは、一九八七年に「経済日報」に掲載された記事で知られる。国際貿易に大きく依存する戦略的経済発展モデルを提唱し、後に、中国の指導者がそれを採用したとされる。

王若水《おうじゃくすい》（一九二六〜二〇〇二）
人民日報の副総編集で有名な自由主義学者。王の「社会主義の疎外論」に関する記事は、一九八〇年代初頭の国民的論議の引き金となり、ポスト毛沢東時代の党の方針に対して異議を唱える最初の知的ムーブメントに発展した。

王若望《おうじゃくぼう》（一九一八〜二〇〇一）
中国作家協会理事。雑誌「上海文学」副総編集。一九八九年の抗議運動に参加したとして十四か月服役。その後、九二年にアメリカに亡命。

王震《おうしん》（一九〇八〜九三）
一九八八年、国家副主席。党の有力長老で、しばしば改革に抵抗した。八九年、天安門広場の学生運動を武力で鎮圧することを強力に主張。

王瑞林《おうずいりん》（一九三〇～）

一九五二年より鄧小平の秘書。鄧が党中央軍事委員会主席だった時代には同委員会弁公室主任を務めた。後に党中央弁公庁副主任。

王全国《おうぜんこく》（一九一九～）

一九七五～七九年、広東省党委員会副書記。八一～八三年、湖北省党書記。

王大明《おうだいめい》（一九二九～）

一九八六～八七年、党中央宣伝部常務副部長。九三～九八年、第八期北京市政治協商会議主席。

汪道涵《おうどうかん》（一九一五～二〇〇五）

一九七八年、国家輸出入管理委員会副主任。八〇年、上海市党委員会書記。

王忍之《おうにんし》（一九三三～）

一九八七～九二年、党中央宣伝部部長。党長老らを支持し、改革開放を妨害したことで知られる。

王任重《おうにんじゅう》（一九一七～九二）
国務院副総理。一九八九年の天安門事件後、趙紫陽の審査を統括した。

王蒙《おうもう》（一九三四～）
著名な文学者。一九八六～八九年、国務院文化部長。

温家宝《おんかほう》（一九四二～）
一九八六～九二年、党中央弁公庁主任。二〇〇二年、政治局常務委員。〇三年、首相。

賀亦然《がえきぜん》（一九一八～）
一九七九～八三年、広西チワン族自治区政府副主席。

郝建秀《かくけんしゅう》（一九三五～）
一九八七～九八年、国家計画委員会副主任。

郭羅基《かくらき》（一九三二～）
自由主義の立場をとる著名な学者。一九七九年、人民日報に、市民が政治問題を自由に議論することを認めるべきだと主張する一文を発表。鄧小平はこれを、反体制活動家の魏京生を投獄した自分に対する個人攻撃、個人批判だと考えた。

華国鋒《かこくほう》（一九二一～二〇〇八）

毛沢東の後継者。一九七六～八〇年、最高指導者。その正統性は毛沢東に指名されたことに基づいていた。毛沢東の政策を継承しようとするが、ポスト毛沢東時代にあって、その努力は失敗に終わる運命にあり、改革開放を唱える鄧小平によって失脚させられた。

何東昌《かとうしょう》（一九二三～）

一九七八～八二年、清華大学副校長。八二～八五年、教育部部長。八五～九二年、国家教育委員会副主任。八九年の学生運動について、不安をあおるような報告を行い、政府の強硬な対応を招来した。

魏京生《ぎきょうせい》（一九五〇～）

中国の反体制活動家。一九七八年、「民主の壁」運動を指揮し、「第五の近代化」と題する壁新聞で民主化を要求。鄧小平から、自分の独裁的支配に対する批判者と見られ、懲役十五年の刑を言いわたされ、七九年から服役。中国のもっとも有名な反体制活動家となった。現在はアメリカに亡命中。

金日成《キムイルソン》（一九一二～九四）
北朝鮮の最高指導者。一九四八～九四年、朝鮮労働党総書記、朝鮮民主主義人民共和国主席。

喬石《きょうせき》（一九二四～）
政治局委員。治安担当。一九八六年、副首相。八七年、政治局常務委員。八九年、当初、学生運動に対して寛容な姿勢を示す趙紫陽を支持していたが、武力鎮圧の決定が下された場では態度を明確にしなかった。最終的には鄧小平の命令を実行した。

許家屯《きょかとん》（一九一六～）
江蘇省党委員会書記。新華社通信香港支社長。この支社は実質的には中国当局の出先機関だった。一九八九年に北京の民主化要求運動を支持して以後、アメリカで亡命生活を送っている。

許嘉璐《きょかろ》（一九三七～）
北京師範大学中国文学教授。中国民主促進会副主席。

許士傑《きょしけつ》（一九二〇～九一）
一九八八～九〇年、海南省党委員会書記。同省は改革開放時代に経済特区に指定された沿海地域の一つ。

欽本立《きんほんりつ》（一九一八〜九一）
率直な主張を発信していた上海の改革派新聞「世界経済導報」編集長。一九八九年四月、党から削除するよう警告されていたにもかかわらず、胡耀邦の追悼記事を発表。上海市党委員会書記の江沢民によって編集長を解任される。大々的に報じられて議論を呼んだこの事件は、江沢民の政治キャリアに予期せぬ恩恵をもたらした。それからほんの数か月後に、天安門の弾圧の後、趙紫陽の後任として総書記に任命されたのである。

クリストファー・パッテン（一九四四〜）
一九九二〜九七年、イギリスの最後の香港総督。香港が中国に返還された後は、EUの対外関係担当委員を務めた。現在、ニューカッスル大学とオックスフォード大学の総長。香港総督時代、香港議会の選挙制度改革に取り組み、そのことで中国政府から非難された。

厳家其《げんかき》（一九四二〜）
政治学者。一九七六年に、党および国家最高指導者の終身制を廃止するよう提案したことで知られる。鮑彤が責任者を務める党中央政治体制改革研究室の研究員だった。天安門事件以後、亡命生活を送っている。

阮崇武《げんすうぶ》（一九三三～）
一九八五～八七年、公安部部長。胡耀邦辞任の直後、国家科学技術委員会副主任に就任。

康世恩《こうせいおん》（一九一五～九五）
一九七八年、副首相兼国家計画委員会副主任。八一年から石油化学工業部部長も務めた。

江沢民《こうたくみん》（一九二六～）
政治局委員。上海市党委員会書記。一九八九年、天安門の武力弾圧の後、趙紫陽の後任として党総書記に抜擢される。

江流《こうりゅう》（一九二二～）
一九七七～八七年、中央党校科学社会主義研究室主任。

高揚《こうよう》（一九〇九～）
一九八七～八九年、党中央党校校長。中央顧問委員会委員。

ゴードン・ウー（一九三五～）
またの名を胡應湘《こおうしょう》。香港の実業家。ホープウェル・ホールディングス・リミテッドの創業者。

呉学謙《ごがくけん》（一九二一〜二〇〇八）

政治局委員。国務院副総理。一九八二〜八八年、外交部部長。

呉祖光《ごそこう》（一九一七〜二〇〇三）

著名な脚本家。中国の作家のあいだでは、自由主義思想の持ち主とみなされた。

胡喬木《こきょうぼく》（一九一二〜九二）

一九四一〜六六年、毛沢東の秘書を務めた。改革開放の時代に、毛沢東の政策を擁護したもっとも著名な人物の一人。八二〜八七年、政治局委員。八七〜九二年、中央顧問委員会常務委員。党中央宣伝部副部長および党歴史研究室主任も務めた。

胡啓立《こけいりつ》（一九二九〜）

一九八〇〜八二年、天津市市長、党委員会書記。その後、北京に移り、中央弁公庁主任、中央書記局書記。八七年、政治局常務委員。八九年の天安門事件では武力鎮圧に反対し、地位を追われた。

胡績偉《こせきい》（一九一六〜）

大物ジャーナリスト。人民日報の総編集。共産党内で報道の自由を唱えた主要人物の一人として知られ、一九八九年の天安門事件では、武力鎮圧に反対し、その結果、あらゆる公的地位を剝奪された。

胡耀邦《こようほう》（一九一五〜八九）

一九八〇〜八七年、中国共産党中央委員会主席、同総書記。毛沢東時代に失脚した人々の名誉を回復させ、党内外から高く評価される。一九八〇年代後半、鄧小平をはじめとする党長老たちから、知識層の自由主義的な傾向に対して寛容すぎるとみなされ、八七年、総書記辞任を余儀なくされる。八九年四月一五日に急逝。その死は天安門広場における学生の抗議運動の引き金となった。

伍修権《ごしゅうけん》（一九〇八〜九七）

外交部副部長。一九五八〜七五年、党対外連絡部部長。

谷牧《こくぼく》（一九一四〜二〇〇九）

一九七五年、副首相および国家基本建設委員会主任。八二〜八八年、国務委員。

周恩来《しゅうおんらい》（一八九八〜一九七六）
中華人民共和国建国の指導者の一人。一九四九〜七六年、首相。その現実的で節度ある政策手法は、毛沢東の血も涙もない急進主義とは対照的であり、民衆から大いに称賛された。七六年に死去。その死をきっかけに「四・五事件」が起きる。中国で初めての大規模な民衆デモだった。

朱厚沢《しゅこうたく》（一九三一〜）
一九八五〜八七年、党中央宣伝部部長。その穏健な姿勢が党長老の反発を買い、胡耀邦失脚後、地位を追われた。八七〜八八年、国務院農村発展研究センター副主任。

聶栄臻《じょうえいしん》（一八九九〜一九九二）
人民解放軍の十大元帥の一人。一九五〇〜五四年、人民解放軍総参謀長代理。五八〜七〇年、国家科学技術委員会主任。中国の核兵器、宇宙軍事開発の最高責任者。

蕭洪達《しょうこうたつ》（一九一八〜二〇〇五）
中央軍事委員会弁公室主任。一九八七〜九二年、中央規律検査委員会副書記。

蔣碩傑《しょうせきけつ》（一九一八〜九三）
ロチェスター大学とコーネル大学で経済学教授を務めた。一九八〇年代、台湾の中華経済研究院院長。自由市場経済の推進者。

徐向前《じょこうぜん》（一九〇一〜九〇）
一九四九〜五四年、人民解放軍総参謀長。七八〜八一年、副首相兼国防部部長。

芮杏文《ぜいきょうぶん》（一九二七〜二〇〇五）
一九八五〜八七年、上海市党委員会書記。八七〜八九年、党中央書記局書記。改革開放政策の熱烈な支持者。八九年、天安門広場で抗議運動を展開する学生たちに同情的な立場をとったために地位を追われる。

銭李仁《せんりじん》（一九二四〜）
一九八五〜八九年、人民日報社長。

曾希聖《そうきせい》（一九〇四〜六八）
安徽省党委員会第一書記。一九五九〜六一年、農業の人民公社化ではなく、戸別請負制を推進。六六年、毛沢東の意向に反対したため失脚。

宋任窮《そうにんきゅう》（一九〇九〜二〇〇五）
党の有力長老の一人。一九七八〜八三年、党中央組織部部長。八二〜八五年、政治局委員。

宋平《そうへい》（一九一七〜）
一九七二〜八七年、国家計画委員会副主任。八七〜八九年、党中央組織部部長。天安門事件後、失脚した趙紫陽と胡啓立の席を埋める形で、李瑞環とともに政治局常務委員に昇進した。

蘇紹智《そしょうち》（一九二三〜）
一九八二〜八七年、中国社会科学院マルクスレーニン主義毛沢東思想研究所所長。その「自由主義的な傾向」を批判され、八七年に失脚、八九年以後、亡命。

孫起孟《そんきもう》（一九一一〜）
中国民主建国会［民主諸党派の一つ］の創立者の一人で、一九八三〜九七年に主席を務めた。

孫長江《そんちょうこう》（一九三四〜）
中央党校理論研究室副主任。胡耀邦と、毛沢東の後継者である華国鋒とのあいだの理論闘争に参加したことで知られる。この理論闘争は鄧小平が最高指導者としての地位を固める端緒となった。

張維《ちょうい》（一九一三〜二〇〇二）
清華大学副学長。一九八〇〜八七年、国務院学位委員会委員。

張岳琦《ちょうがくき》（一九三八〜）
党中央弁公庁副主任。一九八七〜八九年、趙紫陽の秘書。

張勁夫《ちょうけいふ》（一九一四〜）
一九八二〜八八年、国家経済委員会主任。中央財経指導小組秘書長。

張顕揚《ちょうけんよう》（一九三六〜）
率直な発言で知られる自由主義知識人。中国社会科学院マルクスレーニン主義毛沢東思想研究所でレーニンおよびスターリンの研究を担当。八七年、党を除名される。

張光年《ちょうこうねん》（一九一三〜二〇〇二）
著名な詩人、文芸評論家。一九五五年の作品「黄河大合唱」が有名。

張曙光《ちょうしょこう》（一九二〇〜二〇〇二）
一九八〇年代、河北省省長、内モンゴル自治区党委書記。八七年より党中央顧問委員会委員。

趙健民《ちょうけんみん》（一九一二〜）
山東省省長。山東省党委員会書記。一九八七〜九二年、党中央顧問委員会委員。

陳一諮《ちんいっし》（一九四〇〜）
国家経済体制改革委員会体制改革研究所所長。一九八九年、天安門で抗議行動が続くなか、趙が退任するという情報を伝える声明を発表し、迫り来る武力鎮圧に反対するよう民衆に呼びかけた。その後ずっとアメリカで亡命生活を送っている。

陳雲《ちんうん》（一九〇五〜九五）
鄧小平の死後、もっとも大きな影響力を持った党長老。一九五〇年代初期、戦争で混乱した中国経済を急速に安定させ、ソ連の経済モデルに基づく第一次五か年計画を実施したことで称賛される。しかし、その実際的な手法は、社会主義経済への即時移行を望む毛沢東によって否定された。ポスト毛沢東時代に政治的復活を遂げると、改革開放の時代に計画経済の堅持を主張した。八二〜八七年、政治局常務委員および中央規律検査委員会第一書記。八七〜九二年、党中央顧問委員会主任。

陳希同《ちんきどう》（一九三〇〜）
北京市長。一九八九年のデモ弾圧につながる一連の出来事において重要な役割を果たした。同年六月に公表された陳の報告は、武力鎮圧の状況に関する唯一の公式説明だった。陳は九七年に党から追放され、九八年には汚職の罪で懲役十六年の判決を受けた。

陳国棟《ちんこくとう》（一九一一〜二〇〇五）
一九七九年、上海市党委員会第一書記。一九八五〜九二年、上海市顧問委員会主任。

陳俊生《ちんしゅんせい》（一九二七〜二〇〇二）
黒竜江省党委員会書記。一九八八年、国務委員。

陳野苹《ちんやへい》（一九一五〜九四）
党中央組織部部長。一九八〇年代、党中央顧問委員会委員。

丁関根《ていかんこん》（一九二九〜）
一九八〇年代、鉄道部部長、政治局候補委員。

丁石孫《ていせきそん》（一九二七〜）
一九八四〜八九年、北京大学学長。八八〜九六年、中国民主同盟副主席。

鄭必堅《ていひつけん》（一九三二〜）
一九八〇年代、胡耀邦総書記の特別顧問。九二年、党中央宣伝部副部長。

田紀雲《でんきうん》（一九二九〜）
一九八三〜九三年、副首相。八七年より政治局委員。改革開放の積極的な支持者。

鄧小平《とうしょうへい》（一九〇四〜九七）
毛沢東後の変革期である一九八一〜九七年の最高指導者。経済自由化を支持。改革開放政策の成功で大いなる名声を獲得して権力基盤を固める。政治的には、一党支配の維持を主張する立場をとった。七九年の抗議活動（「民主の壁」運動）の弾圧、八九年の天安門におけるデモ武力鎮圧の責任者である。七七〜八七年、政治局常務委員。八一〜八九年、中央軍事委員会主席。

鄧毛毛《とうもうもう》（一九五〇〜）
鄧小平の三女。毛毛は愛称。本名は鄧榕《とうよう》。中国国際フレンドシップ協会副会長。

鄧力群《とうりきぐん》（一九一五〜）
一九八二〜八七年、党中央宣伝部部長。毛沢東の信奉者で、改革開放時代に保守派の代弁者となり、陳雲、李先念ら、党長老から支持された。

杜潤生《とじゅんせい》（一九一三〜）
一九八三〜八九年、党中央書記局農村政策研究室主任、国務院農村発展問題研究センター主任を兼任。農村政策改革の第一人者。

杜導正《とどうせい》（一九二三〜）
一九八七〜八九年、新聞出版署署長。改革開放を積極的に支持した。

中曽根康弘（一九一八〜）
日本の政治家。一九八二〜八七年、首相。首相時代に、ソ連、中国との外交関係を改善。

任仲夷《にんちゅうい》（一九一四〜二〇〇五）
一九八〇〜八五年、広東省党委員会第一書記。中国でもっとも進歩的な地域における改革開放の代表的実践者。

薄一波《はくいっぱ》（一九〇八～二〇〇七）

もっとも影響力のある党長老の一人。一九八二～八七年、党中央顧問委員会副主任。

万里《ばんり》（一九一六～）

一九七七年、安徽省党委員会第一書記。安徽省において早くから農村の戸別請負制度を成功させたことで知られる。四川省で同様のことを成功させた趙紫陽とともに、毛沢東の人民公社を解体するのに一役買った。八三～八八年、副首相。改革開放の中心的支持者。八八年、全国人民代表大会常務委員会委員長。

費孝通《ひこうつう》（一九一〇～二〇〇五）

北京大学の社会学教授。一九八七～九六年、中国民主同盟主席。

ヘンリー・フォック（一九二三～二〇〇六）

霍英東《かくえいとう》という名でも知られた香港の企業家。長きにわたって中国政府を支持した。一九九三年、中国人民政治協商会議副主席。

彭真《ほうしん》（一九〇二～九七）

影響力のある党長老。一九八三～八八年、全国人民代表大会常務委員会委員長。

彭沖《ほうちゅう》（一九一五〜）
一九八〇年代、党中央書記局書記、全国人民代表大会常務副委員長。

彭徳懐《ほうとくかい》（一八九八〜一九七四）
著名な人民解放軍司令官。中華人民共和国初代国防部長［大臣］。一九五九年、大躍進政策を批判したために毛沢東の怒りを買い失脚、晒し者にされたうえ、劉少奇と同じ運命をたどる。毛の気まぐれを示す代表的な事例である。

鮑彤《ほうとう》（一九三二〜）
党中央委員。政治体制改革研究室主任として、趙紫陽から政治改革の計画立案を任された。趙が首相に就任した最初の数年間、政策秘書を務めた。一九八九年、鄧小平が天安門のデモ参加者を武力鎮圧する決定を下したとき、趙とともに反対の立場をとったために処罰され、七年間服役した。

方励之《ほうれいし》（一九三六〜）
天体物理学教授。安徽省合肥の中国科学技術大学の第一副校長を務めた。一九八六〜八七年に起きた学生の抗議運動に早くから共鳴して公職を解かれ、党を除名される。現在はアメリカで亡命生活を送っている。

ミハイル・ゴルバチョフ（一九三一〜）

一九八五〜九一年、ソ連共産党書記長。ソ連崩壊前の最後の指導者。ペレストロイカ（改革）計画を断行し、ソ連に自由主義的な変革をもたらした。

ミルトン・フリードマン（一九一二〜二〇〇六）

アメリカのノーベル賞経済学者で、大きな影響力を持つ自由市場経済支持者。一九八八年、北京を訪れ趙紫陽総書記と会見。趙について「社会主義国生まれの人物で、これほど優れた経済専門家には会ったことがない」と評した。フリードマンの思想と助言は、ポスト毛沢東時代の中国の経済政策を形成するうえで重要な役割を果たした。

孟憲中《もうけんちゅう》

一九九〇年代の党中央弁公庁党委副書記。

毛沢東《もうたくとう》（一八九三〜一九七六）

中華人民共和国建国の指導者の一人で、中国共産党の最高指導者。国共内戦後の一九四九〜七六年、社会主義への急速な転換という毛沢東の目標は、国の最優先事項となった。目標実現のため、中国は、国家計画、国家所有のシステムを構築。毛は、党内外の反対者を徹底排除するため、しばしば大規模な社会運動を展開した。死後、党は改革を進めて、毛沢東の社会・経済プログラムを廃止したが、いまも毛沢東が革命の象徴であることに変わりはない。

熊復《ゆうふく》（一九一五〜九五）
党中央宣伝部副部長。新華社通信社長。一九七八〜八八年、党理論誌「紅旗」総編集。

姚依林《ようい りん》（一九一七〜九四）
一九七九〜九三年、副首相。八〇〜八三年、国家計画委員会主任。陳雲をはじめとする保守派の長老を支持し、八七年に政治局常務委員に昇進。八九年の天安門事件では、五人の政治局常務委員のなかで、武力弾圧を積極的に主張した。

姚錫華《ようしゃくか》
一九八七〜八九年、知識層に影響力のある新聞「光明日報」の総編集。

楊尚昆《ようしょうこん》（一九〇七〜九八）
一九八二〜八七年、政治局委員。中央軍事委員会常務副主席。八八年、国家主席。八九年の天安門事件では、鄧小平の武力鎮圧の決定に従って、重要な役割を果たす。命令を実行するため軍の動員に一役買った。

楊文超《ようぶんちょう》
一九九〇年代初めに趙紫陽の秘書を務めた。

葉季壮《ようきそう》（一八九三〜一九六七）
中華人民共和国建国初期の国家対外貿易部部長。

葉選寧《ようせんねい》（一九三八〜）
中国で信望の厚かった葉剣英《ようけんえい》元帥の次男。一九九〇〜九三年、人民解放軍総政治部連絡部部長。

雍文濤《ようぶんとう》（一九三二〜九七）
一九六五〜六六年、広東省および広州市党委員会書記。

余秋里《よしゅうり》（一九一四〜九九）
一九七五〜八二年、副首相。八二〜八七年、人民解放軍総政治部主任。長らく国家計画委員会委員を務め、七五〜八〇年、同委員会主任。

雷潔瓊《らいけつけい》（一九〇五〜）
女性。北京大学教授。一九八七〜九七年、中国民主促進会［民主諸党派の一つ］主席。

李維漢《りいかん》（一八九六〜一九八四）
一九四八〜六四年、中央統一戦線工作部部長。八二〜八四年、党中央顧問委員会副主任。

李一氓《りいちぼう》（一九〇三〜九〇）
一九七四〜八二年、対外連絡部副部長。一九七八〜八二年、中央規律検査委員会副書記。

李鋭《りえい》（一九一七〜）
水利電力部副部長。一九五八年、毛沢東の政策秘書。五九年、毛の大躍進政策に疑問を抱いていた彭徳懐を支持して党を除名され、投獄される。七九年、判決が覆され、党中央組織部副部長に就任。改革開放の積極的な支持者の一人。毛沢東に関する回想録や評伝の作者としても有名。

李錫銘《りしゃくめい》（一九二六〜二〇〇八）
北京市党委員会書記。一九八九年、天安門広場の学生運動に対して強硬策をとるよう、当局に積極的に求めた。九三年、全国人民代表大会副委員長に就任。

李瑞環《りずいかん》（一九三四〜）

天津市党委員会書記。一九八七年、中央政治局委員。八九年六月、同常務委員。李の常務委員就任は、趙紫陽と胡啓立の失脚で空席ができたことによる。控えめながら改革を支持していた。

李正亭《りせいてい》（一九一八〜）

一九八七〜九三年、中央規律検査委員会副書記。

李政道《りせいどう》（ツンダオ・リー）（一九二六〜）

中国系アメリカ人の物理学者。コロンビア大学教授。数少ない中国系のノーベル賞受賞者の一人として中国でも評判が高い。

李先念《りせんねん》（一九〇九〜九二）

一九五四〜八〇年、副首相として経済運営に携わり、毛沢東方式の国家統制経済を指導した。ポスト毛沢東時代、数々の改革を目にして、かつての自分の仕事が否定され、暗に批判されているように感じた。七七〜八七年、政治局常務委員。八三〜八八年、国家主席。八八〜九二年、中国人民政治協商会議主席。党内保守派の領袖として絶大な影響力をふるいつづけ、政治、経済の両分野で、毛沢東時代の政策が覆されるのを阻止しようとした。

李鉄映《りてつえい》（一九三六〜）
政治局委員。一九八八〜九三年、国家教育委員会主任。

李鵬《りほう》（一九二八〜）
電力工業部長、副首相を歴任した後、一九八七年、胡耀邦失脚に伴う新人事で首相に就任。八九年には、政治局常務委員として、天安門広場の抗議運動を武力鎮圧する決定を促し、一連の出来事を引き起こした主要人物の一人となる。

李勇《りゆう》（一九四八〜）
一九八五〜八九年、趙紫陽の軍事問題に関する秘書。その後、天津開発区管理委員会党組書記。

陸鏗《りくけん》（一九一九〜二〇〇八）
香港の著名なジャーナリスト。一九八五年の胡耀邦とのインタビューは鄧小平を激怒させた。このインタビューは、鄧が胡を辞任させる決定を下す主な理由の一つになった。

陸定一《りくていいつ》（一九〇六～九六）
党内で自由主義的な立場をとった文筆家。一九八〇年、中国人民政治協商会議副主席。

劉少奇《りゅうしょうき》（一八九八～一九六九）
中華人民共和国建国の指導者の一人。建国後は、毛沢東に次ぐ地位を占めた。大躍進政策や農村の人民公社化など、毛の急進的な経済政策に反対した。毛によって失脚させられ、文化大革命中に孤独と屈辱のうちに死去した。

劉正文《りゅうせいぶん》（一九一二～）
一九八七～九七年、安徽省政治協商会議副主席。

劉賓雁《りゅうひんがん》（一九二五～二〇〇五）
有力ジャーナリスト。一九八〇年代に深刻な社会問題を次々に暴き、暴露報道の先駆者となる。七九～八七年、人民日報の看板記者だったが、八九年以後、アメリカで亡命生活を送っている。

廖漢生《りょうかんせい》（一九一一～二〇〇六）
経験豊富な軍人。一九八三～九三年、全国人民代表大会常務副委員長。

梁湘《りょうしょう》（一九一八〜九八）
一九八一〜九五年、深圳市党委員会書記。八八〜八九年、海南省省長。深圳における改革開放の先駆者として知られる。同市は最初の経済特区の一つ。

梁歩庭《りょうほてい》（一九二一〜）
一九八三〜八八年、山東省党委員会書記。

林同炎《りんどうえん》（一九一二〜二〇〇三）
中国系アメリカ人。構造技術者。T・Y・リン・インターナショナルの創業者。

盧之超《ろしちょう》（一九三三〜）
胡喬木が率いる党中央書記局研究室の政治担当責任者。党中央宣伝部理論局長も務めた。

謝辞

われわれ編者一同は、誰よりもまず、本書刊行を実現するために尽力してくれた鮑彤《ほうとう》に心から感謝の意を表したい。趙紫陽の元側近で、中国の最近の改革努力の内幕を知る鮑彤は、編集のほとんどすべての段階で、洞察に満ちた意見を出してくれた。鮑彤は、本書の翻訳・編集スタッフの一人、鮑樸《ほうぼく》（バオ・プー）の父であり、天安門事件では武力鎮圧に反対する趙紫陽の側に立ち、そのために九年の服役生活を送った。現在、北京の自宅で過ごす彼は、常時監視されている。

さらに、アディ・イグナシアスの妻であるドリンダ・エリオットにも感謝したい。本書に記述されている時期に、ニューズウィークの北京支局長を務めていた彼女は、このプロジェクトの全過程において価値ある意見と編集上のアイデアを提供してくれた。彼女の中国への尽きぬ関心と、文化的な隔たりを飛びこえる能力がなければ、本書を英語読者に届けるのはより困難になっていただろう。

ロデリック・マクファーカーの詳細かつ明晰な助言にも感謝する。マクファーカーはハーバード大学の歴史学および政治学の教授で、中国に関する多数の著書があり、近著に *Mao's Last Revolution*（『毛沢東の最後の革命』マイケル・ショーンハルスとの共著、ハーバード大学出版）がある。

われわれは、サイモン&シュスター社の諸君のスピードと有能さに感銘を受けた。すばらしい編集者であるプリシラ・ペイントン、同じく発行人のデビッド・ローゼンタールは、プロジェクトの最初、すなわち、本書がまだ作者不詳『題未定』としか呼べなかった頃から、出版に向けて熱心に取り組んでくれた。アイリーン・ボイル、アイリーン・カラディ、リサ・ヒーリー、リンダ・ディンジャー、マイケル・シャーバン、ダニエル・ルイス・カブレラは、いつもの厳格さと高い基準を持って本書の制作とマーケティングを行い、細心の注意を払って事を進めてくれた。

最後に、われわれが一つのアイデアを一冊の本の形にするのを支援してくれた、友人であり、著作権代理人である、レイフ・セイガリンに感謝したい。

中国国内にいながら、本書のために力を尽くしてくれた多くの人々がいるが、いまはまだ彼らの名を明かすことはできない。彼らは、想像を絶する危険を冒して、趙紫陽の極秘テープを大事に保存し、国外の安全な場所へ移したのである。彼らが本書の刊行を喜んでくれることを、そして、いつか彼ら自身の物語が語られることを願ってやまない。

解説

日暮高則（千葉商科大学講師　アジアジャーナリスト）

一九八〇年代前半、私は通信社の記者として北京に赴任していたとき、中国の最高指導者だった鄧小平や胡耀邦総書記、趙紫陽首相の当時のトップスリーと話す機会がよくあった。話すというのは言い過ぎかも知れない。彼らが日本から来る政治家や経済人の代表団と会見する際、われわれ日本人記者が冒頭の様子を取材するため中南海や人民大会堂などに駆けつけると、代表団が来る寸前にわれわれの前に現れ、立ち話に応じてくれたのである。

それでも、彼らのおおよその印象は分かる。鄧小平は自信に満ちあふれた感じで落ち着いており、いかにも大人《たいじん》の風格を漂わせていた。胡耀邦も口角泡を飛ばす勢いで語りかけてきて、強いリーダーシップを感じさせた。二人に比べて趙紫陽だけはもの静かで気弱そうであり、しかもシャイなイメージを与えていた。若輩であった私も、「権力闘争が激しい中、こんな気弱さでやっていけるのだろうか」と、老婆心ながら心配したことを今でも覚えている。

一九八七年早々、胡耀邦は総書記の座から降り、後を継いだ趙紫陽も、八九年春の胡耀邦死去をきっかけに始まった民主化運動、天安門事件によって失脚した。私が心配していたことが残念ながら的中してしまった。鄧小平が自ら亡き後の後継を託した二人がいなくなり、結局、鄧の絶対権力はその後しばらく続いた。一方、失脚した趙紫陽は、その後十六年間という長きにわたって軟禁生活に置かれるが、権力におもねることなく、自らの姿勢を貫き通した。気弱そうだと思われた趙は実は信念の強い人だった。そのことは多くの人が趙の晩年に感じていたが、本書によって、さらに確かなものになったのである。

そもそも、本書はどういう経緯から生まれたのか。軟禁されていた趙紫陽からどうして話が引き出せたのか。実は、趙の口述録音が元になっている。香港マスコミによると、一九九二年、趙は当時獄中にいた自らの政治秘書、鮑彤《ほうとう》に対し、鮑の妻を通じて「獄中でこれまでの疲れを癒し、出獄後は私に代わって天安門事件前後の状況について執筆してほしい」旨を伝言した。趙はこれと同時に、自らも事件前後の経緯を思い起こし、メモにしていた。だが、鮑彤は九六年の出獄後も趙紫陽と同じように当局によって軟禁状態に置かれたため、二人は接触できず、合作本の実現は難しくなった。

趙紫陽が鮑彤に伝言したと同じころ、かつての部下である杜導正《とどうせい》が久しぶりに趙に接触、彼にこう語りかけた。「紫陽同志、あなたは六・四事件のことを書く責任がある。それはあなた個人だけの問題ではない。事件に対して、あるいは国家や党を治めることについて、あなた自身の考えがあろう。それを後世の人間に残すという歴史的責任があるはずだ」。このいきさつは、杜導正自身が中国語版の本書序文の中で触れている。

ただ、趙紫陽が〝その気〟になるのは二〇〇〇年になってからだ。杜導正だけでなく、蕭洪《しょうこう》達《たつ》、姚錫華《ようしゃくか》、杜星垣《とせいえん》という昔の部下がそろって勧めたことが大きい。そこで、趙は家族にも気づかれないように、ひそかに口述で記録をテープレコーダーに吹き込む作業を始めた。家族に内緒にしたのは杜導正らの進言で、彼らは、趙紫陽の口述が当局に見つかり、家族に禍が及ぶのを恐れたからである。テープはひそかに趙宅から持ち出され、四人によって成文化されていった。杜導正の話によれば、趙の口述は理路整然としており、言葉も正確、口述がそのまま文章化されてもおかしくないほどだったという。

本書の中国語版の出版元であり、英語版の翻訳にも当たったのは鮑彤の子、鮑樸《ほうぼく》である。彼が香港マスコミに語ったところによれば、趙紫陽がテープに吹き込んだのは二〇〇〇年から〇三年までの間で、全録音時間は三十数時間。「趙は録音前にメモ書きを用意していたために、語りも、論理もしっかりしていた」と、杜導正と同じ感想を漏らした。鮑樸はまた、「父親の関与がなかったら、この本の出版は無理だったであろう。彼がテープを聞いて全文をチェックし、順序を入れ替えたりした」と、鮑彤が全面協力したことを明らかにしている。

本書の意義については、今さら言うまでもない。八九年春の民主化運動、六・四事件についてこれまでも多くの書籍が出ているが、いずれも当時の学生や知識人ら権力の外側から見た動きや分析の文章である。その点、趙紫陽は権力中枢にいた当事者であり、当事者が自ら事件の概要を明らかにするというのはこれが初めてなのだ。「私が鄧小平にこう言った、ああ言った」、また「鄧小平からこんな指示を受けた。私のこんな意見に賛同してくれた」などという内容は、二人しか知りえないだけに得難く、まさに一級の史料価値を持ったものである。

また、六・四事件だけでなく、趙紫陽と胡耀邦が一九七八年の第十一期三中全会以降、推し進めてきた改革開放政策についての歩みを詳述したところも興味深い。とりわけ趙は、この政策をめぐって、既存権益を奪われたくない長老、保守派から激しい抵抗があったことを如実に描き出し、趙、胡の政策遂行に大きなブレーキがかかった経緯を鮮明にしている。

さらに、多くは謎とされていた六・四事件後の軟禁について、その法的根拠の問題にも言及している。結局のところ、軟禁の根拠など何もなく、単に指導部側の恣意的な判断に基づく決定に過ぎなかったのであって、人治より法治を重んじる趙紫陽の怒りが切々と迫ってくる。さらに、軟禁時代の彼の行動、精神状態なども書かれており、まさに、中国の研究者、ウオッチャーを引きつけて已まないところである。

香港誌などに掲載された反響を見ると、国内外ともに本書の評価は高い。中国社会科学院マルクスレーニン主義毛沢東思想研究所の張顕揚《ちょうけんよう》元研究員が「この回想録の出版に興奮し、感動した。改革開放三十年の歴史に関心を持つ人たちにとっては、初めて偉大な当事者から直接的な証言が提供されたからだ」と絶賛。五〇年代に右派の烙印を押された経験もある中央党校の杜光《とこう》教授も「趙紫陽回想録の出版は、その内容自体に権威を持たせるばかりでなく、発表の時期も大いに意味があった。それは六・四問題の合理的な解決を促すからである」と前向きに評価している。

八九年民主化運動を支持し、投獄された経験もあるジャーナリストの高瑜《こうゆ》女史は、六・四事件の目撃者らにインタビューし、その記録を詳細に収めた『私の六・四』という著作を持つ。彼女は「二十年たって、私はついに趙紫陽の声を聞いた。これは人民の拍手を永遠に勝ち取ったという音でもある。彼の声は朽ちることなく、多くの人民に対し、立憲政治の実行に向かわせるよう訴え続けている」と述べ、その歴史的な意義を強調した。

現在の党中央指導部は本書をどう見ているのか。趙紫陽がこの手の回想録を出版することは織り込み済みだったようで、最初に英語版が出版されたあと、直ちに「主要部分」の翻訳に入った。したがって、約二万字に及ぶ翻訳の文章は、香港で中国語版が出版される前にすでに多くの党幹部の手元に行き渡っていたという。

指導部が特に関心を持った「主要部分」とは二点。それは、一九八〇年代の胡耀邦と趙紫陽との関係と、もう一つは鄧小平が八九年民主化運動で、どのように態度を変化させ、六・四の武力行使に至ったのかという点であったと言われる。「胡、趙の関係について知りたがったのは胡錦濤《こきんとう》や温家宝《おんかほう》で、鄧小平の態度の変化を気にしたのは、すでに引退した李瑞環《りずいかん》、朱鎔基《しゅようき》ら比較的開明的だった老幹部のようだ。それは彼らが自分たちの歴史的な評価に傷が付くことを恐れたからだ」と、香港マスコミで消息筋が明らかにしている。

本書の内容について個別に言及すると、ハイライトとなるべき八九年春の事態については、大きな驚きはない。胡耀邦の死をきっかけとして起きる追悼行動、学生民主化デモ、それに対する四月二十六日付の人民日報社説、五月十六、十七日の政治局常務委員会、二十日の戒厳令布告、六月三、四日の武力行使に至る党内抗争の経緯については、これまでも多くの情報が流れ、ある程度鮮明になっている。ただ、李鵬がこの事態を奇貨として趙紫陽に権力闘争を仕掛け、至るところで陰謀、妨害、陥穽をめぐらす点は、趙個人しか知りえないところもあるだけに生々しい。

同時に、語り口から、趙がいかに李鵬を嫌悪していたかも切々と伝わってくる。

本書によって私が改めて思い知らされたのは、鄧小平の「一言堂」支配が想像以上にすさまじかったという点だ。それは、あたかもかつての〝上司〟毛沢東を彷彿とさせるような独裁者然とした印象。「鄧小平、説了算（鄧小平の判断ですべて決まり）」であるため、保守派の政治局常務委員である李鵬と姚依林《よういりん》、そして改革開放派の趙紫陽の双方が政治生命をかけて鄧の歓心を買い、支持を得ようと必死になったのである。

結果、李鵬、姚依林派の対鄧工作が趙紫陽のそれを上回った。趙紫陽の北朝鮮訪問中に出され、天安門広場での学生たちの運動を「反共産党の動乱」とした四月二十六日付の人民日報社説は、鄧小平の断固支持によって覆らず、趙は一気に立場を悪くした。一説によれば、李鵬派は「天安門広場の学生たちを紅衛兵になぞらえ、鄧小平に文革で失脚した記憶を甦らせる作戦に出たからだ」とも言われる。

姚依林という人物に対して、私はかねて経済政策だけに通じた清廉潔白な党テクノクラートというイメージを持っていた。それは、ある日本政府関係者から、彼が訪日した折、企業側からの土産を一切受け取らず、「私へのものは他の人にあげてください」などと話し、自らは清貧に徹していたと聞いていたからだ。だが、今回、趙の言を信じるならば、彼が李鵬と比肩できるほどの策士であり、上昇志向が強い権力主義者という別の一面も認識させられた。

また同様に、かつて文革で失脚し、毛沢東の死後、鄧小平の復活とともに党中央内で高位に就いてきた楊尚昆《ようしょうこん》や彭真《ほうしん》ら党長老の醜態ぶりも垣間見られた。彼らは当初、趙紫陽に同情的だったのに、鄧が学生不支持を表明すると、そろって趙と距離を置き始めたのである。機を見るに敏、最高権力者の顔色をうかがって変節するのはよくある話とはいえ、功なり名を遂げた長老の振舞いとしては若干寂しさを禁じえない。

八九年春の事態で、さらに注目しておかなければならないのは、当時全人代常務委員長をしていた万里《ばんり》の動きである。彼は安徽省の第一書記時代に、四川省第一書記の趙紫陽とともに農業の生産責任制を実行し、その開明的な姿勢は高く評価されていた。本書でも趙紫陽が指摘しているように、万里は民主化を推進すべきだと信じており、政治改革にはいつも前向きで、ずっと趙紫陽の改革路線を支持し続けてきた。民主化運動のさなかに、カナダとアメリカに公式訪問したが、行く先々で「学生運動は愛国的で民主的だ」とほめたたえて、運動支持を外から伝えていた。

その万里が態度を豹変させた。趙紫陽の帰国要請にもかかわらず、なかなか帰らず、五月二十五日にやっと帰国。それも北京ではなく、上海に降りてそのまま当地にとどまり、口を封印した。上海の空港では、当時上海市書記だった江沢民《こうたくみん》とともに楊尚昆が出迎えたというから、たぶん鄧小平の指示があったはずだ。鄧は、万里が趙紫陽や学生たちに利用されないように手を打ったのだ。万里は昔北京市の副市長をしているときに、鄧小平のブリッジゲーム仲間であった。二人の関係が比較的親密であることから、説得されたに違いない。

万里は二十七日になってようやく口を開き、「鄧小平の方針、武力鎮圧」支持を表明した。国民の多くは学生運動を支持していたのだから、もし万里が常務委員長として全人代を動かし、趙紫陽に味方していれば、いかに鄧小平が党内の絶対権力を使おうと別の手段で対抗することはできたかも知れない。その任務を放棄した万里は、歴史的な汚点を残した。趙は政局逆転の可能性について本書では触れていないが、改革開放の同伴者であった万里の日和見的な行動、裏切りに対しては無念さを募らせたことであろう。

香港マスコミによると、六・四事件当時の権力闘争で、おもしろい研究報告が党中央に提出されたという。それは、鄧小平と陳雲との相克に注目した見方だ。趙紫陽は、社会主義計画経済の先導者として陳雲をとても尊敬し、趙が首相になってからもしばしば陳にお伺いを立てていた。のちに改革開放政策の中身をめぐり意見を異にするが、趙紫陽が陳雲を敬う気持ちは少しも揺るがなかった。

胡耀邦死去のあと、陳雲は、ことさらに趙との関係緊密をアピールしたため、鄧小平が激怒し、四・二六社説支持、反趙の立場に傾いたのだという。陳雲は一九三〇年代初頭にすでに政治局員になっており、党のキャリアとしては鄧より格上。したがって、陳雲と趙紫陽が連携すれば、自らの地位が脅かされることを鄧小平が恐れたというのが報告者の分析である。そうであるならば、六・四事件の騒動はまた、最高権力者の地位を争う闘いでもあったという別の見方もできる。

趙紫陽は結局、民主化運動の弾圧に反対したことで、「党を分裂させた」「動乱を支持した」などの〝罪状〟で六・四事件後にすべての公的地位を奪われる。そればかりか、審査の対象とされ、自己批判を迫られた。彼はそれを拒否し、自己弁明を試みるが、時すでに遅く、大勢決して、自宅軟禁の身に置かれるのである。

本書で改めて驚かされるのは、趙本人も「文革時代さながら」と表現するが、実は、当局側からこの自宅軟禁の根拠が一切示されなかったということだ。紅衛兵、造反派が跳梁跋扈した文革時代は、気ままな吊るし上げや暴力、恣意的な連行や監禁が横行した。この時代の反省に立って、改革開放の中では、再びこうした無法が罷り通ってはならないという総意が指導部にあったはずだが、趙の軟禁では、いとも簡単に反古にされてしまった。

それでも一九八九年六月から九二年十月までは、「党の処分を決めるための審査上の必要性」という軟禁の理由が一応はあった。だが、党内外の職務は六・四事件後すぐにすべて奪われており、それ以上の審査の必要はないし、しかも審査は党内的なもので、本来は国の法律を無視する形での拘束などできないはずだ。余談だが、現在も「双規（定められた時間に定められた場所に出頭するという意）」という形で、規律検査委員会が不正、汚職の疑いのある党幹部を呼び出し、取り調べのため一時的に拘束することがある。これも、法律を無視した党の越権行為とみなされても仕方がない。

九二年十月八日、党中央は趙紫陽を中南海に呼んで審査の終了を宣言したが、それでも趙の自由回復はならなかった。ただ、これ以降の自宅軟禁について、当局はいかなる理由も提示せず、また実際に根拠を見つけることもできなかったのである。趙によれば、審査終了を告げられたときに、同時に活動を制限する「六か条の規則」が提示されたという。ただ、この六か条は本人に書面でも口頭でも伝えず、彼の家に配置されていた警護要員だけが承知していたという変則的なものであった。

趙の身が完全自由になれば、世界のマスコミが押し掛ける、あるいは趙が海外に出て六・四の事態を洗いざらいぶちまけることもあり、そうなれば、共産党にとって大きなイメージダウンになるなどの危機感が指導部側にあり、緩やかな形での軟禁が取り得る〝最良の方法〟と判断したのであろう。実際に、江沢民は海外で「趙紫陽は自由の身だ」と虚言を吐いているし、その辻褄合わせのためか、趙紫陽にゴルフや旅行などの制限付きの自由を許した。法も何もなく、ただ姑息な方法が取られただけである。

第十一期三中全会、とりわけ八〇年代当初からずっと続いていた改革開放への動きに関しての内容で私を驚かせたのは、長老、保守派による執拗な改革開放つぶしの策略である。つまり、趙紫陽の失脚が六・四事件によってたまたま生じたものでなく、長い間、保守派は胡耀邦、趙紫陽、いや改革開放の全勢力の打倒を虎視眈々と狙っていたのであり、八六年暮れの学生民主化デモでの責任追及による胡耀邦打倒に続いて、この六・四事件で趙の追い落としに成功し、ついに狙いを完遂させたと見る方が、本書を読む限り自然である。

改革開放政策は鄧小平が強く主張し、胡耀邦、趙紫陽が推進し始めたことにより、長老、保守派は建国後ずっと享受してきた権益が奪われるのではないかと不安を持ったに相違ない。彼らの意を受け、最初に表立って胡、趙に挑戦してきたのが鄧力群《とうりきぐん》だった。彼は、「ブルジョア自由化反対」というイデオロギー的なところから攻めてきて、保守派エコノミストの「計画経済」至上主義を擁護し、結果として改革開放の動きを阻害した。だが、鄧力群が相当な野心家であることを見抜いた鄧小平が胡耀邦、趙紫陽に味方して鄧力群の台頭をつぶし、背後にいる長老、保守派にメッセージを送ったのだ。

趙紫陽が再三指摘しているように、鄧小平は「経済的に右」であっても「政治的に左」であり、そういうスタンスの上でまた保守と改革双方のバランスを保ち、自らの権威も高めてきた。経済的には、計画性を弱め、市場主義を採用しようとする趙を強く後押ししている反面、「四つの基本原則」、特に共産党の絶対的な指導の堅持という点では、長老、保守派に肩入れし、彼らを安心させていた。すなわち、鄧の権力保持にとって、趙も手駒の一つに過ぎなかったのだ。

党内的には鄧小平のバランス支配が通用していたが、学生、知識人という党外の一つの勢力が新しく登場し、党内の改革開放派を支援して、この不安定なバランスを壊し始めた。それが目に見える形で表れたのが八九年民主化運動だ。自らの絶対権力を損なうような勢力が出てきたために、鄧は保守派に肩入れして、「右」に振れかけた振り子を「左」に戻した。六・四の武力鎮圧によって鄧の力は保つことができたが、富める国を目指していた経済的な流れは止まってしまった。経済の力を再び盛り返すために、九二年、自ら出馬して改革開放をアピールしたのが「広東省深圳経済特区などの南方視察」の目的であったろう。そういう意味では、鄧小平は偉大なるバランサーであった。

最後に趙紫陽の経歴と個人の資質について触れておきたい。中国語版本書の序文で、杜導正が書いているように、趙紫陽は一九五〇年代に広東省の第二書記に就いていた。ちなみに当時のトップの第一書記は、その後に文革で失脚した陶鋳《とうちゅう》。杜は新華社広東分社社長で、趙紫陽の配下にあり、彼をよく知る立場にいたが、当時の趙はかなりの左派で、反右派闘争、人民公社化、大躍進運動などでは毛沢東の先兵として積極的に活動していたと明かす。「一九五九年の反右傾闘争のころ、私は間違って〝右傾機会主義者〟という烙印を押されたが、その時、趙紫陽は私を助けるための言葉を何も言ってはくれなかった」と、半分冗談ながら恨み事を述べている。

だが、杜導正は趙紫陽の別の一面も見ていた。趙は多くの老幹部と同様に文革で批判され、広州市の越秀山で十万人趙紫陽批判集会に臨んだ際、造反派は趙に対し、「打倒三反分子・趙紫陽」「打倒走資派・趙紫陽」と叫ぶように求めたが、趙は断固拒否する。そして、彼は造反派に、「『打倒趙紫陽』なら叫んでもいい。しかし、自分は『三反分子』であるとか、『走資派』であるとかは絶対に認めない」と、この言葉を発しなかったという。六・四事件前後に見せた彼の頑固さを彷彿させる、若い幹部時代の彼のエピソードである。

このように共産主義に忠実だった趙紫陽は、民を豊かにするという改革開放の歩みの中で次第に、共産主義、社会主義の限界に気づいていく。そして、経済改革ばかりでなく、政治体制も変えていかないと改革開放は保証されないという信念を持つようになるのだ。杜導正は中国語版序文の末尾で、「趙紫陽失脚の根本的な原因は結局、中国の政治体制改革が経済体制改革に付いていけなかったことだ。われわれは趙紫陽や胡耀邦に学んで、彼らの遺志を引き継ぎ、政治体制改革を進めていかなければならない」と書き、趙の無念さを間接的に伝えている。

また、鮑彤も中国語版本書の前書きで「趙紫陽最後の言葉」という項目を立て、趙の晩年の思いをもっと明確な形で明らかにした。それは実は、西側民主主義の政治制度を高く評価していたということだ。趙紫陽はこの中で、「二十世紀に、世界にさまざまな政治制度があったが、やはり西側の議会制民主主義制度に生命力があることが明らかに示された。この種の制度は、現在、実現し得る中では比較的いいものであり、民主を具現化し、現在の要求にかなった、成熟した制度ではないかと思う」と述べ、「どうして先進国では、議会制民主主義以外の制度が採用されないか。これは次のことを証明している。国家が近代化された市場経済、文明を実現するためには、必然的にこの制度を採用しなければならないからだ」とも強調している。

筋金入りの共産主義者が長い政治生活を経て、最後に西側の民主主義制度を高く評価するという「遺言」を残したことは、それ自体で大きな意味がある。今の中国の体制では、残念ながら、趙紫陽のこの遺言が評価される状況になく、それどころか非難の対象にしかならないであろう。しかし、いつの日か時代が変わり、中国にも民主主義が根づくとき、彼の政治的な変身も遺言も、偉大なる先駆者の在り様として高く評価され、中国史の中で燦然と輝くに相違ない。そのときこそ、〝囚人〟のまま他界した趙紫陽が報われるときである。

訳者あとがき

趙紫陽は、一九八〇年代に中国の首相として統制経済から市場経済への転換を積極的に推し進め、一九八七年には胡耀邦の後任として党総書記に就任した。

一九八九年四月十五日、胡耀邦の急逝をきっかけに、北京の天安門広場では、学生らを中心とした追悼集会が開かれたが、やがて抗議運動に発展、当局はこの運動を反社会主義的、反革命的な動乱であると断定した。これに反発した学生たちがハンストと座り込みに突入すると、同情した学生や市民がデモを展開し、抗議運動は百万人規模にまでふくれあがった。五月二十日、党中央は北京に戒厳令を布告して人民解放軍を投入。六月四日未明、軍はついに武力鎮圧を開始し、多数の死者を出す流血の惨事となった。このとき武力鎮圧の決定に強く反対した趙紫陽は、事件発生から二か月足らずのうちに権力の座を追われ、自宅軟禁の状態におかれた。以後十五年間余、幽閉生活を余儀なくされ、二〇〇五年に死去した。

チャイナ・ウォッチャーたちは、このとき指導部内で何が起きていたかについて、趙が何一つ語ることなく世を去ったことを嘆いた。ところが、彼はひそかに回想録を残していたのである。それは童謡や京劇のテープに録音され、信頼できる関係者に分散して託されていた。

本書『趙紫陽　極秘回想録』は、三十数本のテープに残された三十時間におよぶ趙紫陽の肉声を基に出版された『*Prisoner of the State*（国家の虜囚）』の全訳である。中国現代史において重要な役割を果たし、党総書記まで務めた中国の指導者が、共産党や政府の内情をこれほど率直に語った例はかつてない。本書のなかで趙紫陽は、武力鎮圧が決定されるまでの過程を克明に述べ、鎮圧に反対したことで最高実力者、鄧小平の逆鱗に触れ、ついには解任されたことを語っている。

改革開放政策の柱である人民公社の解体や、沿海地域の開発を発案し推進したのは自分であることも明かしているほか、党保守派との暗闘や長老たちの人間関係なども赤裸々に語っている。

編者の一人、鮑樸《ほうぼく》（バオ・プー）は、趙の政策秘書を務めた鮑彤《ほうとう》の息子である。父親は逮捕され、懲役七年の刑を受け、刑期を終えた現在も、当局の厳しい監視下におかれている。鮑樸はアメリカに逃れていたが、その後、香港で出版社を設立して本書の出版に尽力した。

天安門事件から二十年周年を迎えた二〇〇九年六月四日、香港のビクトリア公園では、事件の犠牲者を追悼し、中国政府に事件の再評価を求める恒例の集会が開かれ、過去最多の十五万人が参加した。集会では趙紫陽の肉声の録音も流されたという。

趙紫陽が推進した市場経済化によって、アメリカ、日本に続く世界第三位の経済大国に成長した中国だが、政治体制改革については、その兆しさえ見えてこない。現在の胡錦濤政権も、鄧小平の教えを守って、西洋型の民主主義や三権分立を否定しつづけている。

最後に、中国語版との照合と解説を担当してくださった日暮高則氏、本書を翻訳する機会を与えてくれた光文社翻訳編集部の皆様に心からお礼を申し上げます。

二〇〇九年十二月

河野純治

趙紫陽《ちょうしよう》 極秘回想録《ごくひかいそうろく》

天安門事件《てんあんもんじけん》「大弾圧《だいだんあつ》」の舞台裏《ぶたいうら》！

2010年1月25日　初版1刷発行

著者――――趙紫陽　バオ・プー　ルネー・チアン
アディ・イグナシアス
訳者――――河野純治《こうのじゅんじ》
カバーデザイン――――間村俊一
カバー写真――――STR / AFP / Getty Images
本文デザイン――――盛川和洋
発行者――――駒井　稔
組版――――萩原印刷
印刷所――――慶昌堂印刷
製本所――――ＤＮＰ製本
発行所――――株式会社光文社
〒112-8011　東京都文京区音羽1-16-6
電話――――翻訳編集部　03-5395-8162
書籍販売部　03-5395-8113
業務部　03-5395-8125

落丁本・乱丁本は業務部へご連絡くだされば、お取り替えいたします。

ISBN978-4-334-96210-4 Printed in Japan